KIM BUI

45 Sekunden

Meine Leidenschaft fürs Turnen – und warum es nicht alles im Leben ist

mit ANDREAS MATLÉ

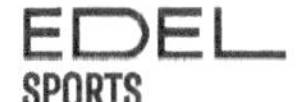

INHALT

VORWORT

Es hat mich Überwindung gekostet, dieses Buch überhaupt anzugehen, denn ich war voller Zweifel, als die Idee dazu an mich herangetragen wurde. Abgesehen davon, dass man sich für ein authentisches, glaubwürdiges Buch öffnen muss (ich wusste nicht, ob ich dazu bereit wäre), dachte ich: Du bist viel zu jung für eine Biografie. So etwas schreiben Menschen, die 60, 70 Jahre oder noch älter sind, die auf Jahrzehnte voller Erfolge und auf ein bewegtes Leben zurückblicken.

Eine Freundin ermutigte mich mit einem Zitat, das sie irgendwann einmal gelesen hatte: „So groß, dass du dich so klein machen kannst, bist du nun auch wieder nicht." Da ist etwas dran, dachte ich. Zu erzählen gäbe es schon einiges, was nicht ohne ist. Außerdem, dieser Gedanke ergriff mehr und mehr Besitz von mir, könnte ich mit meinen Erfahrungen möglicherweise dazu beitragen, dass sich gewisse Dinge im Turnen ändern. Ich könnte vor allem jungen Turnerinnen erzählen, was auf sie zukommt, wenn sie sich für diesen Weg – den Leistungssport – entscheiden. In 20, 30 Jahren erinnert sich keiner mehr an mich, keiner denkt mehr an meine Erlebnisse und Erfahrungen. Also los, wer schreibt, der bleibt! Das Erste, was mir einfiel – der Titel! Denn 45 Sekunden dauerte die letzte Barrenübung meines Wettkampflebens, bei den Europameisterschaften 2022.

Alle, die in diesem Buch eine wie auch immer geartete Abrechnung erwarten, muss ich allerdings enttäuschen. Ich beschreibe vor allem, was Turnen für mich faszinierend macht. Gewiss: Ich schildere auch, wie knallhart es ist, Leistungssportlerin zu sein, und benenne Missstände in dieser Sportart, zumindest jene des Frauenturnens. Es sind Erfahrungen aus einem Extrembereich, die es, nach meiner Ansicht, lohnen, festgehalten zu werden. Ich möchte dazu beitragen, dass sich bestimmte Dinge ändern. Ich bin mir sicher: Aufgrund meines Wissens kann ich in dieser Frage mitreden und würde mich freuen, wenn mein Rat gefragt wäre.

Es geht mir nicht in erster Linie um die Personen, die in diesem Buch vorkommen, es ist nicht im Geringsten mein Anliegen, irgendwen anzuschwärzen. Es geht vielmehr um das System, in das alle – auch jene, die ich kritisiere – hineingewachsen sind. Es geht darum, alle, unabhängig von Rang und Namen, wachzurütteln mit dem Appell: Lasst uns gemeinsam versuchen, Veränderungen herbeizuführen. Da es mir gerade nicht um einzelne Personen geht, habe ich an einigen Stellen Namen weggelassen oder sie verändert.

Ich danke jenen, die mich in all den Jahren auf meinem nicht immer einfachen Weg begleitet haben, mich ermunterten, mir Zuspruch gaben, die Geduld mit mir hatten, die mich mit konstruktiver Kritik konfrontierten. Ich danke

Andreas Matlé, der nach vielen Gesprächen meine Erlebnisse und Gedanken so zu Papier gebracht hat, wie ich es getan hätte, wäre das Schreiben mein Metier. Ich danke dem Verlag Edel Sports, der sich nach wenigen Gesprächen für die Veröffentlichung meines Buches entschied, für das Vertrauen. Ich danke Sina Beranek von der Agentur Pimster Creations, die mich gerade bei den letzten Schritten meiner sportlichen Laufbahn professionell und vertrauensvoll begleitet hat und dies weiter tun wird.

Kim Bui, Stuttgart, März 2023

Kapitel 1

EINE EINS WÄRE BESSER GEWESEN

„Hey, Kimi, bitte ein Autogramm!", „Kimi, kann ich ein Selfie mit dir machen?", „Kimi, malst du mir einen Smiley auf den Unterarm?" Das schmeichelte, das lief den Rücken hinab wie warmes Massageöl. Autogrammstunde, Sicherheitsmenschen, die uns einigermaßen vor der Menge abschirmten, eine Interviewanfrage nach der anderen. Wow, wir waren offenbar *very important.* Zumindest hier in Stuttgart. An manchen Tagen, an denen mir nicht danach war, mich nach dem Wettkampf durch die Menschenmenge zu schlagen, kletterte ich aus einem Fenster der Porsche-Arena, um von dort ungesehen zum Hotel zu gelangen.

Es war eine tolle Heim-WM. Gleich zweimal „Heimat" für mich: Titelkämpfe im eigenen Land und das noch in der Stadt, in der ich meinen Lebensmittelpunkt gefunden hatte. Begeisterung, tolle Stimmung, unbekannte Menschen, die meinen Namen riefen. Aber das i-Tüpfelchen hatte ich nicht setzen können. Ich hatte kein Gerätefinale erreicht, und als Mannschaft hatten wir knapp das Teamfinale der besten Acht verpasst.

Zwei Wochen nach der Abschlussfeier war ich ernüchtert, die Euphorie war weg, entwichen wie die Luft aus einem Ballon, der mal prall gefüllt war. Der nächste Wettkampf, bei dem ich mich in die Euphorie wieder hätte zurücksteigern können, weit entfernt, die Lust zum Trainieren hinkte der Pflicht hinterher.

In dieser Stimmung saß ich auf der Couch einer Freundin. Sie hatte Pfefferminztee aufgegossen. Ich stierte in das Glas, auf die Schlieren, die sich auf der Oberfläche des Tees bildeten. „Wenn ich es mir so recht überlege", sagte ich wie hypnotisiert, als sei ich gerade aus einem Tiefschlaf erwacht, „habe ich in meinem Leben eigentlich nichts erreicht."

Sie war nicht so schnell aus der Reserve zu locken, blies in ihre Tasse und blickte über den Rand hinweg zu mir herüber. „Was redest du da?! Was du geleistet hast, davon können sich andere eine dicke Scheibe abschneiden. Das solltest du eigentlich wissen."

Ich zuckte mit den Schultern.

„Was muss passieren, damit du endlich diese Zweifel abschüttelst, diese ewige Grübelei, dass du nichts wert bist." Dann schlug sie vor: „Vielleicht gehst du mal eine Stunde raus in den Wald."

An diese Szene musste ich denken, als ich zweieinhalb Jahre später, im Februar 2022, im Auto saß auf der Fahrt zum Training. Der Himmel hing tief und grau über dem

Land. Nur mit halbem Ohr hatte ich den Nachrichten aus dem Radio gelauscht. Plötzlich wurde ich hellhörig. „Bei den Olympischen Winterspielen in Peking spielten die deutschen Biathletinnen im Massenstartwettbewerb keine Rolle“, verkündete der Radiosprecher nüchtern, ohne jegliche Anteilnahme, dafür eine Spur Geringschätzung in der Stimme.

„Franziska Preuß wurde nur Achte.“ Nur. Achte. Ich drückte schnell die Wahltaste eines Senders mit musikalischem Allerlei. Nur Achte, hallte die Stimme des Nachrichtensprechers in meinen Ohren. Nur Achte, also eine Verliererin. Er hätte genauso gut formulieren können: Sie wurde die Achtbeste der Welt, herzlichen Glückwunsch! Aber vermutlich hätte er sich damit lächerlich gemacht, wahrscheinlich hätte man ihm Sarkasmus unterstellt.

Zur Rede gestellt, was ihn zu dieser Abwertung veranlasst habe, hätte er voraussichtlich geantwortet: Franziska Preuß hatte schon olympisches Gold und fünfmal Silber geholt und, und, und …

Genau, Spitzensportler haben wie Roboter zu funktionieren. Wenn einer dreimal als Erster durchs Ziel geht und beim vierten Mal Zehnter wird, ist die Reaktion vorhersehbar: Was war los? Woran lag es? Was ist schiefgelaufen? Oder als Phrase: Sie oder er konnte „die Leistung nicht abrufen“. Einmal Champion, immer Champion, darunter geht nichts mehr. Die Kommentare liegen griffbereit in der Floskelschublade: nicht genug trainiert, nicht fokussiert genug, keine Mentalität, zu satt, zu sehr von sich überzeugt, Bodenhaftung verloren. Nur Achtbeste der Welt. Da die Ansprüche an Spitzensportler gewaltig sind, der Druck so hoch wie nie zuvor ist, springen die meisten über das Hölzchen, das ihnen vor die Füße gehalten wird: Der kleine Zeh habe gezwickt, die äußeren Bedingungen seien ungünstig gewesen, die Zeitumstellung habe den Biorhythmus aus dem Lot gebracht.

Im Radio lief *Easy on me* von Adele. „I didn't get the chance to feel the world around me, I had no time to choose, what I chose to do, so go easy on me." Hatte ich je eine Wahl gehabt?

Ich musste lachen. So gesehen war das beinahe ein Vorteil, dass ich nicht ständig mit Gold, Silber und Bronze geehrt wurde. Stünde ich permanent im Rampenlicht, wäre ich wegen meines Posts in Tokio zerpflückt worden. So aber hatten nur 10 412 Menschen meinen Beitrag auf Instagram geliked. Nur? Aufgepasst, dachte ich, jetzt bloß nicht selbst in den Herabsetzungsmodus verfallen. 213 Menschen hatten einen Kommentar hinterlassen. „Top Leistung", „Bravo", „So perfekt", „Hammer" und viele anfeuernde Ausrufezeichen. Aber auch: „Ganz klar: Das [so im Original] schönste Turndress", „Der Anzug mit den langen Beinen ist sehr chic" und „Ihr seid so elegant in eurem Gewand". Jeder setzt eben seine eigenen Prioritäten.

Folgendes war passiert. Ein halbes Jahr früher, im August 2021, hatte ich aus Tokio von den Olympischen Spielen gepostet: „Ich bin glücklich und stolz. Ich wurde heute die siebzehntbeste Turnerin der Welt. Es lief besser, als ich es mir je erträumt hätte."

32 Jahre musste ich werden, um mich für ein Mehrkampffinale auf Weltniveau zu qualifizieren, also so etwas wie die Königsdisziplin in unserem Sport, ähnlich wie der Zehnkampf bei den Leichtathleten. Das heißt, an allen vier Geräten der Frauen, Sprung, Stufenbarren, Schwebebalken und Boden, wird jeweils eine Übung geturnt, die einzelnen Wertungen werden zu einer Gesamtpunktzahl addiert.

Ich war die drittälteste Turnerin bei diesen Spielen und darüber hinaus die Älteste im Mehrkampffinale. Mein Turnalter war vergleichbar mit einem 50-jährigen Fußballer, der immer noch Champions League spielt, oder einem 60-jährigen Boxer, der noch mal nach dem Gürtel greift. Zwei Jahre vor Tokio hatte mir die Cheftrainerin ein T-Shirt überreicht mit der Aufschrift „20 Jahre Bundeskader". Wir mussten beide lachen. Denn einige der Turnerinnen, die bei der Übergabe brav applaudierten, waren noch nicht geboren, als der Adler zum ersten Mal seinen Bizeps auf meinem Trikot spielen ließ. Ich sage mal, 20 Jahre Bundeskader, das ist vergleichbar mit einem Fußballer, der 30 Jahre in der Nationalmannschaft kickt.

Es hatte bis zum Finale im Ariake Gymnastic Centre von Tokio gedauert, bis ich zum ersten Mal in meinem Sportlerinnenleben stolz auf mich war. Rundherum zufrieden, im Frieden mit mir selbst. Bisher war jegliches Lob von Trainern und Freunden nach Wettkämpfen von mir abgeprallt, als sei ich dagegen imprägniert. Dabei war das der Grund, warum ich die jahrelange Plackerei und den Verzicht auf mich nahm: um Beachtung zu finden und Aufmerksamkeit zu gewinnen. Um wer zu sein. Um das Gefühl abzuschütteln, als einsames Staubkörnchen durch die Welt zu torkeln.

Aber dem Stolz auf meine Leistung stand dieser verdammte Hang zur Perfektion entgegen, sicherlich auch teilweise geprägt durch meine Eltern. Kam ich mit einer Zwei in einer Klassenarbeit nach Hause, runzelte mein Vater die Stirn: „Eine Eins wäre besser gewesen." Genau dieser Wunsch nach Perfektion peitscht uns Turner an. Er ist uns in Fleisch und Blut übergegangen. Lockerlassen käme einer Kapitulation gleich.

Aber heute weiß ich: Perfektion ist eine Seifenblase – sie ist nicht zu erreichen. Weil es immer noch besser, anspruchsvoller, schöner geht. Wer der Perfektion hinterherhechelt, sich nie zufriedengibt, endet über kurz oder lang im Frust, wenn nicht sogar in einem Burnout oder in einer Depression – ich spreche da aus eigener Erfahrung. Ich habe mal gehört, dass es unter persischen Teppichknüpfern die Redewendung „persischer Fehler" gibt. Angeblich bauen die Knüpfer absichtlich einen Fehler ein. Sie sind der Ansicht, dass nur Gott perfekt sei. Und den dürfte man nicht vergrätzen. Dieser Blick gefällt mir.

Bei nationalen und internationalen Wettbewerben feierte ich durchaus Erfolge, man hängte mir den Orden „Miss Zuverlässig" um, die ihre Mannschaft nie im Stich ließ – nur mich selbst konnte das alles nie überzeugen. Ich dachte immer: Ich hätte es besser machen können. *Eine Eins wäre besser gewesen.* Ständig grübelte ich: Woran lag es dieses Mal, dass die Übung nicht perfekt war.

Aber in Tokio war es richtig rund gelaufen, obwohl die Spiele wegen Corona um ein Jahr verschoben worden, die ersten intensiven Vorbereitungen also für die Katz gewesen waren, obwohl ich lange mit mir gehadert hatte, ob ich überhaupt den Versuch wagen sollte, mich erneut für das Olympiateam zu qualifizieren. 2008 in Peking war ich nur Ersatzfrau gewesen, die Enttäuschung darüber saß immer noch tief. Mindestens genauso tief wie ein Jahr zuvor in Stuttgart bei der Weltmeisterschaft, als ich ganz außen vor gelassen wurde. Und auch dieses Mal hatte mir die Trainerin signalisiert, dass ich nur das fünfte Rad am Wagen sein würde.

Schließlich der Wettkampftag in Tokio selbst, das Mehrkampffinale. Ich hatte mich morgens träge, grau und übersäuert gefühlt, die Nacht war unruhig, voller schwerer Gedanken gewesen. Bei der Bodenübung, mit der das Finale begann, hatte ich das Gefühl, dass Eisenketten an meinen Füßen hingen. Aber dann schüttelte die Routine die Ketten ab: doppelte Kosakendrehung, Radwende, Flickflack, Doppelsalto gestreckt, zweite Bahn, dritte Bahn, gymnastische Sprünge, Doppelsalto gebückt. Zwischendrin lediglich eine klitzekleine Unsicherheit bei der Landung. Na ja, war doch gar nicht so schlecht!

Vor dem Sprung über den Sprungtisch strömte eine Welle der Selbstsicherheit durch meinen Körper, löste für einen Moment Gänsehaut aus. Ich fühlte mich gut. 25 Meter Anlauf, dass die Oberschenkel brannten, Radwende auf das Sprungbrett, Absprung, Flickflack in der ersten

Flugphase, Abdruck vom Tisch, in der zweiten Flugphase gestreckter Salto mit ganzer Schraube. Gestanden!

Dann der Stufenbarren. Fließend der Wechsel von einem Holm zum anderen, von oben nach unten, von unten nach oben. Kippe, Handstand, Gienger-Salto. Für Sekundenbruchteile in der Luft schweben, die Zeit scheint stehen zu bleiben … neu Schwung holen, Griff lösen. Mit Doppelsalto gebückt in der Gegenwart ankommen. Eins a gestanden.

Zum Abschluss der Schwebebalken, nicht unbedingt mein Lieblingsgerät. Der Balken verzeiht auf zehn Zentimetern Breite keinen Millimeter Fehler. Vor der letzten Bahn schoss mir durch den Kopf: Bring das Ding jetzt zu Ende! Vor dem Abgang die Spagatsprungverbindung: Durchschlag, Durchschlag mit halber Drehung, Pose. Wahnsinn, was sich in dieser Zeit, die sich honigartig in die Länge zieht, in absoluter Konzentration im Kopf abspielt. Auf Autopiloten eingestellt, aber jederzeit bereit, eine Korrektur vorzunehmen, falls sich ein Patzer einschleichen sollte. Zwischen Sprung, Drehung und Pose glasklar der Gedanke: Jetzt bist du durch, du hast das Gröbste geschafft, du kannst nicht mehr fallen, alles wird gut! Nur noch den Auerbachsalto als Abgang. Nach einer Minute dreißig sichere Landung, Brust heraus, Arme nach oben, abmelden beim Kampfgericht.

Ein fehlerfreier Wettkampf! Tatsächlich, ich hatte keinen Makel empfunden. Die Kampfrichter auch nicht, alle Elemente wurden in ihrem Wert anerkannt. Kim gefiel die Kimi, die Kimi hatte es der strengen, auf Perfektion gebürsteten Kim gezeigt, da verblassten sämtliche in der Vergangenheit erturnten Medaillen. Dieses unglaubliche Glücksgefühl, wenn alles gelungen ist. Auf dem Gipfel der Welt! Das sind die Augenblicke, für die du jahrelang trainiert hast. Es waren *meine* Olympischen Spiele, auch wenn ich die Heimreise ohne Medaille antrat. Ich war 32 Jahre alt und Siebzehntbeste der Welt!

Mittlerweile hatte ich das Kunst-Turn-Forum in Stuttgart fast erreicht, bereit für eine weitere Trainingseinheit. Die wievielte wohl? 10 000, 100 000? Hätte ich das bloß mal in einer Art Tagebuch aufgezeichnet. Im Radio lief *I will survive*, das Original von Gloria Gaynor. „And I grew strong and I learned how to get along, I will survive, as long as I know how to love, I know I'll stay alive, I've got all my life to live."

Ich blickte in den Rückspiegel. Ist doch verrückt, ist doch eigentlich absurd. Ein ganzes Leben für den Sport, für den Wettkampf. Nichts links, nichts rechts, wie in einem Tunnel. Was würde mich jenseits des Tunnels erwarten? Keinen blassen Schimmer. Mir war klar, ich näherte mich dem Ende des Tunnels (vor drei Wochen war ich dreiunddreißig geworden). Das Alter stand vor der Tür. Sollte ich mal im *Guinness Buch der Rekorde* blättern? Vielleicht könnte ich ja noch irgendeinen Rekord knacken … Ich kam mir vor wie eine Geisterfahrerin.

Hatte mich die Kurzmeldung über den vermeintlichen Nichterfolg, das angebliche Versagen von Franziska Preuß empört, geradezu wütend gemacht, so hatten mir die gestrigen Berichte über die russische Eiskunstläuferin Kamila Valieva die Tränen in die Augen getrieben. Auf das Wunderkind prasselten in Peking Dopingvorwürfe nieder, gefolgt von einem Medientsunami. Aber auch, wenn an den Vorwürfen was dran sein sollte, die sauren Drops hat sich Kamila sicherlich nicht selbst verschrieben, die Spritze nicht selbst gesetzt. Der Druck, der auf ihr lastete, als sie zum Finale antrat, muss grausam gewesen sein. Sie stürzte dreimal, aber das Schlimmste: Nach der Kür wurde sie von ihrer Trainerin an der Bande eiskalt empfangen, keinerlei Trost, keine Geste des Mitgefühls. Erst bei der Punktevergabe legte die Trainerin pflichtschuldigst den Arm um das weinende Mädchen.

Kamila Valieva war zu diesem Zeitpunkt gerade mal 15 Jahre alt. Fast noch ein Kind.

Mir kamen die Tränen. Wo war ich mit 15, 16 gewesen? Weltmeisterschaft in Melbourne, Europameisterschaft im griechischen Volos, Gold bei den deutschen Meisterschaften am Boden, Silber im Mehrkampf. All diese Erfolge wohlgemerkt im Erwachsenen-, nicht im Jugendbereich wie bei anderen Sportarten in diesem Alter. Die Wettbewerbe von damals bekomme ich in Gänze nicht auf die Reihe. Das ist so nach über zwanzig Jahren Bundeskader, nach Reisen auf sechs Kontinenten in geschätzt dreißig Länder und, sagen wir mal, weil es sich gut liest, in einhundertelf verschiedene Städte. Da verschwimmen Flugplätze, Bahnhöfe, Hotels und die Sporthallen zu einem einzigen Wimmelbild, und man hat Mühe zu erkennen, wo man wann selbst stand.

Was war sonst mit 15? Besser gesagt, was war nicht? Wieder einmal keine Klassenfahrt, natürlich keine Partys, kein Abhängen mit den anderen auf dem Schlossplatz oder auf dem Wasen.

Es gibt so etwas wie eine geheime Vereinbarung mit dem Publikum. Wir demonstrieren euch die Überwindung physikalischer Grenzen; wir demonstrieren diese Überwindung mit Grazie und Eleganz, scheinbar spielend leicht in einer Mischung aus Kraft und Poesie; wir beglücken euch mit kleinen Wundern und kitzeln eure Nerven mit Stürzen und schiefen Abgängen (so wie beim Ballett, so wie beim Eiskunstlauf). Erfüllen wir diese Ansprüche, sind wir Götter in Schweiß, werden gefeiert und gepriesen, womöglich in Talkshows eingeladen, und die Illustrierte *Gala* taucht für eine Homestory in unserer Wohnung auf. Wir sind dann prominent, sind sogenannte Vorbilder und werden bewundert, zumindest auf Zeit.

Der Preis dafür, das ist Teil dieser Vereinbarung, steht auf der Rückseite des Preisschilds, das keiner umdrehen möchte: Verzicht, Schmerz, Erniedrigung, Fremdkontrolle, Medikamentenmissbrauch, Essstörungen, psychische Abhängigkeit, von der Hand in den Mund leben. Das Gefühl, sich nicht selbst zu gehören.

Ach, habe ich übrigens schon erwähnt, dass Turnen der schönste Sport der Welt ist? Ja, das ist er wirklich. Und wenn ich diese Starttaste noch mal drücken könnte, würde ich sie wieder drücken. Wahrscheinlich. Turnen könnte aber noch viel schöner sein, vor allem für jene, die sich mit dem kleinen Einmaleins nicht zufriedengeben, die höher hinauswollen, die zwei- und dreifach geschraubt fliegen wollen, die den Adrenalinkick suchen. Dafür möchte ich werben und, wenn möglich, meinen Beitrag leisten: für einen menschenwürdigen Leistungssport ohne Gewalt und mit Respekt vor den Leistungen.

Kapitel 2

WOHER, WOHIN?

Der Flieger aus Stuttgart war in Berlin-Tegel gelandet. Vor dem Flughafen erwischte ich einen türkischstämmigen Taxifahrer, der mich zum Bundestag brachte, wo ich vor dem Sportausschuss zu den Missbrauchsvorwürfen am Bundesstützpunkt in Chemnitz sprechen sollte. Am Rückspiegel baumelte ein blaues Amulett mit einem schwarzen Punkt in der Mitte, das, so hatte ich das mal gehört, gegen böse Blicke schützt. Bei jedem Halt ließ der Fahrer eine hölzerne Gebetskette durch seine Finger gleiten, aus dem Radio klang, ziemlich laut, türkische Popmusik. Dieser Geräuschkulisse hätte es nicht bedurft, denn der Typ – er mochte um die 50 sein – quatschte die ganze Zeit.

„Woher kommst du?", fragte er.

„Aus Stuttgart."

„Nein, nein. Sag mal, woher kommst du wirklich?"

„Habe ich doch gesagt: aus Stuttgart."

Er schüttelte den Kopf.

„Du verstehst mich nicht."

„Willst du wissen, woher meine Eltern kommen?"

„Ja!"

„Meine Mutter kommt aus Vietnam, mein Vater aus Laos. Und ich bin deutsch."

Ein spöttisches Lächeln umspielte seine Lippen. „Vielleicht sehe ich wie ein Deutscher aus, aber dennoch bin ich Türke."

„Mag sein. Aber ich bin nun mal Deutsche."

„Nein, nein." Nun schaute er in den Spiegel, als habe er es mit einem begriffsstutzigen Kind zu tun. „Du kannst überhaupt keine Deutsche sein."

Es fehlte nur noch, dass er hinzugefügt hätte: So sieht keine Deutsche aus. Ich zuckte mit den Schultern, schaute aus dem Fenster, blinzelte, weil die gleißende Sonne sich in der Spree spiegelte und mich blendete. Der Chauffeur ließ nicht locker.

„Sieh mal: Mein Sohn ist in Deutschland geboren. Jetzt hat er die deutsche Staatsbürgerschaft bekommen. Aber ist er wegen diesem Papier Deutscher? Nein, ist er natürlich nicht. Er ist und bleibt Türke, natürlich hat er den türkischen Pass behalten. Also bist du Vietnamesin. Oder Laotin. Aber niemals Deutsche."

Ich seufzte. „Wenn du das so siehst."

Die Frage nach meiner Herkunft war mir nicht neu: „Woher kommst du?", wahlweise verbunden mit dem vergifteten Lob: „Du sprichst aber gut Deutsch." Großzügiges Lächeln. „Ich meine, woher kommst du genau?"

„Ich bin in Tübingen geboren und in Ehningen aufgewachsen."

Ich habe nichts dagegen, wenn jemand etwas über meine Herkunft wissen möchte. Vorausgesetzt, die Neugierde speist sich nicht aus einem Ressentiment, sondern aus dem ehrlichen Wunsch, etwas Persönliches vom Gegenüber zu erfahren. Dann sollte man die Frage jedoch besser stellen, ehrlicher. Etwa: „Wo liegen deine Wurzeln?"

Der türkische Berliner Taxifahrer ließ nicht locker, als sei er unterwegs auf einer Mission, als sei es seine Bestimmung, mich aus seinem Wagen als überzeugte Vietnamesin oder Laotin zu entlassen.

„Warum sind deine Eltern hierhergekommen? Wegen besserer Arbeit?"

„Nein, sie waren Kriegsflüchtlinge."

Er nickte, dieses Mal zufriedener mit meiner Antwort. Ja, von diesem Krieg habe er gehört. Was ich von der Geschichte meiner Heimat wisse.

„Im Prinzip alles vom Mittelalter bis zum Mauerfall."

Er verzog das Gesicht. „Ich meine natürlich Vietnam und wie heißt das andere Land? Laos, genau."

Da berührte er einen wunden Punkt. „Kam in der Schule nicht vor. Und leider habe ich meine Eltern nie groß dazu befragt."

Er schnalzte mit der Zunge und sagte leise „Mashallah", gefolgt von türkischen Worten, die ich nicht verstand. In einem Schnelldurchlauf – wir passierten mittlerweile den Tiergarten – ließ er die osmanische und türkische Geschichte Revue passieren und schloss mit der Erklärung:

„Wenn mein Sohn sagen würde, er sei deutsch, nein, das geht nicht."

Glücklicherweise, dachte ich mir, bin ich nicht deine Tochter. Denn meine Eltern finden es in Ordnung, wie ich zu meiner Herkunft stehe.

Was meine Eltern ihm geantwortet hätten? Vermutlich: „Wir sind in Vietnam und Laos geboren und besitzen die deutsche Staatsangehörigkeit und fühlen uns hier wohl." Als seien Vietnam und Laos abgeschlossene Kapitel.

Was aber lag dazwischen? Ich wusste, dass meine Eltern Flüchtlinge gewesen waren. Nie hatte ich mich getraut, sie nach dieser Zeit zu fragen. Als läge ein Tabu über diesem Thema, als sei eine Käseglocke darübergestülpt und es würden frühere Schmerzen aufflammen, höbe einer die Käseglocke auch nur ein Stück weit in die Höhe und ließe Luft an die Geschichte. Wie Kinder und Jugendliche in Deutschland nach dem Krieg offensichtlich keine Fragen stellten: „Mama, wie hast du den Krieg erlebt?", „Opa, wie ist das, wenn man unter Beschuss liegt oder verschüttet wird?", „Papa, hast du jemanden umgebracht?"

Bei Familientreffen in unserem Haus oder bei meinen Großeltern, Tanten und Onkeln tuschelten sie über Schmerz, Tod und Vertreibung, tunlichst darauf bedacht, dass wir Kinder nichts mitbekamen. Sobald wir, neugierig geworden, uns ihren Gesprächen näherten, brachen sie diese ab und redeten über harmlose Dinge. Weder meine Cousinen, Cousins noch ich wären auf die Idee gekommen nachzubohren.

Mit zunehmendem Alter las ich einiges über den Krieg in Vietnam und dessen Folgen, schaute mir, wenn ich darauf stieß, Dokumentationen im Fernsehen an, wobei meine Eltern dann unter irgendeinem Vorwand meist das Wohnzimmer verließen. Die Aufnahmen von brennenden Hütten und Feldern, von Hubschraubern, die wie riesige, bedrohliche Insekten darüber kreisten, von Menschen, die ihr Haupt vor Soldaten senkten und gegen deren Schläfe ein Gewehrlauf gerichtet war, die nackten Kinder, die, blanke Angst in ihren aufgerissenen Augen, vor Bomben, Rauch, vor dem Tod davonliefen – all diese albtraumhaften Bilder konnte ich nie mit meinen Eltern in Übereinstimmung bringen. Auch wenn mir der Verstand etwas anderes sagte: Das war ein fremdes Land, das war eine unbestimmte Zeit, mit der meine Mutter und mein Vater nichts zu tun hatten. Nicht diese umsorgende Mutter, ausgezeichnete Köchin und treue Chauffeurin zu meinen täglichen Trainingsstunden, nicht dieser Vater, der erfolgreiche, geachtete Geschäftsmann. Es konnte sich nur um eine Verwechslung handeln.

In den vergangenen Jahren fragte ich meine Mutter möglichst beiläufig, hin und wieder aber doch, nach ihrer Vergangenheit. Genauso beiläufig antwortete sie, besser gesagt: wich sie aus. Bis sie mir eines Abends im Wohnzimmer ihr Handy reichte.

„Schau mal“, sagte sie. „Das hat mir mein Bruder geschickt.“

Ich starrte auf das Youtube-Video, sah verwackelte Bilder. Der Fokus der Kamera wechselte von scharf zu unscharf und wieder zurück, was die Aufnahme umso unwirklicher erscheinen ließ. Unglaublich viele Menschen saßen und standen gequetscht in länglichen Booten, die auf dem Meer hin- und herschaukelten. Sie reckten verzweifelt ihre Hände in die Höhe und schrien um Hilfe. Einige fielen ins Wasser und tauchten nicht wieder auf, auch wenn viele Hände nach ihnen griffen. Das Boot näherte sich allmählich dem Land. Überlebende schleppten sich an den Strand; Kinder, deren Arme und Beine wie leblos herunterbaumelten, wurden an Land getragen.

„Das war am Strand von Pulau Bidong, eine Insel vor Malaysia", murmelte meine Mutter. Das Video wurde von dramatischer Musik untermalt. „In diesem Boot saß ich", sagte sie nach einer Weile gemeinsamen Schweigens und Luftanhaltens, während ich inbrünstig hoffte, sie werde nicht auf einen der schwarzhaarigen Stecknadelköpfe weisen und mir bedeuten, das sei sie gewesen. Sie war damals aufgebrochen aus der Nähe von Ho-Chi-Minh-Stadt und zu diesem Zeitpunkt bereits vier Tage und drei Nächte auf dem Meer. Glücklicherweise kam sie lebend dort an. Drei von ihren Brüdern hätten die Fahrt auf einem anderen Boot Richtung Thailand gewagt. Mehrfach sei deren Boot von Piraten gekapert, Frauen seien vergewaltigt worden. Schließlich hätten andere Piraten das Boot gerammt, sodass es unterging. Zwei ihrer Brüder ertranken, einer rettete sich, indem er sich an ein Holzstück klammerte – und überlebte als einer von elf Menschen.

Meine Mutter weinte, als sie mir das erzählte, und verbarg das Gesicht in ihren Händen. Ich wusste nicht, wie ich mich verhalten sollte. Hätte ich sie in die Arme nehmen sollen, über ihren Kopf oder zumindest über ihre Hände streicheln? In unserer Kultur – seltsamerweise schreibe ich jetzt „unsere" – zeigt man keine Gefühle. Da auch sie diesen Grundsatz mit der Muttermilch aufgesogen hatte, schüttelte sie sich, seufzte kurz, wischte die Tränen aus ihren Augen, steckte das Handy wieder ein und verabschiedete sich in die Küche. Das Abendessen, der Vater komme in einer halben Stunde aus dem Geschäft. Es gebe Bánh xèo, mit Schweinefleisch, Shrimps, Frühlingszwiebeln und Sojasprossen gefüllte vietnamesische Pfannkuchen. Als wolle sie gegen ihre Erinnerung ankochen.

Der Krieg in Vietnam endete 1975 mit dem Sieg der nordvietnamesischen Kommunisten, ein Jahr später vereinigte sich der Norden mit dem Süden. Über drei Millionen Vietnamesen fielen dem Krieg zum Opfer. Doch danach konnte von Frieden noch lange keine Rede sein. Die Sieger rächten sich mit Inhaftierung der Unterlegenen, mit Umerziehungslagern, Zwangsarbeit, Folter, Hinrichtungen. Etwa 1,6 Millionen Menschen versuchten, über das Südchinesische Meer zu flüchten, eine geschätzte Viertelmillion fand dabei den Tod: Monsunwinde, Piraten, Nahrungs- und Wassermangel, Krankheiten, die brennende Sonne. 1978 entschloss sich auch die Bundesrepublik, vietnamesische Boatpeople aufzunehmen. Darunter meine Eltern, meine Mutter in Mittelvietnam geboren, mein Vater als ethnischer Vietnamese im benachbarten Laos. Mit 18 Jahren gelangte mein Vater nach Köln, meine Mutter nach Friedland. Wie und warum sie gerade dort ankamen? Ich hoffe, ich nehme irgendwann einmal meinen Mut zusammen und frage sie danach. Denn nie fürchtete ich wirklich die Autorität, die bisweilen unerbittliche Strenge meiner Eltern, sondern viel eher fürchtete ich, von ihren Schwierigkeiten und Ängsten zu hören – oder ihrem Schweigen zu begegnen.

Sie kamen in Deutschland an mit nichts, sprichwörtlich mit nichts als ihren Kleidern auf der nackten Haut. Sie durchliefen mehrere Flüchtlingslager, lernten Deutsch, gingen zur Schule, machten ihr Abitur, gelangten – auf unterschiedlichen Wegen – nach Tübingen, wo sie sich kennenlernten. Meine Mutter absolvierte eine Ausbildung als medizinisch-technische Assistentin, arbeitete einige Jahre in diesem Beruf. Mein Vater studierte Pharmazie und fand eine Anstellung in einer Apotheke. Als sei das alles noch nicht genug an mustergültigem Aufstieg, nachdem sie mehrfach dem Tod entronnen waren, machte sich mein Vater 1996 in der Kreisstadt Sindelfingen vor den Toren Stuttgarts mit einer Apotheke selbstständig. Und erwarb in der Kleinstadt Ehningen, in unmittelbarer Nähe zu Böblingen, eine Doppelhaushälfte für unsere Familie.

Wenn ich diesen Lebenslauf vor meinem inneren Auge abspule, wird mir seltsam zumute und ich muss mich zusammenreißen, um nicht loszuheulen. Was für eine Leistung, über die sie nie ein Wort verloren; vielmehr waren sie bemüht, das wie selbstverständlich erscheinen zu lassen. Meine Eltern jemals zu enttäuschen, galt es zu vermeiden, das kam nicht in Betracht.

Im Laufe der Jahre halfen sie ihren Eltern, Schwestern und Brüdern, nach Deutschland nachzukommen, einige von ihnen zogen weiter nach Kanada, Hawaii und USA. Deshalb kenne ich nur einen kleinen Teil der Verwandtschaft.

Kurz vor meiner Einschulung im Sommer 1995 besuchte ich mit meinen Eltern Vietnam und Laos, eine Reise, an die ich keine Erinnerung mehr habe. 2013 flogen meine Eltern abermals nach Ho-Chi-Minh-Stadt, um meinem Bruder – acht Jahre nach mir geboren – ihre Heimat zu zeigen. Ich sagte den Familientrip ab. Lust hätte ich schon gehabt. Aber natürlich war wieder einmal irgendetwas mit dem Turnen. Das Karussell drehte sich schließlich das ganze Jahr über. Vom Karussell abzusteigen? Keine Option. Meine Eltern und mein Bruder schickten mir Bilder, wie sie im Strom der Touristen in Ho-Chi-Minh-Stadt die Notre Dame Cathedral besichtigten und einen schaudernden Blick in den Cu-Chi-Tunnel warfen, durch den einstmals die Vietcongs Nacht für Nacht den Nachschub organisiert hatten. Wo ich zu diesem Zeitpunkt gewesen war? Kann ich heute überhaupt nicht mehr genau sagen, wahrscheinlich wieder einmal bei der Vorbereitung auf irgendeinen Wettkampf in Deutschland oder wo auch immer auf der Welt. Ob meine Eltern enttäuscht waren, dass ich das Turnen der Familienreise vorzog? Nein. Ach, ich weiß es nicht. Obwohl: Wir werden das nachholen. Ich möchte schon wissen, wo meine Wurzeln liegen.

Ich wurde 1989 in Tübingen geboren. Im Alter von sieben Jahren zogen wir nach Ehningen. Nach der vierten

Klasse in der Friedrich-Kammerer-Schule wechselte ich aufs Goldberg-Gymnasium in Sindelfingen. Dass nur ein Gymnasium für mich infrage kam, dass ich irgendwann studieren würde, war ausgemacht. „Wer gute Noten hat, ehrt seine Eltern", ist ein geflügeltes Wort unter Vietnamesen. Eine Eins wäre besser gewesen. Auch meine Großmutter ließ nicht locker: „Bist du fleißig, Kim? Strengst du dich auch an?" Und zitierte dazu ab und an ein vietnamesisches Sprichwort: „Lây bát mô hôi dôi bát com" – tausche ein Schälchen Schweiß gegen ein Schälchen Reis.

Erst viel später ist mir bewusst geworden, was hinter diesem ständigen Antreiben, den auf Samtkissen vorgetragenen Ermahnungen steckte: Meine Eltern wollten, dass ich es leichter habe als sie, sie wollten durch einen gehobenen Bildungsweg vermeiden, dass ich ähnlich schreckliche Erfahrungen machen müsste. Diese aus Leid und Not gewachsene Hoffnung paarte sich mit der konfuzianistisch-buddhistischen Kultur, in der sie aufgewachsen waren. Eine Kultur, die einerseits auf Ausgleich und Mäßigung bedacht ist, für die andererseits Werte wie Fleiß, Respekt, Disziplin und Ordnung die Leitplanken bilden. Diese Werte potenzierten sich vor dem Hintergrund einer Flucht aus einem kriegsversehrten Land, dessen Infrastruktur völlig zerstört worden war. Diese Werte, die eine wichtigere Rolle spielen als die im Westen so geschätzte Individualität und Selbstverwirklichung, sind ein Beschleuniger dafür, dass vietnamesische Einwanderer sich schnell in westlichen Ländern integrieren.

Die asiatische Auslegung von Fleiß, Respekt, Ordnung und Disziplin wurde mir eingeimpft, die ich im deutschen Umfeld mit deutschen Freunden aufwuchs, unter denen jene Tugenden nicht selten scheel angesehen werden und einen faden Beigeschmack hinterlassen. Ja, meine Erziehung war streng. Ich erinnere mich, dass ich einen Abend und eine Nacht allein am Küchentisch sitzen musste, weil ich partout meinen Teller nicht leer essen wollte. Da gab es kein Vertun, da mochte ich noch so viel weinen, wie ich wollte. Ich habe auch den Rohrstock vor Augen, den mein Vater aus dem Kämmerchen holte (ich weiß nicht mehr, was ich angestellt, womit ich ihn provoziert hatte). Vieles ist in meinem Gedächtnis verschüttet, an vieles kann oder will ich mich nicht erinnern. Hätte ich viel früher und tiefer im Erinnerungsschutt graben sollen? Wäre das gut gewesen für mein Selbstwertgefühl, das verkümmerte, weil ich mir selbst nie genug sein konnte? Unsinn. Kein Kind und wohl die wenigsten Jugendlichen sind in der Lage zu verstehen, warum ihre Eltern mit ihnen wie auch immer umgehen. Genauso wenig sind Turnkinder und Turnjugendliche in der Lage zu verstehen, warum ihnen ihre Trainer den Marsch blasen oder ihnen die kalte Schulter zeigen.

Ich weiß heute, dass diese Erziehungsmethoden nichts mit dem Charakter, einer Schwäche oder gar mit einer Boshaftigkeit meiner Eltern zu tun hatten. Das wurde mir deutlich, als mir eine Cousine erzählte, bei ihr zu Hause sei es nicht anders zugegangen, eher noch einen Tick rauer.

Meine Eltern (wie die Eltern anderer vietnamesischer Kinder) sind eben auch nur die Kinder ihrer Eltern und Glieder einer jahrhundertealten Kultur, in der es zuallererst ums Überleben geht. Eine Generation gibt es der anderen weiter, so wie in Deutschland bis vor 50 Jahren prügelnde und ohrfeigende Lehrer nichts Ungewöhnliches waren. Ich bin mit meinen Eltern im Reinen. Das hat etwas mit der großartigen menschlichen Gabe und Chance des Verzeihens zu tun. Kein Mensch kann in ständigem Groll und Hass leben, ohne sich selbst zu zerstören. Hier fühle ich mich der buddhistischen Spiritualität nahe, dem Streben nach Ausgleich und Mäßigung, dem Wunsch nach Harmonie. Vielleicht will ich bisweilen ein wenig zu viel Harmonie.

Mein Bruder wuchs quasi in einer anderen Familie auf. Acht Jahre jünger, ein Junge, zweitgeboren. Da waren die Zügel lockerer. Meine Eltern ängstigten sich nun weniger, etwas falsch zu machen in dem Land, das sie großzügig aufgenommen und ihnen eine zweite Lebenschance geboten hatte.

Oberstes Gebot: Gesicht wahren, nicht auffallen. Kam Besuch, wurden Streitigkeiten schnell unter den Teppich gekehrt. Alles war in bester Ordnung in der Familie Mustermann. In der Öffentlichkeit keine Fehler zugeben. Nie – schlimmer geht's nimmer – das Gesicht verlieren.

Deshalb gab es einmal richtig Zoff. Dass an den Wänden meines Zimmers Poster der Backstreet Boys und der Spice Girls hingen, ging durch. Schließlich wollten sie sich und sollte ich mich bis zu einer von ihnen im Geiste gezogenen roten Linie an das hiesige Leben anpassen, weswegen auch die Serie *Verbotene Liebe* stillschweigend akzeptiert wurde. Als meine Mutter in meinem Zimmer – ich mochte zwölf oder dreizehn gewesen sein – zwischen meinen Büchern (hatte sie etwa spioniert?) ein von mir mit Herzchen verziertes Briefchen entdeckte, in dem wiederum das Passfoto des Bruders einer Freundin steckte, den ich toll fand, hatte ich jene rote Linie überschritten. Dabei war das völlig harmlos, eine kindliche Schwärmerei. Ich hätte mich im Leben nicht getraut, den Jungen anzusprechen. Was mir einfiele, polterte mein Vater am Abend, als er von der Apotheke nach Hause kam. Ich hätte mich gefälligst auf die Schule zu konzentrieren und auf sonst gar nichts.

„Das da", deutete mein Vater mit spitzem Zeigefinger auf das kleine Foto und hob seine Stimme nochmals an, „das da hat in deinem Leben nichts zu suchen. Dafür ist es viel zu früh." Was er mit „das da" meinte, ließ er in den Sternen. So etwas wie Aufklärung kam zu Hause nicht vor, da flogen Bienchen und flatterten Störche und es lag jede Menge Blütenstaub in der Luft. Auch deshalb waren meine Eltern wohl froh und es beruhigte sie, dass ich mit dem Turnen so viel Zeit verbrachte. Da ich turnte, konnte ich nachts nicht unterwegs sein, weil ich sonst am nächsten Morgen nicht aus dem Bett gekommen wäre, um zum Training zu fahren. Es minderte in ihrer Vorstellung die Gefahr, etwas könne aus dem Ruder laufen, bei dem sie ihr Gesicht verlieren würden.

Vor nicht allzu langer Zeit erinnerte mich meine Trainerin, die Guti, daran, dass ich als Jugendliche auf der Fahrt vom Training in Stuttgart nach Hause meinen nur für diesen Tag aufgetragenen grellroten Fingernagellack in der S-Bahn sorgfältig entfernt hatte. Meine Eltern hätten derartige Kosmetik nicht geduldet. Als ich kürzlich versuchte, sie darauf anzusprechen, zeigten sie sich entrüstet. Nein, gegen lackierte Fingernägel hätten sie nichts gehabt. Allerdings hat meine Trainerin das Gedächtnis eines Elefanten – und ich stieß wieder einmal auf so ein Bröckchen, das im Steinbruch meines Gedächtnisses verschüttet lag.

Da häufte sich in jungen Jahren vieles an, vieles kam zusammen. Bis ich überzeugt war: Ich werde nicht geliebt. Ich bin allein. Mich dürstete nach etwas, mit dem ich Aufmerksamkeit gewinnen konnte, damit andere Menschen erkannten, dass ich bin. Ich würde es allen zeigen! Vielleicht.

Wenn ich die Augen schließe und versuche, nüchtern zu denken, weiß ich, dass mich meine Eltern sehr wohl lieben. Worauf nicht jeder kommen würde, dem die vietnamesische Kultur fremd ist und der mich in meinem Kinder- und Jugendalltag erlebt hätte. Fuhren andere Mütter ihre Kinder zum Turnunterricht und verabschiedeten sich in der Halle, gab es wie selbstverständlich einen Schmatzer auf die Wange oder den Mund. In der Öffentlichkeit Küsse auszutauschen oder Zärtlichkeiten und Liebkosungen zu zeigen, ist in der vietnamesischen Kultur verpönt. Ich kam mir bei diesen Verabschiedungen seltsam vor, wie ein hässliches Entlein. Selbst bei uns zu Hause, wenn keine fremden Augen auf uns ruhten, waren Küsse und Kuscheln unbekannt. Für vietnamesische Kinder ist das nichts Ungewöhnliches. Das fiel mir aber erst auf, als ich für längere Zeit freitags bei der Guti übernachtete, um von ihr am nächsten Morgen im Auto zum

Training mitgenommen zu werden. Vor dem Schlafengehen las ihr Mann den Kindern eine Gutenachtgeschichte vor. Etwas vom Sams, Drachenreiter oder von Momo. Ich kam zwar auch in den Genuss dieser spannenden Erzählungen, aber nicht in den eines Kopfstreichelns oder gar eines Gutenachtkusses. Von der Mutter. Und vom Vater! Das kam mir seltsam vor, ich dachte aber nicht länger darüber nach.

Meine Mutter drückt ihre Liebe durchs Kochen aus. Besser gesagt: durch das Bekochen, als hätten die Bekochten eine wochenlange Hungertour hinter oder vor sich. Noch heute, wenn ich meine Eltern besuche, darf ich nach der üppigen Mahlzeit das Haus erst verlassen, nachdem sie mich wie einen Packesel mit Plastikboxen und Plastikschüsseln bis zum Rand gefüllt mit vietnamesischer Nudelsuppe, Frühlings- und Sommerrollen und Reisnudeln mit Fisch beladen haben, als begäbe ich mich auf eine mehrtägige Reise. Gutes Essen, nach dem ich mir die Finger lecke. „Das Leben ist zu kurz, um schlechte Suppe zu essen", sagt meine Mutter, und recht hat sie.

Mein Vater hingegen zeigt seine Liebe, kurz gefasst, mit Geld und Besitz. Was er erarbeitet, ist für die Familie. Und wenn er mal nicht mehr da ist, das steht unausgesprochen im Raum, ist die Familie wenigstens nicht mittellos. Das mag für europäische Ohren materiell und gefühlsarm klingen. Es ist jedoch vor dem Hintergrund zu verstehen, dass das Leben in Vietnam für ihn und Millionen andere Vietnamesen ein Kampf ums Überleben war und dass sich die Fürsorge für andere Menschen darin zeigte, ihnen schlichtweg ein Überleben zu ermöglichen.

Ich bin in einem Wohlstand aufgewachsen, der nicht selbstverständlich ist. Weder für Menschen, die aus ihrer Heimat geflohen, noch für solche, die in Deutschland geboren sind. Ich muss mir das immer wieder vor Augen führen: Das ist keine Selbstverständlichkeit. Dafür haben meine Eltern wahnsinnig viel auf sich genommen, Hindernisse gemeistert, wahrscheinlich vieles heruntergeschluckt, was sie am liebsten ausgespuckt hätten. Würde man sie fragen, wie sie das geschafft haben, würden sie nicht viel Gewese um ihre Leistung machen, die Frage wäre ihnen vermutlich sogar unangenehm. Ließe man nicht locker, würden sie möglicherweise antworten: mit Respekt, Ordnung, Fleiß, Disziplin.

Das färbte auf mich ab. Über den Drang nach, vielleicht sogar den Zwang zur Perfektion, der das Leistungsturnen bestimmt, sprach ich bereits. Ohne Disziplin ist Spitzensport im Grunde nicht möglich, sie ist bis zu einem gewissen Grad die Voraussetzung für den Erfolg. Aber sie muss auf eine menschenwürdige Art und Weise vermittelt werden.

Ich erschrak selbst über mich, als ich beim dritten oder vierten Treffen die Kids des Landeskaders der BMX-Fahrer anherrschte: „Okay jetzt, in einer Reihe aufstellen, Klappe halten, zuhören!"

Ich hatte offenbar wirklich geschrien. „Und wer nicht spurt, kann gehen." Ich deutete zum Ausgang ... und hielt inne. Ich verhielt mich aus heiterem Himmel so, wie ich das bei meinen Trainern schon immer beschissen gefunden hatte. Also: Wenn die schlecht drauf waren, ließen sie es an mir und anderen Turnerinnen aus.

Der Landeskader der BMX-Fahrer hatte mich beauftragt, die Kids einmal in der Woche zwei Stunden lang zu trainieren. Sie mochten zwar auf zwei Rädern zu verwegenen Kapriolen in der Lage sein – aber beim Fortbewegen mit den Füßen auf dem Boden … ach, reden wir lieber nicht darüber, sie konnten jedenfalls nicht mal gerade stehen. Dass sie bei einfachsten Übungen versagten, ließ meine Nerven vibrieren. Was mich aber zur Weißglut brachte, war ihre Disziplinlosigkeit. Wenn ich zu ihnen sprach, quasselte immer einer dazwischen, andere quatschten untereinander. Wenn ich nicht hinschaute, hampelten sie herum. Kein Respekt – vor mir als Trainerin. Heidenei! Ganz anders die Turnkinder und die Turnjugendlichen und eigentlich auch die Turnerwachsenen. Die stehen vor dem Trainer kerzengerade und machen das, was der Trainer sagt. Punkt.

Ich hielt inne, atmete durch; versuchte, Wut und Aggression, die mich aufgewühlt hatten, in den Griff zu bekommen.

„Freies Training heute, jeder macht, wozu er Lust hat!"

Die Kids waren gerade elf, zwölf Jahre jung. Die kannten eben nicht den militärischen Drill vom Turnen, die hatten vielleicht Eltern und Trainer, bei denen sie an einer langen, sehr langen Leine liefen. Immer noch aufgewühlt rief ich während der Heimfahrt eine Freundin an.

„Stell dir vor, was mir passiert ist. Ich bin bei den BMX-Kids völlig ausgerastet."

„Jetzt atme erst mal tief durch. Du hast das zumindest erkannt. Mach dir Gedanken, wie du das Beste für dich und die Kids herausholen kannst. Dir stinkt doch schon lange, wie das bei euch im Turnen abläuft. Jetzt hast du die Chance, das so zu machen, wie du es machen willst oder du gewollt hättest, wie man mit dir umgeht."

Ich überlegte, wie ich es anstellen konnte, dass ich nicht wieder ausrastete und zugleich ein gutes Training hinbekäme, das auch die Kids gut fänden. Ich ließ sie – wie beim Turnen üblich – vor dem Training auf einer Linie antreten, aber ich merkte bald, dass sie diese Methode als völlig schräg empfanden. Hinter meinem Rücken tippten sie sich mit dem Finger vermutlich an die Stirn und fragten sich, ob ich einen Sprung in der Schüssel hätte. Also begann ich das Training mit einer Aufstellung im Kreis. Wenn ich zu den BMX-Kids vordringen wollte, musste ich sie dort abholen, wo sie nun einmal waren.

Ich ließ sie also herumtollen, schließlich waren es ja Kinder, selbst wenn sie sich für einen Kader qualifiziert hatten und sich selbst organisierten. Um sie an ihr Limit heranzuführen, baute ich verschiedene Stationen auf und beschäftigte sie in kleinen Gruppen. Ich lobte, ich kritisierte auch, aber wenn ich kritisierte, erklärte ich ihnen, was ich auszusetzen hatte und wie sie es besser machen könnten. Sie spürten, dass ich sie ernst nahm. Aber nicht in dem Sinne, sie in Watte zu packen, sondern nach dem Motto: „Es gibt nichts Feigeres als falsches Lob." Und siehe da – all die Störfeuer erloschen, die Kids waren plötzlich mit Feuereifer bei der Sache, und wenn ich merkte, dass die Konzentration nachließ, sagte ich: „Geht erst mal was trinken." Und dann machte ich eben mit etwas völlig anderem weiter, um sie neu zu motivieren. Ich machte, was ich mir immer von meinen Trainern gewünscht hatte: Ich begegnete ihnen auf einer Ebene. Nach den nächsten Trainingseinheiten war ich glücklich, dass ich das, was ich mir vorgenommen hatte, umsetzen konnte, dass sowohl die Kinder Spaß am Training hatten als auch ich, und dass wir vorankamen.

Mit meinen Eltern sprach ich nie über derartige Erlebnisse, die mich beglückten, auch nicht, wenn es mir schlecht ging. Über was redete ich überhaupt mit meinen Eltern? Über alles Mögliche, so in der Art „Wie war dein Tag?", „Wie ist die Matheklausur gelaufen?", „Was wünschst du dir zu essen?". Aber nie über Gefühle, über Dinge, die mich aufwühlten, die mich verletzten. Auch nicht darüber, dass ich offen wegen meiner Herkunft, meines Aussehens beleidigt wurde, was, gottlob, nicht so oft vorkam.

Übrigens: Zu Hause sprechen wir nur vietnamesisch, obwohl mein Vater und meine Mutter schon längst des Deutschen mächtig sind.

Ich war 13 Jahre und trainierte im Kunst-Turn-Forum Stuttgart. Als ich die Halle betrat, glotzten mich einige Jungs an, zogen die Augenbrauen hoch und riefen mir „Fischkopp" hinterher. Das ging eine Weile so. Es schmerzte, aber ich sprach mit keinem darüber, ich weiß nicht mal, ob das jemand mitbekam. Ich fragte mich: „Was wollen die von mir?" Zumal das Deutschrussen waren, also auch nicht unbedingt Biodeutsche der Güteklasse A. Da ich nie gelernt hatte, über meine Sorgen und Nöte zu sprechen, verschwieg ich diesen Vorfall auch zu Hause. Wahrscheinlich hätten meine Eltern hilflos reagiert, wären noch verletzter gewesen, als ich es war. Ich musste das also mit mir selbst ausmachen – wie bei allen anderen Kränkungen.

Aber gab es wirklich nur wenige Vorfälle dieser Art, obwohl ich über viele Jahre hinweg der einzige Schüler mit asiatischem Aussehen war? Hat sich über meine Seele eine Hornhaut des Vergessens gebildet, um mich zu schützen? Vielleicht ist die Ecke, in der ich aufwuchs, aber auch ein Hort der Liberalität und Vorurteilslosigkeit.

Doch, ein Ereignis fällt mir noch ein, und das ist noch nicht mal so lange her. Tatort: dieselbe Trainingshalle.

„Ziemlich dunkel heute. Sparen wir etwa am Strom?", sagte ich, als ich die Halle betrat.

„Musst vielleicht deine Augen weiter aufmachen", entgegnete ein Betreuer und lachte so in der Art: „Hö, hö, hö, der war gut, nicht wahr?" Er war im Übrigen nicht der Einzige, der auf diesen „witzigen" Spruch kam. Wer weiß, wäre ich zu Hause dazu erzogen worden, mich freier über Gefühle zu äußern, hätte ich diesem Betreuer vielleicht prompt eins auf die Mütze gegeben, zumindest verbal. Aber da pochte wieder einmal diese Überzeugung in meinem Kopf, die ich erst nach vielen Jahren überhaupt in Worte fassen konnte, wobei ich nie ein Mittel fand, dieses Pochen auszuschalten: Ich bin nicht genug. Ich bin nicht schlagfertig genug. Ich genüge mir selbst nicht. Und da ich nichts wert bin, halte ich die Bälle lieber flach.

Ganz arg spürte ich Vorbehalte zu Beginn der Coronazeit, als jeder Deutsche plötzlich wusste, wo die Stadt Wuhan liegt, sich über den R-Faktor definierte, sich mit Toilettenpapier für die nächsten zwei Jahre eindeckte und jeden asiatischen Menschen für einen Chinesen hielt, mithin einen potenziellen Gefährder. Zunächst checkte ich überhaupt nicht, warum einige Menschen mich im Supermarkt schief anstarrten oder einen großen Bogen um mich schlugen. Wäre mein Selbstwertgefühl nur etwas großzügiger ausgestattet, hätte ich mit dem Fuß aufgestampft und gerufen: „Habt ihr einen an der Waffel? Ich bin Deutsche!"

Stattdessen schaue ich skeptisch in den Spiegel, blicke in schwarze Mandelaugen, bin versucht, die Sommersprossen zu zählen, fahre mit meinen Fingern durch die schwarzen Haare, so wie es früher meine Trainerin bewundernd tat, wenn sie mir für das Training die Haare flocht.

Wer bin ich? Wer will ich sein? Wie bin ich zu dem geworden, was ich heute bin? Was hat mir der Sport gebracht?

„Bis du wirklich Deutsche, bist du eine Schwäbin?", fragt Kim.

„Was soll der Quatsch?", entgegnet Kimi.

„Du magst das so sehen. Aber wie sieht das die Mehrheit der Deutschen?"

„Die müssen nun mal akzeptieren, dass Deutsche manchmal auch schwarz oder asiatisch aussehen", gibt Kimi zurück, vielleicht optimistischer, als es der Realität entspricht. „Sie werden sich schon daran gewöhnen, dass es auch Namen von Deutschen gibt, die ihnen nicht so fließend über die Lippen gehen wie Hans und Gretel, Müller und Maier."

„Ja, du hast gut reden", spöttelt Kim. „Deine Namen sind easy auszusprechen. Und du bist eine Nationalmannschaftssportlerin gewesen. Zweimal Bonus."

Das mag sein. Aber dennoch wuchs ich mit der deutschen Sprache, deutschen Freunden und deutschen Gebräuchen auf. Weihnachten ist so ein Beispiel – für mich das Familienfest schlechthin, eine Zeit, auf die ich mich unheimlich freue. Eine vietnamesische Tradition, davon war ich viele Jahre überzeugt gewesen. Bis mich meine Mutter aufklärte.

„Nein, das ist ein christliches Fest und das wichtigste in Deutschland. Wir gehören dazu, also feiern wir das."

Die gesamte Familie kommt dann zusammen, also alle, für die es von der Entfernung her einigermaßen machbar ist. Allerdings verwebt sich an diesen Tagen die vietnamesische Kultur mit der Christkindlzeit. Mein Vater ruft alle Verwandten an und lädt sie persönlich ein, alles andere wäre ein Affront. Dann rücken sie aus allen Himmelsrichtungen an, 15, 16 Personen in unserer Doppelhaushälfte, die für diese Tage einem bunten Feldlager gleicht. Mein Bruder und ich zu Füßen des elterlichen Bettes, der Rest gebettet auf Luftmatratzen, Isomatten und Decken verteilt auf alle Räume. Meine Mutter verlässt kaum noch die Küche, serviert das Essen auf dem ausgezogenen Esstisch, die Kinder am Wohnzimmertisch sitzend und dort mampfend. Dauer des weihnachtlichen Feldlagers? Unbestimmt.

Einmal fragte ich meine Mutter nach drei Tagen, weil ich mein Zimmer gern wieder in Beschlag genommen hätte: „Wie lange bleiben die eigentlich?"

Sie presste den Zeigefinger auf ihren Mund: „Psst, weiß ich nicht."

Ich, ein wenig genervt: „Wieso weißt du das nicht?"

„Weil ich es eben nicht weiß."

„Dann frag doch mal."

„Um Himmels willen! Das würde so aussehen, als seien sie nicht länger erwünscht." Was vermutlich eine Krise und den Abbruch innerfamiliärer diplomatischer Beziehungen nach sich gezogen hätte.

Stattdessen zusammen deutsche Weihnacht mit Weihnachtsbaum, wirklich viel Lametta, meinem Blockflötenspiel mit – mangels vietnamesischer Varianten – *Stille Nacht* und anderen deutschen Weihnachtsliedern, dazu aber Phở bò (eine Suppe mit Nudeln, frischen Kräutern und Rindfleisch), Lẩu (Hot Pot, eine Variante des asiatischen Fondues) und Bún chả giò (Reisnudeln mit Frühlingsrollen, Salat, Kräutern und Fischsoße) statt Gans oder Weihnachtskarpfen.

Geschenkemischen wiederum nach deutscher Tradition. Das Geschenk, über das ich mich in all den Jahren am meisten freute, hatte ein Onkel in einer leeren Nudelpackung versteckt. Zunächst hatte er meine Hoffnungen gedämpft mit dem trocken vorgebrachten Hinweis, wenn ich mehr Nudeln äße und stärker würde, sei ich reif für mein Wunschgeschenk, das neue Nokia 3210. Enttäuscht wühlte ich in dem mit Papier vollgestopften Karton. Umso größer die Freude, als ich auf dem Boden das ersehnte hellgraue Handy fand. Das erste ohne sichtbare Antenne, mit dem ich komfortabel SMS-Nachrichten schreiben und Snake spielen konnte, stundenlang (mit viel Fantasie war auf dem kleinen Display eine Schlange auszumachen, die es zu manövrieren galt).

Ansonsten war das Jahr eher arm an Festen (Ostern kam nur am Rande vor). Essen bei der Großmutter zum vietnamesischen Neujahrstag (der wiederum wurde interessanterweise dem westlichen Neujahr vorgezogen) und die Todestage von Verwandten, denen man jährlich vor einem kleinen Schrein im Wohnzimmer nach buddhistischer Tradition gedachte. In eine Schale legte meine Mutter einige Lebensmittel als Opfergabe, und jeder von uns zündete vor dem Schrein stehend ein Räucherstäbchen an, was gut roch. Als ich älter wurde, drängten meine Eltern mich nicht mehr dazu, der Zeremonie beizuwohnen.

Eine andere Art von Schrein im Wohnzimmer – viel größer als jener für das Gedenken an die Toten, eine mannshohe Vitrine – füllte sich schnell. Zwei an der Schrankdecke befestigte Punktstrahler beleuchteten all die Pokale, Medaillen und Urkunden, die ich ab dem siebten Lebensjahr einheimste. Kein Besucher, der unser Wohnzimmer in Ehningen betrat, kam darum herum, auf meine derart zur Schau gestellten Erfolge zu blicken. Nie lobten mich meine Eltern für meine sportlichen Leistungen. Wohlwollend nickten sie, wenn ich ihnen die Trophäen und Dokumente nach einem Wettkampf entgegenstreckte, und sie verstauten diese auf der Stelle in der Vitrine. Es war ihre Art, Anerkennung auszudrücken, ohne mich mit Lobesworten oder gar Küsschen bedenken zu müssen. Für meinen Bruder wurde auch ein Schrank bereitgestellt, viel kleiner als meine Vitrine. Er spielte in der Jugend Fußball, aber zum einen war seine Mannschaft nicht supererfolgreich, und zum anderen ist es für einen Einzelsportler einfacher, etwas abzusahnen. Er litt wohl ein wenig unter dem innergeschwisterlichen Leistungsgefälle, manifestiert in den beiden unterschiedlichen Schaukästen. Aber genauso wenig, wie mich meine Eltern je für meine Pokalausbeute gelobt hätten, tadelten sie meinen Bruder für dessen bescheidene Leistungen auf diesem Gebiet.

Das Anlegen des Pokal- und Medaillenschreins hätte ich als Zeichen dafür werten können, dass meine Eltern wirklich stolz auf mich waren. Hätte – aber ich zweifelte eben. Außerdem hatte ich sie der Turnhalle verwiesen. Die Mütter der anderen Kinder blieben wie selbstverständlich während der Übungen am Rand auf den niedrigen Bänken sitzen, schauten mit einem Auge mehr oder weniger interessiert zu, wie wir uns an ersten Radwenden, am Handstand-Abrollen und an der Kippe am Barren versuchten, nutzten das Zusammenkommen mit den anderen Müttern aber vor allem zur Plauderei über die Gefühlskälte der Queen im Angesicht des Todes von Diana, den Flitter, den Gottschalk in der jüngsten Ausgabe von *Wetten, dass …?* getragen hatte, und schimpften über das Tamagotchi, das sie ihren Kindern nun endlich aus den Händen reißen würden (ganz abgesehen von meinem

Turnhallenbann hätte sich meine Mutter in dieser Runde nicht besonders wohlgefühlt).

Warum ich meine Eltern nicht in der Turnhalle sehen wollte? Wieder so eine Scherbe, die aus dem Spiegel gesprungen ist und die ich bis heute nicht zuordnen kann. Hatte mich mein Vater – der anfangs durchaus zugeschaut hatte – nach einem Training oder Wettkampf gescholten oder mich angeherrscht, die anderen Kinder hätten das aber besser gemacht als ich? Ich weiß es nicht. Gut möglich. Zudem schlich sich der Gedanke ein, meinen Eltern seien meine Leistungen schnuppe. Gut, dagegen sprach wiederum der Ehrenschrein. Den konnte man allerdings auch als Familien-PR für Gäste interpretieren.

2009 fand der Pokalwettbewerb des Deutschen Turner-Bundes, also des DTB, in der Hanns-Martin-Schleyer-Halle in Stuttgart statt, ein Weltcup. Das lief prima für mich: Gold am Stufenbarren, Silber am Boden und Bronze im Sprung. Ich erzählte das zu Hause am nächsten Morgen am Frühstückstisch ohne Erwartung auf eine Reaktion, die über ein „gut gemacht" hinausging.

Mein Vater hüstelte. „Wir wissen das. Wir waren nämlich in der Halle und haben uns das angeschaut."

Da fiel mir beinahe das Frühstücksei aus der Hand. „Wo wart ihr? Warum habt ihr mir das nicht gesagt?"

„Wir dachten", antwortete meine Mutter, „du würdest vielleicht nervös werden, wenn du weißt, dass wir zuschauen."

Wäre ich nervös geworden? Oder hätte es mich noch mehr angespornt?

Jedenfalls hatten sie sich Karten im Vorverkauf besorgt und waren in die Halle geschlichen, um ihre Plätze, weit oben auf der Tribüne, einzunehmen. Sie waren in letzter Sekunde in die Halle gekommen, in Sorge, ein Trainer könne sie vorher erkennen und mir ihre Anwesenheit weitertragen.

Sie sagten, sie seien stolz auf mich. Sagten sie das wirklich? Oder bilde ich mir das nur ein? Ich hätte mich jedenfalls gefreut, wenn sie es gesagt hätten. Also haben sie es auch gesagt. Jedenfalls mischten sie sich von da ab öfter mal unter die Besucher, wenn ich Tickets besorgte.

Im Frühjahr 2012 war ich mittlerweile guten Mutes, es trotz eines Kreuzbandrisses zu den Olympischen Spielen in London zu schaffen. Ist man für die Spiele akkreditiert, steht jedem Sportler ein gewisses Kontingent an ermäßigten Eintrittskarten zu. Die aber muss man ziemlich früh anmelden.

„Mama, Papa, wenn ich es nach London schaffe, wie sieht es aus, würdet ihr hinkommen, wenn ich mich für die Mannschaft qualifiziere?"

Die beiden kicherten, eine Gemütsregung, die sie nicht häufig äußern.

„Tja", sagte mein Vater, „jetzt kommen wir nicht mehr drum herum."

Auweia, was folgte jetzt?

„Wir haben schon im Dezember Flüge und Hotel gebucht, weil wir Angst hatten, wir bekommen nichts mehr, wenn wir zu lange warten. Außerdem haben wir schon die Karten für die Turnwettkämpfe bestellt."

Krass, dachte ich, die haben sich um alles selbst gekümmert. Obwohl es im Dezember alles andere als sicher gewesen war, ob ich überhaupt in London dabei sein würde. Setzten sie wirklich solch ein Vertrauen in mich? Vertrauten sie darauf, dass die Werte, die sie mir eingeimpft hatten – Disziplin, Fleiß, alles dafür tun, um einen Gesichtsverlust zu vermeiden –, mich zu meinem großen Traum, der Teilnahme an den Olympischen Spielen, treiben würden? Dass ich mich nicht schonen würde, um diesen Erfolg zu erreichen? Interessierten sie sich viel mehr für meine Leidenschaft, als ich das je zu hoffen gewagt hätte? Verbot ihnen nur ihre Prägung, mir das zu zeigen?

Man sollte die eigenen Eltern, trotz aller Lackfehler, die nun mal jeder Mensch hat, nicht unterschätzen. Und ich werde stets im Herzen tragen, dass sie mir Wärme, Rückhalt und Sicherheit schenkten und mich erdeten, was mich davor bewahrte, bei allen Erfolgen und Hochs abzuheben. Und mich bei Rückschlägen beschützten, ins Bodenlose zu stürzen.

Ach, habe ich übrigens schon erwähnt, dass ich die besten Eltern der Welt habe?

Kapitel 3

KLEIN, DOCH SCHON BALD SO GROSS

Du drehst dich auf den Fußspitzen im Kreis, als sei es die natürlichste Bewegung der Welt. Du läufst an, springst auf deine Hände und katapultierst dich in die Höhe. Weil das aber zu simpel wäre, machst du noch einen Salto in der Luft, drehst deinen Körper, als sei er eine riesige Schraube. Du landest mit den Füßen auf dem Boden und du stehst, als seien sie dort mit Pattex angeklebt.

Du springst in die Luft, kommst auf die Füße und stößt dich noch im selben Atemzug abermals ab, drehst dich um die eigene Achse, schlägst aus dieser Position einen Salto rückwärts und landest so sicher, als wäre das Risiko nicht zehn Zentimeter schmal, sondern als stünde dir der Boden der ganzen Halle für die Landung zur Verfügung.

Du schwingst um den Holm, fliegst rückwärts nach oben, um den oberen hölzernen Rundlauf zu fassen; dein Körper schwingt kerzengerade im Kreis und noch einmal und noch einmal. Juchhe! Wofür Geld für eine schwindelerregende

Attraktion auf dem Rummelplatz vergeuden? Dein eigener Körper kann dir zu diesem kindlichen Vergnügen verhelfen. Und das Adrenalin, das bei deinen Sprüngen, Schwüngen und Saltos durch den Körper schießt, gibt es gratis obendrauf.

Ist es nicht wunderbar, Tag für Tag über sich selbst staunen zu dürfen? Es ist dieses Staunen, was für mich das Turnen bis heute so außerordentlich macht. Staunen darüber, was man der letzten Faser seines Körpers abverlangen kann. Bewegungen, die die Natur für den Menschen nicht vorgesehen hat, schlichtweg, weil sie keinen Sinn ergeben. Der Neandertaler hätte sich verwirrt am Schädel gekratzt, hätte er mich am Ast einer großen Eiche schwingen sehen, hätte nicht im Entferntesten gewusst, dass es sich dabei um den anspruchsvollen Gienger-Salto handelt, also den Ast loslassen, einen Salto gebückt mit halber Längsachsendrehung und den Ast wieder fassen. „Hat die nichts Besseres zu tun? Satt wird sie jedenfalls nicht davon", hätte er in sein Bartgestrüpp gemurmelt und wäre kopfschüttelnd seines Weges gezogen, um seiner Großfamilie einen Kojoten oder einen Fuchs zum Abendbrot zu servieren.

Damit hätte er auch recht gehabt, der Neandertaler, ganz gleich, ob er in Mettmann oder im westlichen Sibirien auf die Jagd gegangen wäre. Noch so viele mustergültige Gienger-Saltos – ich wäre dennoch verhungert, es sei denn, es hätte schon in der Steinzeit so etwas wie Mäzenatentum gegeben.

Also, ziemlich sinnfrei, was ich da treibe. Aber: Sind nicht gerade Denken, das Sprechen, die Fähigkeit zum

Spielen und zum Entdecken und Neugierde typische Merkmale des Menschen? Im Spiel seine Persönlichkeit formen, Grenzen erkennen, sie versuchen zu überschreiten. Bei meinem Spiel auch noch zum Ergötzen der Zuschauer, worunter viele die Bewunderung zu unserer Schau treibt, weil sie Zeuge von etwas werden, das sie in diesem und wahrscheinlich selbst im nächsten Leben nicht imstande sein werden zu tun.

Diese Grenzüberschreitung reizt mich, die Herausforderung an mich selbst, die kleinen Sensationen des kontrollierten Körpers stets aufs Neue zu wagen. Ich turne, also bin ich. In einer Art und Weise, die den Zuschauern vermittelt: Die macht das mit links, die strahlt dabei sogar noch übers ganze Gesicht. Das muss ein Übermensch sein.

Ich möchte es nicht verschweigen: Neben dieser Freude am Spiel mit dem eigenen Körper, neben der Freude an Eleganz, Anmut und Tanz, der Freude am nahtlosen Dahinfließen einer Abfolge, der Vielfältigkeit an Möglichkeiten in vier völlig verschiedenen Disziplinen, dem Gefühl, Herrin über meinen Körper zu sein, der Fähigkeit zur Körperspannung, hat mich immer schon der Nervenkitzel motiviert und beflügelt. Oder nennen wir es noch genauer beim Namen: das Risiko. Am Stufenbarren ein Griff daneben, ein Wackler auf dem Schwebebalken, eine falsche Landung beim Sprung, das Wissen darum, dass jedes Winzdetail entscheidend ist, damit das Gesamte gelingt. Misslingt ein Detail, wäre das so, als wäre da Vinci bei der Mona Lisa der Pinsel ausgerutscht, und ein Schmiss verunstaltete die Wange der geheimnisvollen

Schönen. Du kannst einen Fehler nicht mehr wettmachen. Kein Tor in der Nachspielzeit wie beim Fußball, kein *lucky punch* wie in der letzten Boxrunde möglich. Vom Absturz mit blauen Flecken, Riss oder Bruch als Folge ganz zu schweigen.

Mit anderen Worten: Wer das Risiko scheut, sollte die Finger vom Profiturnen lassen, sollte die kontrollierte Gefahr eher auf dem Rummelplatz, auf dem Voodoo Jumper, der Wilden Maus oder dem Hangover-Tower suchen.

Der Kitzel, der tausend Kribbeltiere durch den Körper krabbeln lässt und deinen Körper in Hochalarm versetzt, geht über die riskanten Turnelemente hinaus. Im Wettkampf stehe ich nämlich allein im Mittelpunkt, gewissermaßen nackt im Scheinwerferlicht. Ich habe keinen direkten Gegner zum Vergleich und als Herausforderung – nur mich selbst, was die Aufgabe nicht unbedingt einfacher macht. Ich bin selbst für mich verantwortlich, muss allein mit meiner Aufregung klarkommen. Wenn das grüne Lämple aufleuchtet, gibt es kein Zurück. Auswechseln wie bei einem Mannschaftssport ist nicht. Keine Ausreden, die würden hernach sowieso mit dem Etikett „billig“ versehen. Ich muss versuchen auszublenden, dass mir 100, dass mir 1000 Menschen oder über das Fernsehen sogar Millionen aufs Gesicht, auf die Finger, Arme, Beine und Füße schauen, nicht wenige unentwegt auf mein Hinterteil gaffen. Vor weniger Zuschauern in der Halle turne ich lieber als vor Tausenden – obwohl diese Atmosphäre in einer vollgepackten Arena natürlich überwältigend ist (zumindest, bis das grüne Lämple leuchtet).

So wie bei einer Übung jedes Detail passen muss, muss für mich im Wettkampf das Umfeld stimmen. Ich bin wetterfühlig, geradezu harmoniesüchtig (was manchmal ziemlich hinderlich sein kann), weswegen mich Kleinigkeiten rasch aus dem Tritt bringen. Unruhe in der Halle, Zuschauer, die die Ränge verlassen und wieder betreten. Gut, das kriegt man mit mentalem Training einigermaßen in den Griff. Aber schlimm ist es für mich, wenn ich spüre, dass die Mannschaftskameradinnen nicht hundertprozentig hinter mir stehen, mich nicht genügend supporten. Vor dem Beginn meiner Kür suche ich ihren bestätigenden Blick, suche den Blick der Trainer. Wenn ich kein ermutigendes Nicken empfange – „Kimi, du kannst das!" –, schießt von jetzt auf gleich Unsicherheit in meinen Kopf. Ein Zehntel Punktabzug meiner inneren Jury. Bei aller Konzentration höre ich während des Auftritts aus der innerlichen Leere heraus und aus dem Gebrodel in der Halle – diese Kulissen sind in meinem Kopf haarscharf getrennt – ganz genau die Stimmen, die Anfeuerungsrufe meines Teams. Dieses Anspornen weckt die letzten Reserven, als habe mir der Doc eine Adrenalinspritze in die Vene gejagt.

Bei den Olympischen Spielen hat mich das einmal im Teamwettkampf unheimlich irritiert, dass eine von uns mitten im Wettkampf nur mit sich selbst beschäftigt war, in ihrer Sporttasche herumwühlte, sich Tapes um die Handgelenke wickelte, hier und dorthin schaute, statt die anderen anzufeuern. Ich kann so etwas nicht ausblenden, das irritiert mich, steigert die Nervosität. Lässt noch mehr Ameisen auf ihren Pfaden durch meinen Körper krabbeln.

Zugegeben: Ich bin dünnhäutig und sensibel. Ist eben so.

Als ich mit meinem Freund Fabian Hambüchen über solche Situationen sprach, sagte er: „Du musst vor allem dein Ding durchziehen. Schließlich ist die Mannschaft in der Gesamtwertung nur so gut, wie du es bist. Scheißegal, was die anderen machen, du musst dich auf dich konzentrieren."

Da ich so ein Harmoniemensch bin und darauf bedacht, dass es den anderen gut geht, habe ich mich immer für die Mannschaft verantwortlich gefühlt. Ich sehe mich im Zentrum dieses Gefüges und rede mir ein: Ich muss alles tun, damit unser Team funktioniert und wir möglichst erfolgreich sind, ich muss jede Einzelne anspornen, ihr gut zureden, ihr symbolisch vor dem Auftritt auf die Schulter klopfen. Vielleicht habe ich darüber zu wenig an mich selbst gedacht, hätte mich mitunter mehr auf mich selbst konzentrieren müssen.

All diese Überlegungen waren noch weit entfernt, als meine Mutter mich mit vier Jahren zum Kinderturnen in die Silcherhalle zur TSG Tübingen brachte. Stolz trug ich den roten Turnbeutel mit dem Aufdruck von Käpt'n Balu in meiner Hand, in dem sich mein pinker Turnanzug und die schwarzen Turnschläppchen befanden.

„Du warst so überaktiv, bist ständig durch die Wohnung getobt, als seiest du aufgezogen wie ein Spielzeugkreisel. Dann hast du einen Purzelbaum versucht und so etwas wie ein Rad hinzubekommen. Wir wussten überhaupt nicht, woher du das hast. Aber wir hielten nach einer Gelegenheit

Ausschau, wo du deinen Bewegungsdrang ausleben konntest." Schließlich stießen sie auf eine Zeitungsannonce, in der für Kinderturnen geworben wurde. Was ich erst sehr viel später erfuhr: Diese Anzeige hatte die Guti aufgegeben.

Von da an wurden die Turnhallen mein zweites Zuhause. Nach wenigen Jahren kannte ich mich dort genauso gut aus wie in unserer Wohnung in Tübingen und später in unserem Haus in Ehningen. So sicher, wie ich wusste, in welchem Küchenschrank meine Lieblingstasse mit dem Bild der Gummibärenbande stand, wo mein weißes Lieblings-T-Shirt mit dem Cartoonkaninchen lag, wann der *Tigerentenclub* im Fernsehen begann, wusste ich, um wie viel Uhr es zum Training losging oder wo sich der Behälter für das Magnesium befand, um sich damit die Hände einzureiben. Hätte man mir die Augen verbunden, hätte ich sofort gerochen, ob ich in unserem Haus wäre oder in einer Turnhalle, und hätte man mir auch noch die Nase mit einer Wäscheklammer zugezwickt, hätte ich nach wenigen Minuten gefühlt, wo ich stünde; feine Schwingungen, die die Nervenenden erreichen, die man nur spürt, wenn man an einem Ort heimisch geworden ist. Wo man weiß, welche Tür nicht ins Schloss fällt, welche Bodenmarkierung sich gerade auflöst und unter welchem defekten Trainingsgerät seit Menschengedenken eine Staubschicht liegt.

Ich kann mich nicht daran erinnern, dass ich an einem Tag mal keine Lust gehabt hätte zu trainieren. Meine Eltern waren keine typischen Turn- oder gar die noch viel sprichwörtlicheren Eiskunstlaufeltern. Sie drängten mich nicht, hielten mich aber auch nicht ab. Vor allem unterstützten sie mich, indem sie öfter und öfter mit mir auf Achse waren, mich ständig fuhren, zum Training oder später zu den Wettkämpfen. Schließlich gilt die Formel: Spitzensport bedeutet Talent, Training – und fahrende Eltern.

Nie drückte sich meine Mutter mit einer Ausrede davor zu strampeln. Denn am Anfang, als sie sich noch nicht traute, Auto zu fahren, fuhr sie mich auf dem Fahrrad in die Silcherhalle, ich hinten im Kindersitz hockend, meine Nase in ihren Rücken drückend, wenn der Wind von vorne blies oder mir der Regen ins Gesicht pladderte. Als Belohnung durfte sie bei meinem hundertsten Versuch, ein Rad auf dem Balken zu turnen, zusehen.

Da mich keiner drängen musste, da ich offenbar Spaß an der Sache hatte und die Trainer ein gewisses Talent erkannten, empfahlen sie mich im Alter von sieben Jahren in das Landesleistungszentrum Ruit in Ostfildern, gelegen am Rand von Stuttgart. Es war der erste Schritt Richtung Leistungssport, bei dem mich weiterhin die Guti begleitete; es würde eine erfolgreiche, aber zugleich problematische Beziehung werden. Es folgten die ersten Talentsichtungen und kleinere Wettbewerbe, es folgten die Württembergischen, es folgten die Baden-Württembergischen Meisterschaften. Ich stand zum ersten Mal auf dem Siegertreppchen und das Gefühl war wohl schon dasselbe wie heute noch: Du bist wer! Und das sollte sich nie mehr ändern. Das war und sollte der Glutkern all dieser Anstrengungen bleiben. Die Fortschritte flossen nahtlos ineinander über, ein unablässiger Prozess. Von Schritt zu Schritt ein wenig mehr Training, bis die Woche komplett war.

Nach der Grundschule meldeten mich meine Eltern am Goldberg-Gymnasium in Sindelfingen an und ich wechselte vom Stützpunkt Ruit in das neu erbaute Kunst-Turn-Forum in Stuttgart-Bad Cannstatt; Highend und Bundesstützpunkt für Gerätturnen. Übrigens sprach man bis etwa 2006 vom viel schöner klingenden Kunstturnen, ehe der Verband es leider in das recht nüchtern klingende Gerätturnen umbenannte, um sich vom einfachen Turnen abzugrenzen. In Bad Cannstatt also trainieren die besten Turnerinnen und Turner aus unterschiedlichen Vereinen, in der Regel sind das etwa siebzig Sportler aller Altersklasse im Landes- und Bundeskader, betreut von rund zwölf Trainern.

Als ich die achte Klasse in Sindelfingen besuchte, sagte die Guti eines Tages nach dem Training: „Dir ist schon klar, dass du Talent hast, dass du mehr erreichen kannst als die meisten, die hier trainieren?“

Ich nickte. Was die Guti sagte, stimmte von vornherein. Was ein Trainer sagte, egal welcher, war immer richtig.

„Wenn du weiter nach oben kommen willst, solltest du zum Wirtemberg-Gymnasium in Stuttgart, in Untertürkheim wechseln. Das ist eine Eliteschule des Sports. Da kannst du noch mehr trainieren. Außerdem ist die Schule nur eine S-Bahn-Station vom Kunst-Turn-Forum entfernt. Da sparst du Zeit.“

Schon damals musste ich mit Zeitproblemen klarkommen. Da meine Mutter mittlerweile nicht mehr jeden Tag Zeit hatte, mich vom Gymnasium in Sindelfingen ins Forum nach Stuttgart zu fahren (es gab ja noch meinen

Bruder), nahm ich die S-Bahn. Es hatte sich eine kleine „Gang" gebildet; zu viert fuhren wir ins Forum, die anderen Mädchen kamen aus Böblingen und Öschelbronn. Gut 37 Minuten dauerte die Fahrt. Böblingen, Vaihingen, Universität, Stadtmitte, Neckarpark. Dann noch mal sieben Minuten Fußweg. Um drei Minuten länger trainieren zu können, hatten wir unsere Cityroller dabei. Denn wir hatten es zu spüren bekommen: Die Trainer sahen es überhaupt nicht gern, wenn wir auf dem Weg zum Training Zeit verplemperten. Uns war schnell klar geworden, dass wir jede Minute benötigten, um das angesagte Übungspensum zu bewältigen. Und nach dem Rollertreten war schon mal die Muskulatur ein wenig gelockert.

Auf dem Hinweg in der Bahn Hausaufgaben und gelernt. Bücher raus, Heft auf den hochgestellten Knien abgelegt. Zelle und Stoffwechsel für Bio, „peer groups" und „gender relations" in Englisch. Auf dem Rückweg Bücher raus, Heft auf den hochgestellten Knien abgelegt. Zins und iterativen Zinseszins berechnen für Mathe, Lektüre von Gottfried Kellers *Kleider machen Leute.* Dazu Kopfhörer auf. Doch trotz der Power der Backstreet Boys mit *I want it that way* fuhr die Bahn nicht schneller, aber Justin Timberlake verbesserte mit *What you got* meine Laune, wenn ich über die Einsatzmöglichkeiten von Nanopartikeln für Chemie brütete. „The way your body keeps moving, is something that makes me weak."

Eine Verlockung: Ich würde Zeit sparen, wenn ich die Schule wechselte. Vor allem hätte ich noch mehr Zeit zum Trainieren. Meine Eltern hatten nichts dagegen, Hauptsache, ich konnte dort mein Abitur machen. Vermutlich schmeichelte ihnen auch die Bezeichnung „Eliteschule“. Das musste einfach jedem vietnamesischen Elternpaar schmeicheln.

Noch heute wundere ich mich, dass ich die Komfortzone des Gymnasiums in Sindelfingen verließ, meinen Schulfreunden, an denen ich hing, den Rücken zudrehte. Was mich damals geritten hat? Ich weiß es nicht. Warum wagte ich diesen Schritt? Es kann nur so sein, dass mir das Turnen wichtiger als alles andere war. Mehr Training würde mich noch besser machen, würde bedeuten, noch spürbarer und noch mehr von anderen wahrgenommen zu werden. Ein weiterer Antrieb war sicherlich, dass mir kurz vor meinem Schulwechsel zwei leibhaftige Vorbilder gegenübertraten. Elena Dolgopolova hatte unter anderem mit der russischen Mannschaft 1996 Silber bei den Olympischen Spielen in Atlanta gewonnen, mit gerade mal 16 Jahren. Nun war sie nach Deutschland übergewechselt und arbeitete als Trainerin im Forum. Eine Medaillengewinnerin bei den Olympischen Spielen! Nicht bloß im Fernsehen gesehen oder von der Tribüne aus, sondern so eine stand mir hier gegenüber. Um *mich* zu trainieren! Vielleicht keine Medaille, aber wenigstens einmal an den Olympischen Spielen teilnehmen, nahm ich mir vor, als ich bewundernd zu Lena, wie wir sie alle nannten, aufblickte. Ob ich das auch schaffen würde, bis ich 16 war? Ich musste eben noch mehr trainieren.

Vor allem imponierte mir Tamara Khokhlova, die unter anderem als Trainerin von Lena beachtliche Erfolge vorzuweisen hatte. Es hieß, nur die besten des Kaders dürften bei ihr trainieren. Ich sollte sie bald kennenlernen.

Auf meinem Weg zu den Olympischen Spielen piepste fortan der Wecker um 5.15 Uhr. Fünfzehn Minuten Fußweg zur S-Bahnstation in Ehningen oder fünf Minuten Autofahrt mit Mama oder Papa, um zehn Minuten länger schlafen zu können. 37 Minuten mit der S-Bahn zur Haltestelle Neckarpark. Wieder auf den Cityroller in Richtung Forum geschwungen, denn drei Minuten Zeit geschunden waren nun mal drei Minuten gewonnen für das Training, dessen Umfang sich kontinuierlich steigerte. Los ging es in der Turnhalle vor dem Schulunterricht von 7.15 bis 9.15 Uhr, während meine Klassenkameraden die Schulbank drückten. Entweder versuchte die Schulleitung, diese Zeit auf Nebenfächer zu verbuchen, oder ich musste dafür eine andere schulische Leistung erbringen, etwa in Form einer Hausarbeit. Nach dem Frühtraining eine Station Fahrt zur Schule zum regulären Unterricht. Mittags in der Mensa eine Kleinigkeit heruntergeschlungen („Kim, du musst mal ein wenig auf dein Gewicht achten, das sind heute 200 Gramm zu viel"), Cityroller, in der S-Bahn wieder zum Forum, noch einmal dreieinhalb Stunden Barren, Balken, Sprung und Boden. Mit der S-Bahn um halb sechs oder um sechs nach Hause. Nicht lange und ich kannte jede Stationsansage auswendig, konnte beim Blick auf Häuser, Bäume und Felder exakt sagen, wo wir uns gerade befanden. Ich kannte zwar nicht ihre Namen, wusste aber genau um andere Fahrgäste, die jeden Tag dieselbe Bahn benutzen. Von Zeit zu Zeit verschwanden welche und wurden durch andere ersetzt. Nur ich sollte bleiben, für die nächsten zehn Jahre.

Ich beobachtete aus dem Augenwinkel jene, die mir auffielen, und machte mir so meine Gedanken, spann Überlegungen, was sie wohl für ein Leben führen mochten. Gut erinnere ich mich an die junge Mutter mit Dreadlocks, immer abwesend, deren kleine Tochter nach dem Einsteigen am Hauptbahnhof eine Limonadendose öffnete und dorthinein ein Beutelchen Zucker dröselte, bevor sie es trank. Eine uralt wirkende Frau mit dünner, abgenutzter Collegemappe, die Augen geschlossen, sich die Schläfen massierend, ab und an vor sich hinmurmelnd. Sie stieg jedes Mal am Feuersee aus, nur einmal am Goldberg. Danach sah ich sie nie wieder. Dafür jeden Tag die Daimler-Mitarbeiter mit Rucksack oder Laptoptasche, die in großer Schar an der Haltestelle Neckarpark ausstiegen und schnurstracks Richtung Werk liefen. Ein Student war jener, der montags den *Spiegel* auf seinen Oberschenkeln platzierte und mit einer Rasierklinge fein säuberlich all jene Seiten heraustrennte, auf denen doppelseitig Werbung gedruckt war. Eine rothaarige schicke Frau, die während der Fahrt unentwegt Kreuzworträtsel löste, und wenn sie nicht weiterkam, im hinteren Teil des Heftes nach den Lösungen schaute, vorher aber sicherstellte, dass sie dabei keiner beobachtete.

Ob sie mich auch taxierten? Ach was, ich war doch bloß ein Normalo.

Zugegeben, wie natürlich der überwiegende Teil der Fahrgäste, die mich über die Jahre hinweg begleiteten, Normalos waren. Vielleicht hielten meine neuen Schulkameraden in der Eliteschule in Stuttgart mich für eine Außenseiterin. Ich zumindest kam mir bisweilen vor wie eine, die nur mit einem Fuß im Feld stand. Vielleicht machten sie sich auch hinter meinem Rücken lustig, wie wir es an der vorherigen über bestimmte Schüler getan hatten. Etwa über den Schlacks mit dem blau gefärbten Irokesen auf dem Kopf, der zuckte, als habe der Blitz bei ihm eingeschlagen. Oder über das Mädchen mit dem Hörgerät, das einen anstarrte und, wenn man zurückschaute, sofort erschrocken in eine andere Richtung blickte. Oder über Mister Superschlau, der bereits zwei Klassen übersprungen hatte und bei Klassenarbeiten zur Seite seines Tischnachbarn Bücher stapelte, um ein Herüberlunzen auf sein Arbeitsblatt zu verhindern.

Was sollten sie von mir halten? Was sollten sie von einer halten, die nur Sport („Kimi, da musst du aber noch mal ein Sondertraining einlegen") und Schule (mein Vater: „Eine Eins wäre besser gewesen") im Kopf hatte. Dass ich neuerdings auf Orange Blue und die Black Eyed Peas stand, hievte mich auf der Coolnessskala auch nicht weiter nach oben. Was war von einer zu halten, die Einladungen zu den Partys in den Weinrebenhäusle ausschlug mit der Begründung, sie müsse am nächsten Morgen, am Samstag, früh raus zum Training? Nach dem dritten Versuch (war ja nett gemeint) unterließen die anderen jegliche Einladung. Was war von einer zu halten, die von jedem Wanderausflug, jedem pädagogischen Tag und jeder Klassenfahrt freigestellt wurde?

„Unsere Kim hat sicherlich wieder einen Urlaubsschein von ihren Trainern in der Tasche", kommentierte das einmal süffisant ein Lehrer, als er das Programm für den nächsten Schulausflug bekannt gab. Es war jener Lehrer, der an einem Montag vor versammelter Klasse erklärt hatte: „Ich habe dich gestern im Fernsehen gesehen, Kim. Ganz toll gemacht hast du das!" Das war mir nicht weniger peinlich als die Freistellungen von den Klassenfahrten. Natürlich wäre ich gern mitgefahren. Einmal hatte ich einen Vorstoß in diese Richtung bei den Trainern gewagt. Da wurden nur die Augenbrauen hochgezogen: „Das ist nicht dein Ernst, Kim. Oder? Stattdessen könntest du jeden Tag zwei Einheiten trainieren. Im Büro liegt deine Entschuldigung bereit."

Irgendwann kennst du das nicht mehr anders. Irgendwann stellst du auch keine Fragen mehr. Und irgendwann stellst du auch nicht mehr infrage, was der Trainer sagt.

Nicht wohl in meiner Haut fühlte ich mich, wenn die anderen auf dem Pausenhof von ihren Erlebnissen auf der Studienfahrt nach Rom schwärmten. Welche mit wem in welchem Zimmer und wer bei Trinkspielen wie Mäxchen dermaßen abgeschmiert war und – da setzte Kreischen ein – dass der Lehrer am nächsten Morgen die Sauerei habe beseitigen müssen. Was am Wochenende in der Boa, im Bett oder im Perkins Park abging, das konnte ich mir lediglich aus Gesprächsfetzen zusammenreimen. Was bedeutete es dagegen schon, dass ich es in die engere Auswahl für die Teilnahme an den Weltmeisterschaften in Melbourne geschafft hatte? Auf diesem Langstreckenflug würde ich mir wenigstens die Filme reinziehen können, die ich in Stuttgart im Kino verpasst hatte. *Shrek 2*, *Troja*, *The Day After Tomorrow*. Zwar mit zwei Jahren Verspätung, aber die Halbwertzeit dieser Blockbuster war für mich recht hoch.

Wahrscheinlich verhinderten meine sportlichen Erfolge, dass ich in der Außenseiterrangfolge auf das Niveau des Strebers und Klassenüberspringers absank; Verzicht wegen Sport wog doch mehr als Verzicht wegen Büffelei für Geschi und Bio. Wo doch das Außerschulische viel stärker dein Bild in der Klasse prägt als Referate und Noten.

Ich fand nie richtig Anschluss an die Klassengemeinschaft der Eliteschule. Dafür hielt ich sporadisch Kontakt zu einigen Klassenkameradinnen aus Sindelfingen. Nach dem Abi fragte ich sie, ob ich an ihrem Abiball teilnehmen dürfe.

„Klar, Kimi“, sagten sie. „Irgendwie gehörst du doch noch zu uns. Was macht übrigens der Sport?“

Das war eine Party vom Feinsten oder Wildesten, je nachdem. Glücklicherweise stand am nächsten Tag kein Training an. Dafür verdauten wir bei einigen Konterbieren im Alpenmax die Ernüchterung. Ich fragte bei dieser Gelegenheit in die Runde, wie sie mich als Leistungssportlerin wahrgenommen hätten.

„Ich fand das voll krass“, antwortete Anna. „Vor allem, dass du deinen Sport und die Schule gewuppt hast.“

„Es war schade, dass du nicht so viel Zeit für uns gehabt hast“, sagte Kerstin. „Aber ich habe das verstanden. Vor allem, weil du dein Ding konsequent durchgezogen hast. Das habe ich bewundert. Und das bewundere ich noch heute.“

„Du musst doch mittlerweile die halbe Welt gesehen haben“, nickte Stefanie in meine Richtung.

Ich zuckte mit den Schultern. „London, Mailand, New York, Tokio, Melbourne. Ist eigentlich egal. Denn was kenne ich schon groß? Flughäfen, Sporthallen und die immer gleichen Hotels. Das war es.“

„Alter Falter. Das hätte ich mir anders vorgestellt“, erwiderte Stefanie ein wenig enttäuscht. „Shopping, Empfänge, lange Nächte.“

„Wo wir schon mal dabei sind“, warf Bea ein. „Wie sieht das eigentlich so mit Typen bei dir aus? Also so groupiemäßig?“ Sie wedelte schelmisch mit der Hand neben ihrem Gesicht, als gelte es, einen Kleinbrand zu löschen. In jener Disziplin hatte sie in der Klasse schon immer oben auf dem Treppchen gestanden. Ich biss mir auf die Lippe. Sollte ich es sagen? „Ach“, wiegelte ich ab, „derzeit eher Flaute.“

Interessanterweise brachten die Mitschüler in der Eliteschule für Sport nicht so viel Verständnis auf. In Sindelfingen luden sie mich dafür auch zum fünfjährigen Abitreffen ein. Und zum zehnjährigen. In Stuttgart gab es keine vergleichbaren Feiern. Oder sie haben mich einfach nicht eingeladen. Was ich ihnen nicht verdenken konnte. Sie wussten ja schon von der Zeit der Weinrebenhäusle, dass von mir eher ein Korb denn eine Zusage zu erwarten war.

Wo waren wir stehen geblieben? Ja, zurück zu einem x-beliebigen Tag in der Eliteschule und im Forum, als mein Training abends endete und ich um halb sechs oder um sechs Uhr die S-Bahn Richtung Ehningen bestieg. Zum Lernen in der Bahn wie früher war ich viel zu kaputt. Erschöpft lehnte ich den Kopf an die Scheibe. Die Augenlider flatterten … die Augen fielen zu … Nächster Halt Bad Canstatt Hauptbahnhof … Kannst du nicht mal deine Füße vom Sitz nehmen … Rohr … Umsteigen in Richtung Flughafen und Filderstadt … Was hatte die nur heute an meinem Aufbücken mit ganzer Drehung herumzumäkeln ... Hulb ... Den Konter zum oberen Holm musst du einfach noch besser hinbekommen, Kimi ... Nächster Halt Gärtringen. Gärtringen? Gärtringen! Ich schreckte hoch. Wieder einmal eine Station zu viel in der Bahn geblieben. Ich flog gerade noch durch die sich schließende Tür des Wagens, rief zu Hause an.

„Ja, der Papa ist schon unterwegs zur Haltestelle, er hat leider sein Handy nicht dabei", seufzte meine Mutter. „Aber er wird schon warten, bis du aus der anderen Richtung kommst."

Abendessen, Schreibtisch, Schreibtischlampe an. Hausaufgaben, Vorbereitung für Klausuren. Chancen und Risiken von gentechnisch veränderten Organismen. Diktaturen im 20. Jahrhundert. Morgen musst du am Balken noch mal ran an die erste Linie, das war heute völlig Banane. Rollenbeschreibung von Kafkas *Verwandlung.* Acculturation versus parallel society. Aber der Überschlag Streck halbe war gar nicht mal so schlecht gewesen. Vielleicht noch die Wiederholung von *Verbotene Liebe* und *GZSZ*, um wenigstens mitzubekommen, wie Julia damit fertig wurde, dass sie mit Jonas geschlafen hatte. Morgen unbedingt den Tsukahara angehen. Licht aus, Augen zu. Nur noch sechs Stunden bis 5.15 Uhr, bis zu meinem Weckruf für Olympia.

And the beat goes on, 120 beats per minute. Tag für Tag, Woche für Woche, Jahr für Jahr, zielstrebig. Als wäre es der natürliche Gang der Dinge, als würde es so bis zum Lebensende weitergehen. Exit nicht vorgesehen. Siege, Medaillen, ich bin wer. Es musste einfach weitergehen, um wer zu bleiben. Damit das so bleibt, musst du aber noch besser werden, denn das, was du gerade ablieferst, ist nicht genug, ist nicht perfekt. Noch mehr das Knie strecken, noch länger im Handstand bleiben. Es geht immer noch besser, wirklich, aber nur, wenn du dich dem mit allem hingibst. Und wenn du es besser machst, gibt es nicht nur mehr Medaillen, sondern vor allem mehr Anerkennung vom Trainer und dem Umfeld. Das tut gut. Und wenn es die andere nicht so gut hinbekommt wie du, umso besser. Aber wehe, es ist umgekehrt. Fiel ich in ein Loch, selbst wenn ich auf dem Treppchen stand und dennoch unzufrieden war mit meiner Leistung? Ich weiß es nicht. Aber das Gefühl „Du hast versagt, du warst nicht gut genug" nagte bis auf die Knochen. Nie konnte ich mir Videos meiner Auftritte anschauen, ich wäre im Erdboden versunken, mich selbst zu sehen, das hätte mich verbrannt, ich wäre vor mir selbst weggelaufen, so wie die meisten Menschen die Krise bekommen, wenn sie ihre Stimme auf einem Tonträger hören. Aber ich lernte Rückschläge und Niederlagen – wie ich sie für mich selbst definierte – wegzustecken, zu verdrängen. Aufgeben keine Option, dafür noch mehr Zeit investieren. Was wiederum bedeutet: kaum Platz für Freundschaften, Beziehungen und Freizeit.

Turnen ist vielleicht die trainingsintensivste Sportart überhaupt. Es bedarf einer enormen Grundlagenausbildung, um die einzelnen Teile mit ihren Verbindungen zum nächsten Element zu entwickeln und ständig das Niveau zu heben.

Aus dem Purzelbaum entwickelt sich ein Salto, daraus der Doppelsalto, an den noch eine Schraube oder gar zwei Schrauben gefügt werden. Das braucht wahnsinnig viel Zeit. Was die Sache erschwert: Die Turnerinnen müssen vier verschiedene Disziplinen beherrschen (die Männer sogar sechs); das ist in etwa so, als wenn ein Leichtathlet Sprint, Weit- und Hochsprung sowie Kugelstoßen trainiert und in allen vier Zweigen möglichst gleich gut sein will. Machen wir mal eine simple Rechnung auf: Wenn ich für jedes der vier Geräte täglich im Schnitt circa jeweils eine Stunde Training aufwende (was nicht sehr viel ist) und dazu noch eine Stunde Aufwärmen, Dehnen (weil wir die Beine ja über 180 Grad spreizen), Kraft- und Grundlagentraining addiere, bin ich pro Tag bei fünf Stunden. Wer die Höhenluft der Spitzenklasse atmet, trainiert mit dem Alter gewiss effektiver, darf aber nicht weniger Zeit aufwenden als in den Jahren davor. (Annahme vieler Trainer: Viel hilft viel.)

Mit Niko Kappel, Goldmedaillengewinner bei den Paralympics 2016 und Weltrekordler im Kugelstoßen, trainierte ich lange am Olympiastützpunkt Stuttgart im Kraftraum.

„Kimi, wenn ich anfange, bist du bereits am Trainieren. Und wenn ich gehe, bist du offenbar noch lange nicht fertig." Ein Kollege von ihm kommentierte das so: „Nicht normal, was ihr da macht." Aber ich kannte das eben nicht anders.

Lust und Pflicht. Disziplin und Drill. Klingt militärisch. Was dem Turnen bis heute anhaftet. Schließlich hatte „Turnvater" Jahn die Turnbewegung nicht in erster Linie aus sportlichen Motiven ins Leben gerufen; wichtiger waren die nationalistische Willensbildung und die paramilitärische Ausbildung der Turner, um die „Feinde im Feld“ zu besiegen. Johann Friedrich Ludwig Christoph Jahn gründete mit elf Freunden 1810 in Berlin den geheimen „Bund zur Befreiung und Einigung Deutschlands“, der ausschließlich Männern „deutscher Abstammung“ offenstand. Juden, selbst wenn zum Christentum konvertiert, waren ausgeschlossen. Jahn unternahm mit seinen Schülern ausgedehnte Wanderungen und entwickelte das Gerätturnen. Nach den Befreiungskriegen 1817/18 gewannen die konservativen Kräfte in Preußen wieder an Einfluss, der Reformfrühling war vorüber. Jahn schilderte im Lehrbuch *Die Deutsche Turnkunst* seine Ansichten zur sittlich-moralischen Maxime, über welche er den Sinnspruch stellte: „Frisch, frei, fröhlich und fromm – ist des Turners Reichtum.“ 1843 schrieb er dazu: „Frisch nach dem Rechten und Erreichbaren streben, das Gute thun, das Bessere bedenken, und das Beste wählen … Fromm die Pflichten erfüllen, leutseelig und volklich, und zuletzt die letzte, den Heimgang. Dafür werden sie gesegnet sein mit Gesundheit des Leibes und der Seele, mit Zufriedenheit, so alle Reichthümer aufwiegt, mit erquickendem Schlummer nach des Tages Last, und bei des Lebens Müde durch sanftes Entschlafen.“ Aus dieser Bewegung erwuchs der Deutsche Turner-Bund, bis heute mit rund fünf Millionen Mitgliedern zweitgrößter deutscher Sportverband (hinter den Fußballern mit circa 7,1 Millionen Mitgliedern).

Nur die wenigsten von ihnen dürften um die Regeln wissen, die Jahn in seinem Buch über *Die Deutsche*

Turnkunst zu Papier brachte – die meisten sind allerdings noch heute mit Verhaltens- und Kleiderordnung konfrontiert, je nachdem, wie ihr regionaler Turngau damit umgeht. Für alle Unwissenden: Dieser Gau hat nichts mit dem aus einem Atomunglück resultierenden größtmöglichen Unfall zu tun, sondern bezeichnete im Urgermanischen eine Gegend, eine Landschaft. Zu unrühmlicher Bedeutung sind die Gauleiter im Dritten Reich gekommen. Soweit mir bekannt, benutzen heute neben den Turnern nur noch die Bündische Jugend und die Pfadfinder, Traditions- und Schützenverbände die Bezeichnung „Gau“, der ADAC schnitt diesen Zopf 2014 ab. Wäre also auch bei uns an der Zeit. Gewiss, ein kleines Zeichen, aber immerhin. Gau kommt nicht cool herüber. Viele Turngaue haben es doch geschafft, moderne Sportarten wie Sport Stacking, Nordic Walking und Indiaca in ihr Angebot zu integrieren. Geht doch und tut keinem weh, lockt eher neue Mitglieder an.

Hände an die Hosennaht gelegt, wir versuchen, das mit Humor zu nehmen und hoffen auf alsbaldige Lockerungen.

Wird in der Gruppe trainiert, treten vor dem Training alle der Körpergröße nach auf einer Linie an (die Männer stehen, warum auch immer, nicht nach der Körpergröße stramm). Der Trainer macht eine Ansage, etwas zum Ablauf des Trainings, auch mal etwas Organisatorisches. Dann heißt es links um und im Gänsemarsch zu den Geräten. So wie wahrscheinlich bei Turnvater Jahn in Berlin, wobei den Übungsleiter damals wahrscheinlich ein gewichster Bart zierte und er sich vermutlich einer schnarrenden Sprache bediente. Eine motivierende Ansprache des Trainers vor dem Training und

Wettkampf ist wichtig. Aber hallo, so etwas gibt es auch in anderen Sportarten. Nur stehen sie da im Kreis oder hocken kreuz und quer in der Kabine; symbolisch eine völlig andere Aussage, als in Reih und Glied salzsäulenartig zu verharren wie beim Frontalunterricht. Auch im Kreis können und sollen je nach Anlass deutliche Worte fallen.

Ein Blick auf Standfotos von Turnerinnen. Das ist ein Stereotyp: Kopf angehoben, eine Hand in die Hüfte gestützt, rechtes Bein geknickt, der rechte Fuß hochgestützt, das Knie nach vorne geschoben (was viele derart verinnerlicht haben, dass sie selbst bei Urlaubsfotos am Strand automatisch diese Haltung annehmen), im Gesicht ist natürlich die Sonne aufgegangen, als habe man die Aufgabe, den gesamten Globus zu bescheinen. Wie Revue- oder Varietégirls, wenn sie für das Publikum posieren.

Wer hätte es gedacht: Die Männer kommen natürlich nicht so püppchenhaft herüber. Entweder präsentieren sie sich wie die Fußballer, die Arme um den Nebenstehenden gelegt, oder sie demonstrieren ihre Stärke und ihr Selbstbewusstsein, indem sie die Arme vor der Brust verschränken. Man kann durch Haltung durchaus Körperspannung und Körperkonzentration demonstrieren, muss sich dafür jedoch nicht eines derart künstlichen Habitus bedienen. Aber es ist eben so seit ewigen Zeiten, jeder macht es mit und nach, keiner hinterfragt. So wie früher Mädchen vor Erwachsenen einen Knicks und Jungs einen Diener gemacht haben. Ich fordere: natürlichere Haltung für ein neues Selbstbewusstsein!

Eigens für die Mitglieder der Nationalmannschaft existierte über viele Jahre ein Kodex, der auch Sanktionen (allein dieses Wort!) bei Fehlverhalten beinhaltete. Sanktionen bedeutet, Bares in eine Kasse zu zahlen bis hin zur Heimreise auf eigene Kosten (kein Witz: Wir verdienen kaum Geld, sollen aber bei Verstößen unser Portemonnaie öffnen). Die Gelder fließen in die Kasse des Turnclubs Deutschland und sollen der Nachwuchsarbeit zugutekommen. Je nach „Verstoß" stehen unterschiedliche Beträge auf dem Deckel, los geht das mit fünf Euro. Beispielsweise für Zuspätkommen oder bei einem Verstoß gegen die Kleiderordnung, die etwa „angemessene Unterwäsche" vorschreibt. Unsere frühere Bundestrainerin legte des Weiteren Wert darauf, dass beim Aufwärmen (ich wiederhole: beim Aufwärmen) der Turnanzug aus rein optischen Gründen ordentlich anzuziehen war, weil ansonsten der obere Teil des Anzugs eine Art Wulst unter dem T-Shirt um den Bauch bildet. Das sähe ansonsten aus wie bei einer Fußballmannschaft. Einfacher fiel deswegen keiner von uns eine Übung, und den Eifer hat es auch nicht zusätzlich angefacht. Ebenso wenig wie die Vorschrift, dass bereits beim Podiumstraining, das dem eigentlichen Wettkampf vorausgeht, beim Tragen eines Sport-BHs dessen Träger im Schulterbereich nicht sichtbar sein durften.

In diesem Zusammenhang fällt von der anderen Seite immer wieder der Begriff „Werte". Meine Meinung dazu: Lebt man diese Werte aus Überzeugung, muss man nicht jede Kleinigkeit bis hin zu den BH-Trägern regeln.

Nun behaupte keiner, die kleinlichen, größtenteils nicht nachvollziehbaren Regeln seien auf Deutschland beschränkt; nein, der Geist von Turnvater Jahn schwebt auch noch über den internationalen Bühnen. Vor Beginn der Übung Anmeldung beim Kampfgericht durch Heben des Armes (wo das grüne Lämple doch schon alles sagt), vergisst man das: Punktabzug. Abmeldung nach der Übung beim Kampfgericht (obwohl jeder sieht, dass der Turner fix und fertig ist), vergisst man das: Punktabzug. Erlaubt ist nur „sittsames" Make-up. Ist der BH sichtbar: Punktabzug. Pro Ohr ist nur ein Ohrring erlaubt (mich wundert es, dass sie Creolen nicht ausdrücklich verbieten). Bei den Frauen sind Bandagen nur in Hautfarbe erlaubt (ein wenig tricky für Schwarze, einige von ihnen färben ihre Wickel häufig mit Schwarztee); bei den Männern wiederum ist das völlig schnuppe, welche Farbe das Tape hat. Es heißt, bei den Frauen solle die „natürliche Ästhetik" nicht gestört werden. Irre: Die Ästhetik der Beachhandballerinnen (das heißt im Auge der Funktionäre und Werbetreibenden) schreibt eine Bekleidung während des Wettkampfes vor, die dieser Bezeichnung beinahe spottet. Sollten wir uns nicht eher auf den Sport an sich konzentrieren? Sollten sich die Funktionäre, statt über Schminke und Tapes zu räsonieren, nicht mal Gedanken über sportphysiologisch begründete Anforderungen machen? Dass es beispielsweise am Boden ein Minus gibt, falls die Turnerin nach einem Sprung zu tief gehockt landet statt in dem der Gesundheit abträglichen Stand? Durch diese unnatürlichen Bewegungen verschleißen die Gelenke zusätzlich. Mir ist schon bewusst, dass ich später einmal unter Arthrose leiden werde. Ist das der Preis für den Leistungssport, um den jeder wissen sollte, wenn er diesen Weg einschlagen möchte? Jeder kennt die

Leiden von Spitzensportlern wie Muhammad Ali, André Agassi, Dirk Nowitzki und Venus Williams.

Obwohl mich mein Physiotherapeut versucht zu beruhigen. Ich sei von der Anatomie her begünstigt, mein Kraft-Last-Verhältnis sei nahezu ideal ebenso wie der Stand meines Beckens, der Hormonspiegel ausgezeichnet und ich regeneriere ungewöhnlich schnell. Der ehemalige Männerbundestrainer Andreas Hirsch hat einmal den Begriff „asiatische Leichtbauweise“ benutzt. Er meinte damit den Olympiazweiten Marcel Nguyen, der Kraft, Beweglichkeit und Eleganz kombinierte, aber auch mich.

Vieles in unserem schönen Sport wirkt wie aus der Zeit gefallen und dient nicht unbedingt dazu, jungen Menschen Turnen schmackhaft zu machen, zumindest, wenn sie in den Bereich streben, in dem es um Leistung gehen sollte und nicht um die Farbe von Bandagen und die Anzahl der Ohrringe. So vieles wird noch praktiziert wie vor 100, 60, 40 Jahren. Ich füge mich, ich spiele das Spiel mit, aber mehr Freiraum für Individualität würde guttun.

Wer aber so im Turnen aufgewachsen ist, wer diese Leidenschaft verspürt, wer sich zu einem Großteil über den Sport definiert, der nimmt all das in Kauf, der kann nicht anders, der lebt für den Wettkampf, ob er nun vor dem großen Tag zittert oder ihm gelassen entgegensieht. Im Gegensatz zu anderen Sportarten ist im Turnen das Kräftemessen mit anderen eher selten, im Vergleich etwa mit Ballsportarten, wo die Sportler fast jede Woche, mitunter sogar zweimal in der Woche antreten. Weil im Turnwettkampf jeder an den Rand seiner Leistungsfähigkeit geht, an sein Maximum – wie ich schon sagte, wird jeder Fehler bestraft, keinen einzigen kann man ausbügeln. Da ist kaum Luft nach oben. Wer sich beim Kampfgericht anmeldet, steht auf der Kippe, ohne Gelinggarantie. Wenn mir heute am Barren die Saltoverbindung Jäger-Pak gelingt, ist es alles andere als sicher, dass ich das übermorgen auch hinbekomme (sonst wäre ich ja perfekt!). Ganz zu schweigen von der mentalen Anstrengung, die dir im Wettkampf alles abverlangt und dich auslaugt, von der Konzentration, die so geballt ist wie Energie in einem Atomkern. Riefe man diese Konzentration im Wochentakt auf, wäre man schnell verbrannt. Daher werden im täglichen Training nur die einzelnen Elemente trainiert; die komplette Übung erst dann, wenn sich der Wettkampf nähert.

Vor den Europameisterschaften im April 2011 in der Max-Schmeling-Halle in Berlin setzte ich den Schwerpunkt schon im Training auf den Stufenbarren, für den ich einige neue Verbindungen und Flugelemente einübte. Das war gerade mal ein Jahr nach meinem ersten Kreuzbandriss. Und am Stufenbarren wird nun mal das Knie am wenigsten belastet.

Ich war gut drauf, als das Finale anstand, 6000 Besucher in der Halle, Riesenstimmung. Meine Eltern waren morgens mit dem Auto in Stuttgart losgefahren, um dabei sein zu können.

Bevor ich zur Halle aufbrach, bereitete ich mich mit einem kleinen Ritual auf die Wettkämpfe vor. Ich hörte das Lied *Comptine d'un autre été* aus dem Kinofilm *Die fabelhafte Welt der Amelie*, und zwar hoch und runter. Das Lied entschleunigte mich, dämpfte die Aufregung, hob die Vorfreude auf das Finale, bei dem meine Eltern zusehen würden, ich mäanderte allmählich in den richtigen Flow. Ein leichtes, heiteres Lied, nicht ohne melancholische Züge. Locker und unbeschwert sprangen die Töne durch einen sonnigen Frühlingstag, als könne sie nichts aufhalten.

Am Tag vor der Entscheidung wurde mir Lukas, der neue Hallendiscjockey, vorgestellt. Die Aufgabe des DJs ist es, nach der Beendigung der Übungen einzelner Athleten Klatsch- und Jubelmusik einzuspielen (huch, wie modern die Turner doch sein können, von wegen Marschmusik wie den *Gladiatorenmarsch* oder *Alte Kameraden*). Dabei muss er ein Händchen dafür haben, andere Turner mit seiner Einspielung nicht zu stören oder gar bei der Bodenübung (das einzige Gerät, zu dem sich die Turnerinnen eine eigene Musik auswählen, die sie für ihre Choreografie als passend empfinden) musikalisch in die Quere zu kommen.

Hoffnungsfroh stand ich vor dem Stufenbarren, wusste, dass unter den 6000 jubelnden Zuschauern die Augen meiner Eltern auf mir ruhten, wusste, dass ich gut vorbereitet war. Das grüne Licht leuchtete auf, ich hob den rechten Arm als Zeichen der Anmeldung für das Kampfgericht. Und just in dem Moment tröpfelte mein Lied, *Comptine d'un autre été*, aus den Lautsprechern. Für eine Sekunde war ich total perplex. Doch dann gelang mir alles am Barren, leicht, unbeschwert, locker, geradezu heiter. Die neuen Elemente flutschten, als wären sie mir in Fleisch und Blut übergegangen. Nach mir waren noch zwei Turnerinnen am Start. Und dann stand fest: Hinter der Britin Elizabeth Tweddle und der Russin Tatjana Nabieva holte ich die Bronzemedaille! Nur ein Jahr nach dem Kreuzbandriss. Mit *Amélie* als Rückenwind. Ein Auftritt, der jenem von den Olympischen Spielen in Tokio 2021 sehr nahekam, wenn ich mich richtig erinnere. Und stolz waren meine Eltern, ganz sicher waren sie stolz auf mich. Gleich nach der Siegerehrung eilte ich zum Platz von DJ Lukas. Ein unglaublicher Zufall. Er hatte nicht gewusst, welche Bedeutung *Comptine d'un autre été* für mich hatte. Aber dieser Zufall verband uns, wir wurden Freunde.

Es sind Momente wie der nach jener Kür von Berlin, in denen du spürst, dass sich alles gelohnt hat, was du auf dich genommen hast, gerade nach der monatelangen Plackerei, die meinem Kreuzbandriss folgte. Momente der Glückseligkeit nach den Monaten extremer Anstrengung, nachdem man so viele Risiken auf sich genommen hat. Es ist Befriedigung, die eine Flut von Glückshormonen ausschüttet, man wünscht sich, das würde immer so bleiben. Jedoch wäre man dann abhängig wie andere von Drogen.

Da gerinnen Vorschriften um BHs, Ohrringe und Schminke zu einer Nichtigkeit. Vorschriften, die längst überdacht und überarbeitet gehören. Da müssen wir ran!

Ach, habe ich übrigens schon erwähnt, dass ich auch mal laut werden kann?

Kapitel 4

TRÄNEN ZÄHLEN NICHT

Acht Jahre vor meinem *Amélie*-Moment in Berlin war es für mich so richtig losgegangen, in Paris beim EYOF, dem European Youth Olympics Festival 2003. Seit 1991 dient dieser Wettbewerb dazu, Jugendliche in verschiedenen Disziplinen an die Anforderungen des Spitzensports heranzuführen, wobei das im Grunde genommen ein Etikettenschwindel ist: Wer hier antreten darf, der ist bereits Spitzensportler, muss all das verinnerlicht haben, was ihn dafür qualifiziert. Auch weiß er zu diesem Zeitpunkt bereits, welcher Wind ihm, zumindest in unserer Sportart, von den Trainern um die Nase gefächert wird.

Die Trainerin einer anderen Turnerin aus dem Team hatte meine Nominierung zum Festival mit den auf bauenden Worten kommentiert: „Kimi, du bist da nur hineingerutscht, weil sich meine Turnerin leider verletzt hat." Bravo! Das war mal ein ermutigendes Entree. Dennoch ließ ich mir die Freude auf das Ereignis nicht verderben, empfand bereits die Einkleidung als ziemlich aufregend. Wir bekamen eine Tasche zugeschickt mit der kompletten Ausrüstung. Rucksack, Schuhe, T-Shirts, Hose, Socken und dergleichen. Am Ende hielt ich den offiziellen blauen Trainingsanzug von Adidas in den Händen, strich ehrfürchtig über den Stoff. Zum ersten Mal bei einem Wettkampf mit dem Adler auf dem Trikot. Richtig cool, in den Wettkampfklamotten herumzulaufen, die mich, für alle sichtbar, als etwas Besonderes heraushoben! Ja, es machte mich stolz, Deutschland bei einem Wettbewerb vertreten zu dürfen.

Ein Jahr später durfte ich mit der Nationalmannschaft erstmals an der Junioreneuropameisterschaft teilnehmen, ausgetragen in Amsterdam. Auf direktem Weg, ohne vom Verletzungspech einer Teamkollegin profitiert zu haben! Das bedeutete: zwei Wochen Schulbefreiung. Nach der Rückkehr musste ich den Turbo einschalten, um den verpassten Stoff aufzuholen. Neben neuem Trainingsanzug und neuen Turnanzügen erhielt ich ein Schlüsselband, an dem meine Akkreditierung baumelte, die mir die Türen zu den Wettkampfstätten öffnete. Mit diesem Lanyard ging ich zu Bett, dieses Lanyard ließ ich nicht mehr aus den Händen, als sei es ein magischer Gegenstand. Was es tatsächlich für mich war. Was es geblieben ist. Dieses Lanyard ist bis heute mein Schlüsselbund.

Ich war endgültig angekommen im Tunnel, fuhr geradewegs auf der einen Schiene, wusste, was ging und was nicht ging, das heißt: Was nichts mit Turnen zu tun hatte, lief auf schmaler Spur neben dem Hauptgleis. Mein Privatleben überschritt fortan nicht mehr die Größe von Handgepäck auf Reisen. Mit einem Seitenblick bekam ich mit, dass es bei anderen Beschäftigungen und Berufen möglich war, mit Freunden auch mal fünfe gerade sein zu lassen. Aber aus guter, das heißt schlechter Erfahrung wusste ich, dass ich am Tag nach einer Fete platt war und die Trainer entsprechend sauer auf mich waren. Es kam einer Selbstdisziplinierung gleich: Das lässt du künftig schön bleiben! Zumal neben dem schlechten Gewissen die Vernunft mit ihrem Zeigefinger drohte. Viele Übungen sind nun mal nicht ungefährlich, bisweilen geht es um Millisekunden und Millimeter, was völlige Konzentration und einen klaren Kopf verlangt. Ansonsten …

Damals stellte ich das System aber nicht infrage, etwa, ob es nicht verrückt sei, was ich da mit mir anstellte (und mit mir anstellen ließ); dass ich meine Leidenschaft nur ausüben konnte, wenn ich mich bedingungslos unterwarf. Anders ausgedrückt: Wer Zweifel zulässt, der kann sich gleich zum Hobbyturnen verabschieden. Adele und aus die Maus. Sie oder er wird dann nie den Adler auf der Brust fliegen lassen können. Solange der Adler sich bei mir heimisch fühlte, solange ich ihn als mein Wappentier ansah, war alles in Ordnung. Das beim ersten Mal zu erreichen, ist viel einfacher als zum zweiten, als zum dritten Mal, weil die Erwartungen steigen und steigen und der Rückwärtsgang keine Option ist.

Ein Jahr nach Amsterdam geschah etwas, das mich zumindest in dieser Hinsicht nicht mehr hinterherhinken ließ, obwohl das für andere Jugendliche völlig normal war, mich unter den Turnerinnen aber zu einer Frühzünderin machte: Ich hatte meinen ersten Freund, Felix. Wie könnte es anders sein – ein Turner. Meine Eltern waren über diese Beziehung nicht besonders glücklich. Sie brachten keinen Grund für ihr Unbehagen vor. Wer weiß, vermutlich hätten sie auch gegen jeden anderen ersten Freund Bedenken erhoben, einfach aus Prinzip. Vielleicht war ich in ihren Augen schlicht zu jung für eine Beziehung. Vielleicht aber witterten sie Felix' Geheimnis, um das ich als eine von wenigen wusste: sein obsessives Verhalten zum Essen und sein Fitnesswahn. Ein Zustand, der uns verband, vielleicht für längere Zeit enger zusammenschweißte, als hätten wir uns wie andere Teenager in einer Disco kennengelernt und unter dem Stroboskopgeflacker Feuer gefangen.

Wir waren drei, vier Wochen zusammen, als mich meine Trainerin nach dem Training zu sich winkte. Ich glaube, ich hatte während des Trainings zwei-, dreimal gegähnt (mir dabei natürlich höflich die Hand vor den Mund gehalten). Die Trainerin nickte wissend: „Kein Wunder. Kim, warum so müde? 100 Prozent sieht anders aus."

Sie zog die Stirn kraus, versuchte, einen schelmischen Gesichtsausdruck aufzusetzen, der bei mir übergriffig ankam. „Du solltest mit deinem Freund zwischen den Trainingseinheiten nicht immer im Internat in die Kiste hüpfen. Zu viel ist niemals gut, auch nicht bei der Liebe. Lass dir das von mir raten, die es gut mit dir meint", sagte sie grinsend.

Sie ließ mich mit offenem Mund zurück. Ich hätte am liebsten losgeheult, dann überkam mich die blanke Wut. Was bildete die sich ein? Was ging es sie an, wie oft ich mit wem und wobei meine Freizeit verbrachte? Zumal ich nicht den Eindruck hatte, dass sich die Beziehung zu Felix nachteilig auf meine Leistung auswirkte. Aber die Worte meiner Trainerin hatten sich in meinem Kopf festgekrallt. Plötzlich interpretierte ich die Blicke anderer Trainer, selbst von Trainingskolleginnen, in dem Sinne, dass auch sie der Meinung waren: „Die hat aber auf der Matratze einen Nachholbedarf ..." Selbst harmlose Fragen wie: „Na, wie geht es Felix?", drückten mir aufs Gemüt, ich empfand sie zunehmend wie eine Missbilligung meiner ersten Liebe. Und ich ertappte mich dabei, Ausreden zu finden, um Felix nicht mehr jeden oder jeden zweiten Tag zu treffen.

Im Rückblick würde ich sagen: Gut möglich, dass unsere Beziehung nicht zuletzt daran zerbrach, dass ich mir einredete, zu viel Zusammensein, Liebe, Sex seien nicht gut für den Leistungssportler. Seien also nicht gut für mich.

Wieder eine Situation, in der ich mich angreifbar fühlte. Ich wollte aber nicht angreifbar sein, etwas, das sich durch mein ganzes Leben zieht. Vor allem zog ich aus dieser Erfahrung – unschuldig angegriffen worden zu sein, weil ich existiere – zumindest diese Lehre: Dein Privatleben geht keinen etwas an, vor allem niemanden von denen, die etwas mit Turnen zu tun haben. Diese Trennlinie zog ich ab sofort radikal. Den Freund, der Felix folgte, hielt ich sieben Jahre unter Verschluss, bei Wettkämpfen musste er inkognito bleiben, nur meine Eltern und meine engsten Freundinnen wussten um ihn. Selbst bei feierlichen

Anlässen verhielten wir uns wie Fremde. Er konnte nicht verstehen (und ich ahne, wie verletzt er sich gefühlt haben muss), warum er in der Öffentlichkeit von mir derart ins Abseits gestellt wurde. Ich hatte ihm jedoch klipp und klar erklärt, dass diese Verschwiegenheit meine Bedingung für unsere Beziehung war. Dieses Verhalten hielt ich bis vor Kurzem aufrecht. Würde ich es heute anders machen? Ja! Ich bereue mein damaliges Verhalten. Ich wusste mir nicht anders zu helfen, um mich vor den Fragen der anderen zu schützen.

Wie muss sich da einer vorkommen, der sich nicht zu seiner Liebe bekennen darf; so, als sei er ein Aussätziger, bloß weil die Freundin den blöden Spruch einer Trainerin nicht abschütteln kann? Meine Teamkolleginnen fragten mich alle Schaltjahre mal nach meinem Liebesleben, aber ich antwortete ausweichend. „Ist eben nicht ganz einfach im Moment, Studium, Sport und so …" Es war eben so – Kimi ist solo. Vielleicht dachten sie auch: Kimi will bis zu ihrer ersten Olympiamedaille Jungfrau bleiben oder Kimi ist lesbisch und traut sich nicht, sich zu outen.

Selbst mit über 30 Jahren war ich nicht in der Lage, in der Öffentlichkeit offen über derart private Dinge zu sprechen, wegen meiner Betroffenheit. So sprach ich über solche Kollateralschäden meines Leistungssportes natürlich auch nicht, als ich im Februar 2021 vor den Sportausschuss des Deutschen Bundestages in Berlin zu einer Befragung eingeladen wurde. Dort in meiner Funktion als Athletensprecherin, knapp 300 Athleten vertretend, redete ich schon über meine Erlebnisse und Erfahrungen, allerdings unter dem Deckmantel der Athletensprecherin – bereit, über die Probleme zu reden, die alle betrafen.

Die Anhörung drehte sich um die Vorfälle im Bundesstützpunkt Chemnitz. Im Mittelpunkt standen Vorwürfe gegen die Bundesstützpunkttrainerin Gabriele Frehse. Sie habe, pauschal ausgedrückt, Turnerinnen psychisch misshandelt und zum Medikamentenmissbrauch angehalten. Zwar räumte sie mögliche „verbale Fehltritte" ein, bestritt aber die Verabreichung von Medikamenten. An die Öffentlichkeit gekommen waren die Vorfälle vor allem durch das mutige Auftreten von Pauline Schäfer-Betz, Goldmedaillengewinnerin 2017 bei den Weltmeisterschaften in Montreal am Schwebebalken.

Die Anhörung fand in einem Nebengebäude des Bundestags statt. Vorab hatte ich wie die anderen, die für diesen Tag eine Einladung erhalten hatten, eine achtseitige schriftliche Stellungnahme eingereicht. Davon wusste auch unser Sportdirektor, der darauf erpicht war, vorab zu lesen, was ich dort auszusagen gedachte. Er fürchtete wohl, ich würde ein Bömbchen platzen lassen, und darauf wollte er vorbereitet sein. „Nein", sagte ich, „gibt es nicht" – allein deshalb nicht, weil ich mich nicht beeinflussen und von meinem Kurs abbringen lassen wollte. Meine Absage empfand er offensichtlich als herbe Abfuhr nahe einer Brüskierung, zumindest seiner Funktion und Wichtigkeit nicht angemessen. Dann rief mich die damalige Bundestrainerin Ulla Koch an, auch sie hätte gern gewusst, welche Gedanken ich mir so gemacht hatte. Daraus könne sie doch etwas lernen, lockte sie mich. Auch sie ließ ich abblitzen. Ich hatte einfach zu niemandem rechtes Vertrauen, wollte meine Einschätzung ungefiltert und unbeeinflusst vortragen – wenn ich nun schon mal vor einem Teil des Hohen Hauses die Gelegenheit erhielt, mich zu äußern.

Auch der *Spiegel* bekam Wind von meiner achtseitigen schriftlichen Stellungnahme. Eine Reporterin meldete sich, um mich zu einem Interview zu bewegen. Auf meinen Einwand hin, ich wolle in der Öffentlichkeit nicht vorab über mein Papier sprechen, entgegnete sie, es wäre aber besser, denn meine Stellungnahme liege ihr vor und sie müsse sie sonst kommentarlos bringen. Unsicher und voller Befürchtungen, was es für mich bedeuten würde, wenn ich mich in die Öffentlichkeit stelle, stimmte ich dem Interview schließlich unter der Bedingung zu, dass ich es redigieren und freigeben durfte. Meine Nominierungen für die Olympischen Spiele, meine Teilnahme an zehn Europameisterschaften und acht Weltmeisterschaften und meine bis dahin zehn Goldmedaillen bei deutschen Einzelmeisterschaften – nichts davon verursachte ein derartiges Medienecho, wie es der *Spiegel*-Artikel hervorrief.

„Der Zwang, der Druck, die Beschimpfungen, die Essstörungen, die körperlichen und seelischen Verletzungen waren bisher absolute Tabuthemen für uns. Alle wissen davon, nur die wenigsten trauen sich, darüber zu sprechen, weil sie Konsequenzen fürchten. Es besteht die Angst, aus dem Nationalkader gestrichen zu werden, in der Trainingsgruppe ausgegrenzt zu werden, interne Konkurrenzkämpfe zu verlieren und grundsätzlich Schwäche zu zeigen. Die Gründe, warum die meisten bisher schweigen, sind vielfältig." Diese Sätze hatte ich vor dem Ausschuss zu Protokoll gegeben.

Unvermittelt schien mir die Rolle einer Art Chefanklägerin zuzuwachsen, als eine, die sich in erster Reihe in den Kampf für Reformen werfen wollte. Nämlich, dass ein Leistungssport möglich sein müsse, ohne, so hatte ich das allerdings wörtlich gesagt, „das Wohlergehen von Menschen dafür zu opfern". Natürlich stand ich hinter meinen Aussagen, ich hatte sie ja in vollem Bewusstsein getroffen. Gleichzeitig fühlte ich mich unsicher, nicht recht wohl in meiner Haut, unvorhergesehen derart ins Rampenlicht gedrängt zu werden und gezwungen zu sein, mich mit meinen eigenen Erlebnissen auseinandersetzen zu müssen. Ich zweifelte, ob ich zu diesem Zeitpunkt dieser Aufgabe gewachsen war. Angst vor der eigenen Courage? Ja! Aber die Solidarität zu den anderen überwog. Denn die wenigsten, die genau um die Missstände wussten, trauten sich, unverblümt darüber zu reden, weil sie Manschetten hatten und fürchten mussten, am Ende allein auf weiter Flur dazustehen, ohne Unterstützung. So wie Pauline Schäfer-Betz. Es wurden Gerüchte verbreitet, sie habe das Thema in Chemnitz erfunden, wolle in Wirklichkeit damit Konkurrentinnen aus dem Weg räumen, um bessere Chancen für Olympia zu haben. Dass sie die Leistung nicht mehr bringe und jetzt Schuldige dafür suche, wurde kolportiert. Sie wechselte schließlich den Trainer, hob dessen respektvollen Umgang mit ihr hervor – und holte bei den Weltmeisterschaften 2021 im japanischen Kitakyūshū die Silbermedaille auf dem Schwebebalken. Von wegen abgeschrieben.

Im Nachhinein war ich stolz darauf, dass ich meine Bedenken überwunden hatte und dass der *Spiegel* derart umfangreich berichtete.

Hört, hört, seht, seht: Ein wenig bekam ich Puls, als ich nach meiner Rückkehr aus Berlin zum ersten Mal wieder auf Funktionäre und Trainer traf. War aber völlig unbegründet. Dröhnendes Schweigen, als hätten sich alle auf den Rücken gedreht und stellten sich tot. Es war so, als sei ich nie in Berlin gewesen. Schmallippig auch meine Kolleginnen. Unser Thema war offenbar doch kein Thema, oder wie? Nur einige ehemalige Turnerinnen meldeten sich, riefen mich an, schrieben mir, beglückwünschten mich. „Stark, was du da gesagt hast", „Weiter so, lass dich nicht unterkriegen", „Endlich hat eine mal den Mund aufgemacht" und dergleichen. Es liegt nahe, dass einige von denen, die so reagierten, selbst betroffen waren.

Es rauschte im Blätterwald. Dann, nach wenigen Wochen, legte sich die Aufregung auch schon wieder, zumindest in der Öffentlichkeit. Turnen, eh nur eine Randsportart. So what? Die sogenannte dritte Coronawelle rollte über das Land, erstmals meldete das Robert Koch-Institut über 20 000 Neuinfektionen an einem Tag. Wie lange würde es noch Geisterspiele in der Fußballbundesliga geben? Fragen wie diese erhitzten die Gemüter. Die Handballer in Kiel stellten während ihrer Spiele Pappkameraden auf den Rängen auf. Der europäische Fußballverband UEFA setzte die Gastgeberstädte der Europameisterschaft im Sommer massiv unter Druck, Zuschauer in den Stadien zuzulassen. Wer würde das Kandidatenrennen machen? Laschet oder

Söder? Und da kamen die kleinen Turnerinnen mit ihren Psychoproblemchen. Sollten doch froh sein, wenn sie im Sommer zu den Olympischen Spielen nach Tokio fliegen durften.

Die Missstände, über die ich sprach, wurzeln wahrlich nicht in Deutschland, vielmehr sind sie strukturell bedingt, überall dort, wo Mädchen und Jugendliche auf Spitzenniveau turnen. Das zeigen die Enthüllungen, die in jüngster Vergangenheit in verschiedenen Ländern aufgepoppt sind. Allen voran der größte Missbrauchsskandal der Sportgeschichte, erschütternd geschildert in der Netflixdoku *Athletin A*. Über Jahre hinweg hatte der Chefarzt des amerikanischen Turnerteams, Larry Nassar, Hunderte minderjährige Turnerinnen sexuell missbraucht, widerlicherweise unter einem pseudomedizinischen Vorwand. Die Teamweltmeisterin Maggie Nichols, „Athletin A", brachte den Stein ins Rollen, danach machten 265 Turnerinnen den an ihnen begangenen Missbrauch öffentlich. Darunter der Superstar unseres Sportes, Simone Biles, die bei Weltmeisterschaften und Olympischen Spielen bisher über sagenhafte 30 Medaillen abgeräumt hat. Später sagte Biles, sie habe die Erlebnisse so lange verdrängt, wie es ihr Körper und vor allem die Psyche zugelassen hätten. Manchmal könne sie mit der Vergangenheit umgehen. „Manchmal aber fange ich daheim an zu weinen."

Funktionäre wussten darum, Funktionäre schauten weg, Funktionäre hielten ihre Klappe. Trainer taten so, als sei alles in bester Ordnung: „Ich mach mir die Welt, widdewidde, wie sie mir gefällt." Selbst die Behörden hielten lange Zeit die Füße still – zu viel Geld floss im amerikanischen Turnen.

Simone Biles klagte stellvertretend an: „Ihr hattet einen Job. Uns vor ihm zu beschützen. Und ihr habt versagt." 140 Opfer – nein, sie bezeichneten sich nicht als „Opfer", sondern als „Überlebende" –, 140 Turnerinnen sagten 2018 beim Prozess gegen Nassar aus. Die Richterin verdonnerte ihn zu einer Gefängnisstrafe zwischen 40 und 170 Jahren. Weitere Enthüllungen folgten. Es hieß, über 368 Turnerinnen seien in den Vereinigten Staaten von Trainern, Mannschaftsbetreuern und Inhabern von Turnstätten missbraucht worden.

2020 dokumentierten die „Magglingen-Protokolle" die Missbräuche im Schweizer Turnen und in der Rhythmischen Sportgymnastik. „Ich habe vom Kopf an abwärts nichts mehr gespürt. Ich musste wieder lernen zu begreifen, dass ich Hunger habe. Oder dass ich aufhören muss, wenn etwas wehtut", wurde die Spitzenturnerin Lisa Rusconi zitiert. Eine Kollegin von ihr erkrankte an einer akuten Depression und hatte Selbstmordgedanken.

Körperlicher und seelischer Missbrauch gehörten (und gehören mutmaßlich) auch im britischen Turnverband zum System, als wäre es das Selbstverständlichste der Welt. Nachdem die britischen Weltklasseturnerinnen Amy Tinkler und Rebecca und Ellie Downie ihre schlimmen Trainingserfahrungen veröffentlicht und im Anschluss daran über 400 weitere britische Turnerinnen von Beleidigungen, Schlägen und Essensentzug berichtet hatten, gaben die Organisationen Sport England und UK Sport 2022 umfangreiche Untersuchungen in Auftrag. Die 19-jährige Catherine Lyons, ehemalige Junioreneuropameisterin, berichtete, als Kind sei sie im Training mit einem Stock geschlagen und in einen Lagerraum gesperrt worden. Sie habe mit Verletzungen trainieren müssen, sei regelmäßig für ihr Gewicht beschimpft worden (welche Turnerin ist das wohl nicht?). „Ich glaube, es gibt eine Kultur, die Missbrauch in den Turnhallen begünstigt." In Trainerlehrgängen werde zwar korrektes Verhalten angemahnt, wichtiger sei aber die Praxis. Gibt es eine Spitzenturnerin, die das nicht unterschreiben könnte?

Die Menschenrechtskommission in Australien legte 2020 nach den Vorwürfen von Sportlern ihren Bericht vor und konstatierte die vollständige Kontrolle der Turnerinnen, das Tolerieren und Fehlverhalten Verantwortlicher, eine Mentalität des Gewinnens um jeden Preis.

Der niederländische Turnerbund KNGU suspendierte vor den Olympischen Spielen in Tokio vier Trainer der Frauenmannschaft wegen Missbrauchsverdachts.

Weiter im November 2022, als die ehemalige italienische Gymnastin Nina Corradini in einem Interview mit der Tageszeitung *La Repubblica* über das Übel berichtete, das ihr angetan wurde. Sie habe sich jeden Morgen vor Trainingsbeginn vor allen anderen der Mannschaft der Rhythmischen Sportgymnastik auf die Waage stellen müssen – nur in Unterhose bekleidet. 100 Gramm zu viel und die Trainer hätten in der Art gezetert: „Dreh dich um, damit deine Kolleginnen deinen riesigen Hintern anschauen können."

Und, und, und.

Chemnitz – nur die Spitze des Eisbergs in Deutschland.

Begonnen hatte der Trend zum Turnen der mädchenhaften Körper bei den Olympischen Spielen 1972 in München, als das Publikum die Russin Olga Korbut feierte, weil sie Elemente zeigte, die bis dahin ungesehen waren, ja, eher in die Welt der Artistik gehörten. Olga kam körperlich zwar fast als Mädchen daher (39 Kilogramm bei 152 Zentimetern), war aber immerhin schon 17 Jahre. Die BBC formulierte es so: „Die Welt verstand, dass das der Beginn einer neuen Ära war." Kürzlich fand ich in einem Artikel ein Zitat des ehemaligen Turnexperten Paul Zierl, der sich auf eine frühere Weltklasseturnerin bezog: „Čáslasvká hat wunderschön geturnt, aber man hatte nie den Eindruck, sie könne sich verletzen. Olga aber hat Dinge gezeigt, bei denen man dachte: ‚O Gott, wie kann sie das riskieren? Hoffentlich passiert nichts!'" Der neue Maßstab.

Und vier Jahre später kam Nadia Comaneci, damals 14 Jahre, sah aber viel jünger aus, eher wie ein Mädchen, das noch Glitzerbildchen für ihr Poesiealbum sammelt. Federleichte 39 Kilo bei gerade mal 150 Zentimetern Größe. Ein Körper ohne typische weibliche Merkmale, selbst das Gesicht glätteten annähernd androgyne Züge. Ein Körper, der in diesen jungen Jahren am beweglichsten und zu Höchstleistungen in der Lage ist, das heißt zu Schwierigkeiten, die älteren Turnerinnen schwerer fallen;

was Trainer seinerzeit und teilweise auch heute noch kolportieren. Fortan setzten die Funktionäre und Trainer weltweit auf diese vorpubertären Körper. Vorbei die Zeiten der Tschechoslowakin Věra Čáslavská, die in den 60er-Jahren im Alter zwischen 22 und 26 Jahren 7 olympische Goldmedaillen geholt hatte – in einem erwachsenen Frauenkörper. Nach Nadia hielten die Kinder Einzug, besser gesagt: Kinderkörper.

Denn Nadia Comaneci hatte etwas erreicht, was es bis dahin noch nie gegeben hatte: die damalige Höchstnote von 10,0, in Stein gemeißelt als „perfekte Zehn". Um dieser perfekten Zehn nachzueifern, müssen die Talente noch früher als früh auf Leistung gedrillt werden. Die Konsequenz: Die Pubertät verschiebt sich nach hinten. Was allein schon das Risiko zur Osteoporose erhöht.

Steht also die Behauptung im Raum, der Körperbau eines Kindes – leichter, kleiner, beweglicher – garantiere bessere Leistungen, so wird oft ein mindestens genauso wichtiger Aspekt unter den Tisch gekehrt: Erwachsene haben eine genauere Vorstellung von der Ausübung ihrer Sportart und reflektieren darüber eher als ein Kind. Kinder kann man einfacher brechen, damit sie das tun, was man ihnen sagt. Die Entwicklung der eigenständigen Persönlichkeit ist eher unerwünscht, bleibt auf der Strecke, das für die eigene Häutung notwendige Reiben an der Welt der Erwachsenen, an deren Vorstellungen, Vorgaben und Ideen wird unterbunden. Kontra, Widerspruch, Anecken sind nicht. Ansonsten: Ende Gelände. Als junge Turnerin voller Träume, Wünsche und Hoffnungen, bereit, alles und noch viel mehr dafür zu geben, ist man bedingungslos auf die Trainer angewiesen und ihnen ausgeliefert.

Du willst dem Trainer gefallen, hoffst auf sein Lob, arbeitest hart für seine Anerkennung. Du verwechselst dabei schnell Anerkennung mit Liebe. Mit zwölf Jahren weißt du nicht, wie man einen Trainingsplan schreibt. Deshalb machst du genau das, was dir gesagt wird, nur das, nichts anderes. Du weichst nicht vom Weg ab, allein schon deshalb, weil du nicht die geringste Ahnung davon hast, dass es noch andere Wege geben könnte als die, die dir als alternativlos gezeigt werden. Dieses System sieht nicht vor, Kinder und Jugendliche zu erwachsenen Turnerinnen auszubilden, sie heranreifen zu lassen. Stattdessen: ein Leben unter Drill und Kontrolle. Keine Gelegenheit, keine Zeit, eine eigene Meinung zu bilden, sich zu einer selbstbewussten Sportlerin zu entwickeln, die um ihre Stärken und Schwächen weiß. Stattdessen: betreutes Denken.

Heide Rosendahl, zweimalige Olympiasiegerin der Leichtathletik 1972 in München, sagte einmal über ihren langjährigen Trainer: „Ich hatte immer meinen eigenen Kopf und wollte mitbestimmen. Es kam aber vor, dass er etwas plante und ich es ablehnte. Danach haben wir auf Augenhöhe diskutiert." Für Turnerinnen hört sich das an wie Fantastereien aus einer anderen Galaxie. In anderen Sportarten gibt es weniger solcher Probleme wie im Frauenturnen oder in der Rhythmischen Sportgymnastik, da die Karrierehöhepunkte dort meist zu einem späteren Zeitpunkt und nicht schon in so jungen Jahren erreicht werden, in der Leichtathletik beispielsweise erst mit Mitte 20.

Oft – auch das gehört zur Wahrheit – sind die Trainer selbst in diesem System gefangen; die eine oder der andere würde schon gern neue Methoden ausprobieren, würde viel lieber – wofür ich nachhaltig plädiere – die sogenannte intrinsische Motivation der Athleten unterstützen. Das heißt: Der Athlet soll die Anregung, den Antrieb zur Leistungssteigerung aus sich selbst schöpfen. Dafür jedoch wäre es wichtig, die Persönlichkeitsentwicklung zu fördern. Bekommt aber der Trainer selbst Druck von oben und von der Seite und von den Medien sowieso, verharrt er lieber ängstlich in der bekannten, unanfechtbaren Position, so wie allseits bewährt: Machen wir es doch so, wie wir es immer gemacht haben. Alles findet statt, als sei die Wiederholungstaste gedrückt worden. Experimente? Neue Trainingsmethoden? Mitbestimmung? Wovon träumst *du* denn!

Ich kenne einen Trainer in Berlin, der die Übungen mit seinen Kindern langsamer als allgemein üblich anging, der die Gänge nicht gleich nach oben schaltete, sondern die Meinung vertrat: Die Mädchen müssen nicht unbedingt gleich jeden Wettkampf mitmachen, davon wird es noch genug geben. Lassen wir ihnen doch Zeit, sie sind noch so jung. Was geschah? Die Eltern protestierten gegen den „Leistungsverweigerer", sie verlangten nach einem anderen Trainer, einem, der ihren Kindern auf die Erfolgsspur verhelfen würde. Dem Trainer, der sich mit seiner Ansicht allein auf weiter Flur sah, blieb nichts anderes übrig, als das Handtuch zu werfen.

Das sind Eltern, die sich am liebsten eine Übungsleiterin wünschen wie Tamara Khokhlova, die Erfolgstrainerin, zu der ich im Alter von 13 Jahren wechselte. Wie bereits erwähnt, durften nur die Besten im Bundesstützpunkt Stuttgart unter ihre Fittiche. Wer diesen Sprung schaffte, durfte das als Auszeichnung ansehen. Willkommen im Klub!

Tamara stand für die „russische Schule", die, selbst der Laie ahnt es, so konservativ ist wie das Turnen an sich. Betrat ich morgens die Halle, suchte mein Blick zuerst den Trainingsplan für die nächsten Stunden, den sie an die Wand geheftet hatte. Mein Zeigefinger fuhr die einzelnen Trainingsinhalte nach unten ab, der Zeigefinger glitt die Aufstellung wieder nach oben, als könne er mit dieser Bewegung einige der aufgeführten Anforderungen tilgen so wie ein Wisch auf dem Handy eine lästige Nachricht. Mein Kopf glühte, eine Hitzewelle ergriff schlagartig den Körper: SOS – das ist zu viel, das kann ich unmöglich schaffen, das kann kein Mensch schaffen. Das heißt, vielleicht schafft es ein Mensch, aber du bist eben nicht so gut wie dieser andere Mensch, dieser Übermensch. Ich schluckte, mir kamen die Tränen.

Mir kamen nicht nur in diesem Moment die Tränen. Mir kamen die Tränen, wenn ich zum was weiß ich wievielten Male Handstandschwingen am Barren, Handstandlaufen, Handstand mit halber und ganzer Drehung und Handstandspringen exerzieren musste. Noch mal, noch mal, noch mal. Ja, du hast richtig gehört: noch mal. Kein Gefühl mehr in den Armen, das heißt: Die Arme bestanden nur noch aus Schmerz bis in die letzte Faser. Mein Körper schrie auf, meine Gedanken wie betäubt, unterdrückt.

Für meine Tränen war Tamara blind, und sie war taub für meine Klage, dass mir die Knochen wehtaten, es hier pikte und stach und dort hämmerte. SOS nicht vorgesehen. Wenn ich an einem Tag partout etwas nicht hinbekam, sagte sie ungerührt: „Mach es trotzdem noch mal. So lange, bis du die Aufgabe schaffst." Drehte sich um und wandte sich einer anderen Turnerin zu. Leckerli – das heißt Beachtung – erst, wenn du es geschafft hattest.

Eine der Anforderungen bestand darin, eine bestimmte Kombination dreimal hintereinander zu turnen, fehlerfrei. Beispielsweise eine Verbindung am Barren: an den Jägersalto übergangslos den Paksalto setzen. Das erste Flugelement muss optimal ausgeführt sein, sonst haut das zweite nicht hin. Folge: Doppelfehler. Es zählte also nur die gelungene Kombination. Und es zählte auch nur, wenn sie dreimal hintereinander geglückt war. Einmal gepatzt – dann ging es eben wieder bei null los. Wir haben doch alle Zeit der Welt.

Es gibt nun mal Tage, an denen haut es nicht hin, du hast keine Erklärung, natürlich hast du keine Erklärung, aber dich überkommt schon eine Vorahnung, wenn du den ersten der beiden geforderten Salti turnst. Zehnmal turnst, fünfzehnmal turnst. Wieder Tränen („Reiß dich mal zusammen!"), Verzweiflung überkommt dich. Mit jedem weiteren Versuch schwinden Kraft und Konzentration. Blockade im Kopf, Versagensangst. Die Handgelenke schmerzen, als befänden sich Brennnesseln unter den Bandagen. Zwanzigmal („Wollen wir das bis Mitternacht üben? Darf doch wohl nicht wahr sein!"). Eine Stechkarte und: „Ich mach mich dann mal vom Acker" … ha ha, wie lustig … wo gibt es denn so etwas? Wollen wir etwa noch mal mit der Rolle vorwärts anfangen, Kim? Mit dem einfachen Pferdchensprung und der Standwaage? Ist es so weit? Dann bin ich aber die falsche Trainerin für dich.

Wenn du das jetzt im Training nicht hinbekommst, wie soll das erst im Wettkampf werden? Da hast du nur einen Versuch und keine geduldige Tamara, die dir bis zum Abwinken immer wieder eine neue Chance schenkt.

Tamara mit Argusaugen am Rand der Matte stehend, die Arme hinter dem Rücken verschränkt. Sie schenkt jetzt nur noch mir ihre Aufmerksamkeit, keine Chance, dass sie sich von einer anderen Turnerin ablenken ließe und mir ein Schlupfloch zum Schummeln, zum Luftholen böte. Hat diese Frau keine Gefühle? Von Mitleid wollen wir überhaupt nicht reden. Mitleid im Leistungssport – du hast wohl den letzten Zug verpasst? Ruft sie „Kimi", ist alles gut. Zieht sie in strengem Tonfall den Vornamen gefährlich in die Länge – „Kiiiiim" –, ist sie unzufrieden (auch so eine Nebenwirkung des Turnens: Bis heute werde ich lieber Kimi gerufen anstatt Kim). Noch mal „Kiiiim". Bin wirklich ich gemeint?

Beim fünfundzwanzigsten Mal hast du es tatsächlich geschafft. Du kannst es nicht glauben. Für einen kurzen

Augenblick schwebst du, sind alle Schmerzen vergessen. Du hast ein kleines Wunder vollbracht. Danke, Tamara, dass du an mich geglaubt hast!

Es gab allerdings Tage, an denen es auch nach dem fünfundzwanzigsten Mal nicht hinhaute und sie ihre Enttäuschung über mich prompt zum Ausdruck brachte. „Wenn du diese Aufgabe heute nicht schaffst, dann machst du sie eben morgen noch mal." Wahlweise: „Mach eben mit der nächsten Aufgabe weiter."

Egal, ob ich eine Aufgabe geschafft hatte oder nicht. Verließ ich die Turnhalle, saß bereits der Gedanke im Kopf: Wie wird morgen früh der an der Wand der Turnhalle ausgehängte Tagesbefehl lauten?

Wollte ich in diesen Momenten der brutalen Wiederholungsschleifen aufhören? Nein. Ja, es war scheiße und megaanstrengend. Aber es wäre eine Kapitulation gewesen im Angesicht dessen, was ich mir mühsam aufgebaut hatte, was ich noch erreichen wollte. Kehrt einer um, wenn er sich schwer atmend noch 100 Meter vom Gipfel des Mount Everest entfernt durch den Schnee kämpft? Die einen ja, die anderen nein. Das heißt, die einen halluzinieren in der Höhenluft auch bloß, es seien nur noch 100 Meter. Ich habe jene Glücksmomente erlebt, die durch den Körper perlen, die direkt in die Blutbahn einschießen. Wer einmal diesen Kick erlebt hat, der wird immer wieder danach verlangen. So ist das nun einmal.

Tamara wollte das Beste für mich, wollte mich über meine Grenzen hinwegführen. Auf einer aus ihrem Blick humanen Ebene unter inhumanen Bedingungen. Turnen war ihr Leben, sie brannte regelrecht dafür, sie wollte turnerisch wirklich das Beste für mich, verlangte nie nach Öffentlichkeit. Es gab und gibt andere Trainer, die mit ihren Pfauenfedern glänzen wollen, wenn es gut für ihren Schützling läuft: „Das ist meine Turnerin, die ich groß gemacht habe!“

Als Tamara in den Ruhestand trat, übernahm wieder die Guti mein Training am Stützpunkt in Stuttgart, nun gemeinsam mit Robert Mai, von uns Robby genannt. Die Guti, intelligent, schlagfertig und vor allem in der Lage, so lange und eindringlich auf einen einzureden, dass man am Ende das Gefühl hatte, klein und unbedeutend zu sein.

Als Kind war Guti für mich beinahe so etwas wie eine zweite Mutter. Ich übernachtete bei ihr, sie nahm mich anderntags mit zum Training, sie flocht mir meine langen Haare vor dem Training und dem Wettkampf. Aber – da sind wir wieder beim Thema Kinderleistungsturnen – ich habe erst viel später die Abhängigkeit reflektiert, in die ich automatisch (wie all die anderen Mädchen mit ihren Trainern) geriet. Eine Abhängigkeit, die ich ihr gegenüber heute noch spüre, wo eigentlich alles klar auf der Hand liegt und ich 34 Jahre alt bin. 34! Das ist doch verrückt, oder?

Da gibt es Begebenheiten, Gespräche und Anwürfe, die tief in meinem Gedächtnis versteckt sind. Wenn ich nur daran denke, fühle ich den Schmerz, spüre ich die Verletzung, fühle ich, wie es sich in meinem Inneren zusammenzieht, schmecke die Hilflosigkeit, fühle die

Enttäuschung über mich, wenn es einmal nicht so lief, wie sich das meine Trainerin vorgestellt hatte.

Und wenn der Guti einmal etwas nicht passte? Blick zu ihr, bevor ich die Übung beginne. Die Guti dreht sich mit dem Rücken zu mir, die Arme abweisend dahinter verschränkt. Abgang vom Barren, ich stehe – die Guti schaut in eine andere Richtung. Ich frage die Guti etwas im liebenswertesten Tonfall – die Guti tut so, als sei ich Luft, ignoriert mich. Ein Nichts. Ein Staubkörnchen. Nichts wert. Was habe ich falsch gemacht? Wann wird die Guti mir wieder zuschauen? Wann wird sie mir wieder aufmunternd zunicken? Wann wird die Guti wieder mit mir sprechen? Wann wird die Guti nicht mehr eingeschnappt sein? Wann wird die Guti mich wieder mögen? Wird die Guti ihr Wort dafür einlegen, dass ich für den nächsten Wettkampf nominiert werde?

Sprich endlich wieder mit mir. Ich bin doch ein Mensch!

Springt man so mit Kindern, jungen Heranwachsenden um, die einem am Herzen liegen? Behandelt man so erwachsene Menschen, die man jahrelang begleitet und zu Höchstleistungen angespornt hat, für die man etwas Gutes tun möchte?

An diese Verhaltensmuster erinnert mich das Lied *Mother* von Pink Floyd von ihrem dystopischen Album und Film *The Wall*: „Ruhig jetzt, Baby, weine nicht. Mutter lässt all deine Albträume wahr werden. Mutter wird dir all ihre Ängste einreden. Mutter wird dich unter ihren Fittichen behalten. Sie lässt dich nicht fliegen, aber vielleicht darfst du singen. Mutter hält ihr Baby behaglich und warm, ruhig jetzt, Baby, weine nicht! Mama wird all deine Freundinnen für dich prüfen. Mama wird niemand Schmutziges an dich heranlassen. Mama wird warten, bis du heimkommst. Mama wird immer herausfinden, wo du warst. Mama wird ihr Baby gesund und sauber halten. Du wirst immer ihr Baby sein!"

Genau! Dass sich Mädchen zu jungen Frauen entwickeln – sowohl körperlich als auch mental –, wird von den Trainern mit ihrem Verhalten nicht begleitet, es wird gewissermaßen ignoriert. Sie setzen strikt auf autoritäres Verhalten, gefallen sich in der Rolle als Übermutter oder Übervater. Normal oder gesund ist das nicht.

Wann werde ich voll und ganz aus diesem bevormundeten Kind-Ich in das selbstbewusste Erwachsenen-Ich schlüpfen können? Mit 34? Mit 35? Wann werde ich mich nicht mehr kleinreden und einlullen lassen, sondern mein Bedürfnis nach Anerkennung von Trainern auch mal zur Seite schieben können? Mit 36? Mit 37? Und wann für einige Minuten einmal vergessen dürfen, dass mir meine Eltern eingetrichtert haben, älteren Menschen gelte es immer, überall und unter allen Umständen Respekt zu zollen. Spätestens mit 40 wird es so weit sein, ganz sicher.

Auch die Guti ist nur ein Kind dieses Systems. Als sie jung war, haben Sportlerinnen noch viel weniger über Probleme gesprochen als heutzutage. Selbst heute noch ist das ungewöhnlich. Da offenbart eine Simone Biles im Teamfinale der Olympischen Spiele 2021, sie sei mental nicht in der Lage, alle Wettkämpfe zu bestreiten, womit sie eine weltweite Diskussion über die mentale Gesundheit von Athleten auslöste, über den Erwartungsdruck, der auf uns lastet. In ihrem Fall: Blockade. Nichts ging mehr. Keine Schraube, kein Sprung. Reaktionen: von Verständnis über Respekt bis Häme, die in den USA rassistische Sprüche nicht ausließ. Da gesteht ein Star wie Naomi Osaka kurz vor denselben Spielen in ihrem Heimatland, in Tokio, sie könne wegen Depression beim Tennisturnier nicht antreten. Reaktionen: Verständnis, aber auch „Heulsuse", „verwöhnter Star", „Wichtigtuerin". Und überhaupt, verdienen die nicht Millionen? Ein Paketausträger mit seinem Mindestlohn kann es sich nicht leisten, so zimperlich zu sein. Richtig. Aber die wenigsten Menschen verstehen, welche Arbeit wir Profisportler investieren, welche Opfer wir bringen müssen, welcher Nervenstärke es bedarf, um im großen Ballsaal mittanzen zu können.

Solche Offenheit, solche Selbstehrlichkeit, wie sie Simone Biles und Naomi Osaka in jüngster Zeit an den Tag gelegt haben, sind heute immer noch die Ausnahme. Zu jener Zeit, als Guti in das System hineinwuchs, waren derartige Offenbarungen undenkbar.

Aber auch das ist die Guti: Als ich 2021 von den Olympischen Spielen aus Tokio zurückkehrte, lag bei mir zu Hause ein Blumenstrauß von ihr. Sie war eigens von Tübingen nach Ehningen gefahren, um die Blumen mit einer handgeschriebenen Karte zu hinterlegen. Die Strecke, hatte sie geschrieben, erinnere sie so sehr an die Zeit, als sie mich damals, als ich noch ein Mädchen war, zum Training fuhr. Sie sei stolz auf mich, auf meine Leistung, und sie sei stolz, dass sie mich über die Jahre hinweg habe begleiten dürfen.

Schließlich habe ich der Guti zu verdanken, dass ich mich aus einer elementaren Lebenskrise befreite. Wer weiß, vielleicht hat sie mir mit ihrem entschiedenen Auftreten sogar das Leben gerettet.

Eine unscheinbare Begebenheit steht für mich stellvertretend für diese Lebenskrise. In meiner Gruppe trainierten vor einigen Jahren auch Zwölf- und Dreizehnjährige. Wir waren in einem Trainingslager. Vor der Mittagspause sagte die Guti zu ihnen, sie sollten sich im Supermarkt einen Apfel und einen Joghurt zum Mittagessen kaufen. Nach vier Stunden harten Trainings: Pinzettenessen! Vor zwei weiteren Stunden harten Trainings, die noch bevorstanden! Woran es den meisten Trainern fehlt: an Fachwissen über Ernährung im Leistungssport. Darüber hinaus mangelte es in unserem Sport lange Zeit an psychologischer Unterstützung, gerade bei den ganz Jungen. Deutete man gelegentlich so etwas an, setzte es auf der Stelle zwei Watschen: Hast du ein Psychoproblem? Hast du einen Knacks? Da traute sich keiner mehr, ein Aber dagegenzusetzen.

Wann das Psychoproblem bei mir losging? Ich vermute, als ich 15 Jahre alt wurde, soweit ich mein Gedächtnis im Griff habe. Da liegt noch vieles im Dunkeln, vieles, zu dem ich noch nicht vorgestoßen bin, weil ich es verdrängt habe. Manchmal schaudert es mich bei dem Gedanken, tiefer in meine Vergangenheit einzutauchen, aus Angst vor dem, was ich dabei alles (wieder)entdecken könnte.

Wir mussten regelmäßig auf die Waage steigen, da gab es kein Vertun. Meist eine nach der anderen im Gänsemarsch. Das kam mitunter einer Vorführung gleich. An einem Freitag sagte Tamara zu mir: „Kim, du musst mal ein bisschen auf dein Gewicht aufpassen. In der Pubertät, da verändert sich der Körper, das ist nun mal so."

Das schlug bei mir ein, als hätte ich einen Flickflack wie eine Anfängerin geturnt, als hätte ich eine Standardübung verturnt. Das Blut schoss mir in den Kopf, ich nestelte hilflos am Saum meiner Trainingshose. „Fuck!", dachte ich, „du wiegst zu viel. Du wirst fett. Du hast dich nicht im Griff. Was mag Tamara von dir denken?" Nun gut, am Rande hatte ich mitbekommen, dass ich nicht die Einzige war, die sich nicht beherrschen konnte.

Am darauffolgenden Montagmorgen fiel mir der Einstieg ins Training schwer; es ist nach einem trainings- und wettkampffreien Wochenende nicht ungewöhnlich, dass es schwerfällt, die Maschine wieder in Gang zu setzen und auf Hochtouren zu fahren. Nun aber drückte ein imaginärer Daumen auf meine Schläfe und der Druck setzte sich im Kopf fort: Liegt es daran, dass du zugenommen hast? Gleitet dir die Turnkarriere aus den Händen?

Gedanken beiseitegeschoben. Würde schon nicht so schlimm sein, vielleicht hatte Tamara einen schlechten Tag gehabt, als sie diesen Böller losgelassen hatte.

Zwei Tage später: „Kim, du musst aufpassen mit dem Essen, verstehst du das?" Nein, ich verstand es nicht.

Eine Woche darauf einschärfend: „Kim, du musst wirklich mal aufpassen mit dem Essen." Ich hatte inzwischen mal gegoogelt und gelesen, ein bis zwei Kilo Schwankung in wenigen Tagen seien völlig normal. Das liege vor allem daran, dass sich ein wenig Flüssigkeit im Körper einlagern könne. Bei Frauen spielen Hormone eine Rolle, die vor allem in der zweiten Zyklushälfte für derartige Einlagerungen verantwortlich sein können. Hätte ich das vortragen sollen? Die kleine Kimi will vor den Trainern die Besserwisserin geben? Die kleine Kimi möchte sich herausreden, weil sie ihre Esslust nicht beherrscht? Erde an Sonne, mal aufgepasst! Die kleine Kimi, die eigentlich alles immer im Griff haben wollte. Kimi, die ihren Trainern bedingungsloses Vertrauen schenkte.

Wieder einige Wochen später: „Kimi, wenn du ein, zwei Kilo weniger wiegst, fallen dir die Übungen leichter, garantiert. Denk mal darüber nach.“ Natürlich, dachte ich, gelingen die Übungen einfacher, wenn man weniger wiegt. Aber was es mit dem Kraft-Last-Verhältnis auf sich hat, war mir noch unbekannt. Das bedeutet, mehr Gewicht muss nicht unbedingt von Nachteil sein, wenn es in Kraft umgewandelt wird und der Sportler damit umgehen kann. Also, ein, zwei Kilo zu viel? Viel belastender ist diese zwanghafte, fast schon besessene Kontrolle des Körpers.

Sie hörte nicht auf, mein schlechtes Gewicht zu bearbeiten. „Kim, lass doch mal die Kohlenhydrate weg.“ Was? „Na, Nudeln. Eis. Kartoffeln. Reis. Fällt gar nicht so schwer.“

Wie bitte, dachte ich, Reis weglassen? Ich hatte mein Leben lang Reis gegessen. Ohne Reis keine vietnamesische

Küche. Wie wäre ich jetzt darauf gekommen, keinen Reis mehr zu essen? Sagte ich natürlich nicht. Wie hätte ich vor Tamara dagestanden. Widerworte? Da hätte ich auch gleich meine Trainingssachen packen können. Außerdem: Hatten die Trainer nicht immer recht? Ja, sie hatten immer recht … vielleicht bis auf die Sache mit dem Reis. Erst viel später wurde mir klar, dass all diese Ratschläge nichts, aber auch gar nichts mit einer fundierten Ernährungsberatung zu tun hatten, überhaupt mit dem Thema Belastung und Ernährung im Sport. Wer bestimmt denn überhaupt, welches Gewicht angemessen ist?

Wieder auf die Waage, das Herz schlug höher. An dieser Zahl gemessen werden, als verrate sie etwas über deinen Charakter, über deine Bereitschaft, Leistungen zu bringen. Wie fiel das Ergebnis heute aus? Ein Kilo runter, ein Kilo rauf? Stirnrunzeln oder wenigstens ein unentschiedenes „Na ja"? Wieder ein Kilo zu viel. Du enttäuschst deine Trainerin. Sie hat so viel Vertrauen in dich gesetzt. Ist es nicht möglich, dass du dich zusammenreißt? Sie hat dich so oft darum gebeten. Und du … versagst angesichts ihrer einfachen Bitte.

Schielen zum Guillotinengang der anderen. Gab es wenigstens für sie auch einen Rüffel? Sah so aus. Geteiltes Leid. Untereinander sprachen wir nie darüber. Viel zu tief war uns eingeimpft worden, dass wir einen Makel wortwörtlich mit und in uns herumschleppten.

Das Wiegen ist nur ein Teil des Systems, das vor allem aus Kontrolle der Athletinnen besteht. Zu groß ist die Angst, sie könnten auf eigene Gedanken kommen oder auch nur eigene

Vorschläge einbringen, die – so sehen die Trainer das nun mal – vermeintlich an ihrer Autorität kratzen könnten. Zu groß die Furcht, dass Athleten aus dem System ausbüxen, selbstständig, eigenständig, ja, erwachsen werden. Out of control geraten. Woher rührt dieser obsessive Drang zu Kontrolle? Aus einem Mangel an Vertrauen gegenüber den Sportlerinnen. Und Misstrauen ist der beste Nährboden für Kontrolle.

Irgendwann begann ich, bevor ich zum Training aufbrach, mich zu Hause selbst zu wiegen. Um gewappnet zu sein für den Moment, in dem ich unter den lauernden Augen der Trainer auf die Waage stieg, der rote Zeiger ausschlug, ein wenig zitterte, bevor er unerbittlich das Urteil preisgab. Ich zitterte dann nicht mehr so sehr, weil ich ja bereits wusste, wie es ausgehen würde.

Nach dem Training ging ich zu Hause sofort in mein Zimmer, schloss die Tür hinter mir, zog mich aus. Betrachtete mich kritisch im Spiegel. Von vorne, von der Seite, von hinten mit Blick über die Schulter. Und wieder von vorne. Trat einen Schritt auf mein Spiegelbild zu. Versuchte vergeblich, mit Daumen und Zeigefinger bösartiges Fett an der Hüfte, am Bauch, am Oberschenkel herauszuquetschen. Drückte fest, bis es schmerzte. Herrjemine: Ich vermochte nichts zu entdecken, nichts zu ertasten. Wo bloß mochte sich nur dieses eine, wo nur diese zwei verdammten Kilo verstecken?

Es gab Tage, da fühlte ich mich morgens gut, stieg auf die Waage – Debakel in den Augen der Trainer, der rote Zeiger drehte durch. Du wirst das nie hinbekommen. Es gab

Tage, da fühlte ich mich morgens bescheiden, stieg auf die Waage – aber dafür zwei Kilo über Nacht verschwunden. Der rote Zeiger hatte für mich Partei ergriffen. Wie passte das zusammen?

Ich verfluchte alle Waagen dieser Welt, ich wurde in Albträumen von ihnen verfolgt, sah mich in Träumen als hilfloses Michelin-Männchen am Barren hängen. Ich fürchtete die Waage bisweilen mehr als die Wertung der Kampfrichter.

Ich nahm nicht ab. Ich kam einfach nicht runter, obwohl ich weniger aß. Auch wenn ich mich zu Hause zusätzlich wog. Nach dem Aufstehen. Vor dem Zubettgehen. Täglich. Wie Zähneputzen.

Wann geschah es das erste Mal? Die Erinnerungen ziehen nebelhaft durch mein Gehirn. Wahrscheinlich an einem Tag, an dem das Training nicht besonders gut gelaufen war, nachdem mir am Morgen der rote Zeiger wieder einmal gedroht hatte.

Ich aß in der Mensa des Gymnasiums. Für eine Kantine gab es dort außerordentlich leckere Mahlzeiten und die Portionen waren meist relativ groß. Zu Hause hatte ich eingebläut bekommen: Essen wirft man nicht weg, Essen ist zu wertvoll, als dass man es verschwenden würde. Der Teller wird leer gegessen. Wird leer gegessen. Leer gegessen. So lange bleibst du vor dem Teller sitzen, mach dir da keine falschen Hoffnungen – ich erinnerte mich an das Vor-dem-Teller-Hocken und das Essenanstarren im Halbdunkel unserer Küche.

Maultaschen mit Pilzsoße gab es an diesem Mittag in der Mensa. Richtig lecker! Plötzlich hielt ich inne, starrte auf den Teller, der auf dem hellgrauen Tablett stand, sah die halbe Maultasche, die in der Pilzsoße schwamm, als sei sie ein lebendiges Wesen. Essen wirft man nicht weg, auch keine halbe Maultasche. Denk an die Kinder mit den Hungerbäuchen. Was würden die für eine halbe Maultasche geben?

Aber ich muss das loswerden, ich muss diese verdammte Maultasche auf der Stelle loswerden. Aber um sie loszuwerden, musst du sie erst einmal essen. Stell dir vor, Mama und Papa würden sehen, dass du sie auf dem Teller zurückgehen lässt und sie in den Abfall gekippt wird. Wenn du sie selbst heimlich loswirst, das werden sie nicht mitbekommen. Und wenn du sie losgeworden bist, wirst du von diesem verdammten Kilo befreit. Du wirst besser trainieren können, es wird dir einfacher fallen. Spagatsprung, Radwende und Doppelsalto rückwärts als Abgang vom Schwebebalken, so was von easy wird dir das fallen. Tamara wird zufrieden sein mit dir, Tamara wird glücklich sein, Tamara wird dich lieben. Liebe Tamara, brave Kimi! Könnte es nicht immer so sein?

Wie von einer Tarantel gestochen stopfte ich den Rest der Maultasche in mich hinein, hob den Teller, schlürfte die Soße hinunter, leckte mir über die Lippen, atmete tief durch.

„Was geht denn mir dir", sagte Michaela, die mir gegenübersaß, lachend.

Schnellen Schrittes eilte ich zur Toilette, ging vor der Schüssel auf die Knie, steckte den Zeigefinger in den Hals, es tat höllisch weh, ich steckte den Finger noch tiefer in den Hals. Panik, ich dachte, ich bekomme keine Luft mehr, ich ersticke. Nichts kam. Es war einfach nur ekelhaft. Aber die verfluchte Maultasche musste raus. Teufel noch mal. Hier und jetzt. Vorher würde ich diese Toilette nicht verlassen. Mit dem Finger ging es nicht. Instinktiv begann ich zu würgen. Würgte, würgte und endlich kam mir das Essen hoch, flutschte schwallartig heraus, landete in der Schüssel. Ich atmete schwer, Schweiß stand mir auf der Stirn, ich lehnte mich zurück an die Wand, schloss die Augen, den bitteren, sauren Geschmack im Mund, fühlte mich erleichtert, fühlte mich erlöst. Was für ein Bild wäre das gewesen, hätte mich in diesem Moment jemand von oben fotografiert. Das muss so ausgesehen haben wie eine Drogenabhängige, die sich neben der Toilettenschüssel einen Schuss setzt und sich in den Augenblicksminuten danach abgehoben fühlt. So wie ich.

In den nächsten fünf, sechs Jahren führte ich ein krasses Doppelleben, das mich ungeheuer viel Energie kostete. Anscheinend so viel, dass ich mich nicht mehr an alle Details dieser Zeit erinnere. Mein Leben drehte sich nur noch um meinen Körper, um das Essen und darum, es wieder loszuwerden, um die Kontrolle über mich selbst wenigstens in dieser Sache zurückzugewinnen, wo doch die Trainer ansonsten die Kontrolle über mich hatten.

Ständig musste ich auf der Hut sein, nicht erwischt zu werden (die letzte Hemmschwelle, um nicht gänzlich die Kontrolle zu verlieren), ich musste permanent ein Auge darauf werfen, wo ich mich heimlich erbrechen konnte, musste möglichst unauffällig zur nächsten Toilette abbiegen, wenn es mich überkam. Das bedeutete, wenn ich ein Restaurant aufsuchte oder eine Wettkampfstätte, vor dem reservierten Tisch oder der Umkleidekabine zuerst die Toilette zu suchen (in der Sporthalle unbedingt die öffentliche Toilette, alles andere wäre zu gefährlich). Augen auf! Check, check, check. Wie ist der schnellste Weg zur Kloschüssel? Nur zwei Toiletten hier? Ein Anflug von Panik – was, wenn gerade in dem Moment beide Kabinen besetzt sind oder sich davor eine Schlange gebildet hat?

Im Ernstfall: Darauf bedacht sein, dass die Kabine neben mir möglichst unbesetzt war, nicht, dass noch eine mein Würgen, meine Kotzerei mitbekam und sorgenvoll fragte, ob alles in Ordnung sei, oder sie gar einen Arzt herbeiriefe. Die Würgetechnik beherrschte ich zwar recht schnell, so mechanisch wie Sehen, Hören, Schmecken, Tasten. Aber lautlos ging das eben nicht vonstatten. Also, mach hin, Tempo, Tempo. Vorteilhaft, wenn im gesamten Gebäude Musik gespielt und diese bis in die Toiletten übertragen wurde, zumindest ein gewisser Schutz. Dennoch, mach hin. Du weißt, was auf dem Spiel steht.

Außerdem musste ich mich vorsehen, wo ich das Essen herbekam, was mit der Zeit auch ins Geld ging (eigentlich hätte ich die Euroscheine gleich die Toiletten hinunterspülen können). Auch hier war Heimlichtuerei erste Pflicht für mich als Brechsüchtige. Es war ja nun schlecht möglich, nach dem Mittagessen vor Zeugen noch in eine Bäckerei zu laufen, um mich dort mit Fressalien einzudecken.

Was hätten die anderen wohl gedacht und gesagt? Alter, wie viel kann die denn verputzen? Bäckereien waren nach dem Mittagessen, wenn sich die nächste Fressattacke meldete, ein hervorragender Ort, um zuzuschlagen. Rosinenschnecken, Croissants, Plunderstückchen. Vorteil: Das konnte ich im Gehen verschlingen. Schweinsohren, Nussecken, Amerikaner, im Laufe der Zeit probierte ich alles, wirklich alles aus, was ein Spitzensportler unter einigermaßen vernünftigen Ernährungsregeln meiden sollte. Aber – what's the problem? Ich würde ja alles wieder loswerden. Todsicher und schon sehr bald.

Diese Fressattacken waren ein Teufelskreis. Du spachtelst die Sachen in dich hinein – Nudeln, Pizza, Burger, Döner, Pommes, ach, es gibt so herrlich gut schmeckende Dinge auf der Welt. Du haust sie in dich hinein, so wie du deine Probleme, deine Sorgen, dein Minderwertigkeitsgefühl in dich hineinfrisst – nur, um alles, gleich einem symbolischen Akt, gleich einem Ventil, wieder auszuspucken. Das ist eine regelrechte Explosion. Das sind widersprüchliche Gefühle und Empfindungen, die ein Mensch unmöglich allein verarbeiten kann.

Unvergessen die Erleichterung, wenn alles wieder raus ist. Du hast dich wieder unter Kontrolle, die du vorher über dich verloren hattest. Du hast auf die Resettaste gedrückt, hast das aus eigener Kraft wieder rückgängig gemacht. Du bist wie betäubt. Aber – es bleiben die Scham und der Ekel vor dir selbst.

Ich erbrach mich am Tag zwei- oder dreimal. Ich glaube mich zu erinnern, dass es tatsächlich auch Tage gab, an denen ich nicht gebrochen habe. Oder rede ich mir das heute bloß ein, um vor mir selbst nicht als der totale Bulimiejunkie dazustehen?

Das Frühstück ließ ich drin, meistens zumindest. Dann schon zu Hause auf die Waage: 100 Gramm weniger als gestern – es würde ein guter Tag werden. 100 Gramm mehr als gestern – es würde ein beschissener Tag werden. Aber ich würde dieses beschissene Gefühl ja wegfressen können mit Schweinsohren, Amerikanern, Nussecken zum Beispiel. Auch wenn das Training nicht optimal lief, konnte ich mich mit Essen, gut schmeckendem Essen, belohnen. Gleich danach überfiel mich das schlechte Gewissen und hüllte mich ein wie eine dunkle Wolke: Du hast zu viel gegessen. Das muss wieder raus. Sofort.

Ein schauerliches Gefühl, weil ich natürlich wusste, dass es scheiße ist, was ich da machte. Andererseits der befreiende Akt des Erbrechens, eine Empfindung, die nur wenige Minuten anhielt, die Erleichterung, die mich pushte, weil das Essen raus war und die Kilos weg waren und sie mir das Leben, das Turnen nicht mehr schwer machen konnten. Bildete ich mir zumindest ein.

Letzte Hemmschwelle: Die anderen könnten es mitbekommen. Und wenn sie das mitbekommen, bin ich unten durch.

Mein Verhalten wurde nun sogar von außen positiv bestärkt – ich wurde gelobt.

„Kimi", sagte Tamara, „toll, du siehst jetzt echt gut aus. Geht doch mit dem Gewicht, wenn man nur will."

Ein anderer Trainer kam auf mich zu, beide Daumen nach oben gereckt. „Du hast abgenommen, oder?"

„Echt, sieht man das?", forschte ich.

„Aber hallo. Besonders an den Beinen. Wie bekommst du das nur hin?"

„Ach, ich achte eben halt noch mehr als früher darauf, was ich esse, und dass ich mich noch gesünder ernähre als sonst."

In der Rückschau ist mir nicht klar, ob dieser Trainer gewusst hat, was in Wirklichkeit mit mir los war; wie gesagt, meine Erinnerung an damals ist arg verzerrt. Schlug er mir nicht gar auf die Schulter und sagte: „Weiter so"?

Heute frage ich mich: Wer hat das damals überhaupt geahnt, wer hat davon gewusst und trotzdem nicht die Klappe aufgemacht? Haben es meine Eltern mitbekommen? Müssen sie eigentlich. Denn zu Hause öffnete ich öfter als üblich den Kühlschrank und die Speisekammer und verschwand nach dem Essen häufig schnell auf der Toilette.

„Kim, stimmt etwas nicht mit deinem Magen?"

Mein Bruder, an der Klinke rüttelnd: „Mach doch mal hin, Kim. Es gibt auch noch andere, die mal müssen. Und seit wann drehst du denn die Musik auf, wenn du auf dem Klo sitzt?"

Aber über Probleme spricht man in der vorbildlichen vietnamesischen Familie nicht, wie ich bereits geschildert habe. Sicherlich waren sie auch hilflos, wussten nicht, wie sie mit dem Kotzen der Tochter umgehen sollten.

Mein Vater hätte mir eigentlich auf der Spur sein müssen, weil er als Apotheker um die Anzeichen und die möglichen Folgen von Bulimie wissen musste, Folgen, die ich mir mal zusammengoogelte. Die durch das häufige Erbrechen hervorgerufenen Salzverluste können Kaliummangel verursachen, was wiederum zu Herzrhythmusstörungen führen kann. Verletzungen der Speiseröhre treten auf, Haarausfall, Anfälligkeit für Infektionen. Beschädigung des Zahnschmelzes wegen der Magensäure, die durch das Erbrechen verstärkt produziert wird. Entzündungen der Organe, was im schlimmsten Fall Krebs auslösen kann. Störungen der Nierenfunktion sind genauso denkbar. Auch die Abnahme des IQ – das Gehirn kann schrumpfen.

Bewirkte diese Recherche nur irgendetwas? Pah. Verzichtet ein Raucher etwa auf seine Kippen, nur weil er auf den kleinen Horrorbildern auf der Zigarettenschachtel eklige, verkrebste Organe, verkohlte Lungen mit Löchern sieht? Schüttet der Alkoholiker etwa die letzte Flasche Wodka seiner Hausbar in den Abfluss, nur weil er im Fernsehen einen Alki gesehen hat, dessen Hände der Tremor durchschüttelt?

Dadurch, dass ich Erfolg hatte, war es leichter, in der Spirale zu bleiben, es gab zunächst keinen zwingenden Grund, mich mit der Thematik groß zu beschäftigen. Es war die Guti, die Verantwortung übernahm, derart, dass ich mein Problem angehen musste. Ich glaube, bei den Europameisterschaften 2006 im griechischen Volos hatte meine Zimmerkameradin mitbekommen, was mit mir los war. Alles andere wäre auch seltsam gewesen, wenn man für eine Woche das Zimmer im Mannschaftsquartier teilt. Durchfall und Magengrummeln sind irgendwann als Erklärung ausgereizt. Nicht zu erklären, warum währenddessen die Dusche auf volle Lautstärke aufgedreht wird. Jedenfalls muss sie der Guti gegenüber einige Bemerkungen losgelassen haben, und bei der schrillten daraufhin die Alarmglocken.

Ich war siebzehn und hatte das Problem nun schon ungefähr zwei Jahre. Nur eine Woche nach den Meisterschaften sagte die Guti, wir müssten mal sprechen, unter vier Augen. Wir gingen vom Kunst-Turn-Forum in Stuttgart hinüber zum Griechen, der Vereinsgaststätte des Polizeisportvereins. Es war ein schöner Sommertag, wir setzten uns auf der Terrasse an einen Tisch.

Die Guti legte auch gleich los, ohne große Vorrede. „Wir haben da ein Problem. Du brauchst überhaupt nicht erst den Versuch zu machen, mich anzulügen."

Mir wurde heiß und kalt, ich vermied es, ihr direkt in die Augen zu schauen.

Sie wisse, dass ich mein Essen systematisch herauswürge. Sie habe sich schlaugemacht, hörte ich sie mit ernster Stimme sagen.

Es war ein Schlag mit einem Holzhammer direkt auf den Schädel.

Aus einem Leinenbeutel zog sie einen Stapel Papiere, legte ihn in die Mitte des Tisches, deutete mit dem Zeigefinger auf die Ausdrucke und schob den Stapel zu mir herüber, rückte ihn so zurecht, dass die Seitenränder der Blätter fein säuberlich auf Kante lagen. Wie eine stumme Anklage glotzte mich die oberste Seite an, die Schrift konnte ich nicht lesen, es schwamm in meinen Augen. Zu Hause verstaute ich den Stapel in der hintersten Ecke meines Schrankes. Bis heute habe ich das nicht gelesen.

„Das ist eine schlimme Krankheit, weiß du das? Wenn man nichts dagegen tut und das auf die Spitze treibt, kann man daran sterben."

Ich vermochte nichts zu sagen. Ich war entdeckt, war entlarvt, kam mir vor wie auf frischer Tat ertappt, kam mir vor, als säße ich auf der Anklagebank.

Die Guti merkte, wie peinlich mir die Situation war, und ergriff erneut das Wort, wollte – was wohl in diesem Moment genau das Richtige war – überhaupt nicht emotional werden, blieb auf rein sachlicher Ebene. „Dass etwas passieren muss, ist dir wohl klar. Ich kann dir dabei aber nicht helfen. Das kann nur ein Profi. Du musst dir einen Therapeuten suchen, nur der kann dich da rausbringen. Versprichst du mir das? Ich will, dass du deinen Sport gesund betreibst." Sie schaute mich fest an.

Dann brach sie das Gespräch ab. Auf gewisse Weise war ihr die Situation genauso unangenehm wie mir. Sie bezahlte meine Apfelschorle und ihr Mineralwasser und wir gingen unserer Wege.

An diesem Tag kehrte ich nicht mehr zurück in die Halle, sondern fuhr sofort nach Ehningen. Erwischt, ertappt, entlarvt. Ich hatte das Gefühl, alle Fahrgäste in der S-Bahn sähen das Mal auf meiner Stirn, das dort plötzlich zu flammen schien. Die hat sich nicht unter Kontrolle! Die ist krank! Die gehört in die Klapse!

„Kim, so früh heute zurück?“, begrüßte mich meine Mutter zu Hause.

„Ja, ja, die Wade zwickt ein wenig.“

Ich warf mich auf mein Bett, lag auf dem Rücken, die Hände hinter dem Kopf verschränkt. Furchtbare Gedanken schossen wie ein Kugelhagel durch meinen Kopf: War es das mit deiner Karriere? Bekommst du das in den Griff? Würde die Guti das herumerzählen? Wie würden die anderen Trainer reagieren und wie der Verband, wenn sie davon erführen? Gleichzeitig überkam mich Erleichterung: Eigentlich war das doch ein Glücksgriff, dass mir jemand auf die Schliche gekommen war. Allein hätte ich nie die Kraft gehabt, Hilfe zu suchen. Genau das nämlich hatte ich jetzt vor.

Ich recherchierte im Internet, suchte mir in Stuttgart eine Kinder- und Jugendtherapeutin. Es kostete mich einiges an Überwindung, bevor ich sie das erste Mal aufsuchte und zunächst stockend über mein Problem sprach – das heißt: Im Verlauf der Stunden wurde ich zum ersten Mal damit konfrontiert, dass ich vor einem Alpenmassiv an Problemen stand. Gleichzeitig spürte ich aber rasch eine Erlösung, empfand es als eine Art Befreiung, dass ich nun frei von der Leber weg mit einem Menschen über all das sprechen konnte, was mich beschäftigte und bedrückte. Einem fremden Menschen – ich glaube, das war sehr wichtig.

Meine Eltern waren übrigens nur einmal in der Sprechstunde – ich war ja noch minderjährig, deshalb war das wohl vorgeschrieben – und sprachen allein mit der Therapeutin. Ich weiß bis heute nicht, was sie da besprochen haben. Aber: Spätestens zu diesem Zeitpunkt müssen sie gewusst haben, wie es um mich stand. Denn sie sprachen mit der Therapeutin sicherlich nicht über meine sportlichen Erfolge und wie das so ist, Eltern einer erfolgreichen Sportlerin zu sein.

Jahre später, als ich vor dem Sportausschuss des Deutschen Bundestages zu den Vorwürfen psychischer Gewalt am Bundesstützpunkt Chemnitz Stellung nahm, stellte ich sie zur Rede:

„Mama, Papa, ihr müsst das damals doch mitbekommen haben, das mit meiner Essstörung?“

Sie wanden sich um eine Antwort.

„Ja“, antwortete mein Vater leise und hob die Schultern, als wolle er sich entschuldigen, „wir wussten das.“

„Ja und?“

„Du wolltest diesen Sport doch machen, also musstest du auch da durch. Haben wir gedacht.“

Klaro, in einer vietnamesischen Familie war doch immer alles bestens! Kein Platz für Schamgefühle.

Gut fünf Jahre ging ich beinahe jeden Montag zu der Therapeutin. Ich fühlte, wie sehr mir das gefehlt hatte, endlich mit jemandem über all das zu sprechen, ohne Bedingungen, ohne Hintergedanken, ohne beurteilt oder gemaßregelt zu werden. Über all die Belastungen zu reden, aber gleichzeitig auch über diese unbezähmbare Freude am Sport, die nicht zu stillende Lust auf Erfolg und Anerkennung. Die Therapeutin reiste mit mir weit in meine Kindheit zurück. Ich sprach darüber, dass mir meine Eltern erzählt hatten, dass ich im ersten und zweiten Lebensjahr echt anstrengend gewesen sei, dass es ihnen in dieser Zeit schwergefallen war, mich zum Einschlafen zu bringen. Sobald mich einer von beiden in den Arm genommen hatte, war ich ruhig gewesen. Sobald sie mich ablegten, fing ich wieder zu schreien an.

„Was hatten wir so viele schlaflose Nächte mit dir", sagte meine Mutter halb seufzend, halb lachend.

„Das ist keine Seltenheit", erklärte mir die Therapeutin. „Wahrscheinlich hast du schon damals ein Defizit an Liebe und Anerkennung verspürt. Das entsteht durch kleine Gesten, durch eine unbeabsichtigte Zurückweisung der Eltern und manifestiert sich im Gehirn des Kindes als Tatsache. All die Päckchen, die jeder von uns durchs Leben trägt, wurden uns aufgebuckelt, als wir Kleinkinder waren, spätestens als Jugendliche. Und keiner weiß darum, wenn er sich nicht eingehend damit beschäftigt." Heute, nachdem ich mehr über die Fluchterfahrung meiner Eltern weiß und mich ein wenig mit Epigenetik befasst habe, ist mir eines klar geworden: Ihre dramatischen Erlebnisse und die damit verbundenen Ängste haben mich unbewusst beeinflusst.

Damals in der Therapiestunde dachte ich spontan an den blöden Spruch der Trainerin über meinen ersten Freund, der sich bis in die jüngsten Tage bei mir eingenistet hat. Dieses Defizit, so machte es mir meine

Therapeutin in den Gesprächen deutlich, zeige bei mir durchgehend Wirkung und es werde lange dauern, bis ich das abgeschüttelt habe.

Ich schilderte ihr typische Situationen, die dem Erbrechen vorausgegangen waren. Situationen, in denen ich regelrecht gebrochen worden war. Da waren so Sätze gefallen wie „Das war noch nicht genug“, „Das war scheiße, was du da gerade geturnt hast“, „Du strengst dich überhaupt nicht an“.

„Übel“, sagte die Therapeutin kopfschüttelnd. „So wird dir und all deinen Kolleginnen suggeriert, dass ihr und nur ihr verantwortlich für Fehler seid. Kein Wunder, dass euer Selbstwertgefühl mickrig ist. Der Körper schreit nach Aufmerksamkeit, nach Zuwendung. Dann ist die Bulimie nicht mehr weit entfernt.“

Einmal sagte sie zu mir: „Du bist die untypischste Jugendliche, die mir in meiner Praxis je über den Weg gelaufen ist.“

Ich schaute sie mit großen Augen an. War ich also doch ein Freak oder ein Sonderling?

„Du hast dein Leben bisher noch nicht gelebt.“

Diese Worte versetzten mir einen Stich. Da konfrontiert dich jemand mit einem Defizit und du weißt im selben Moment: Das kannst du nie mehr auf- und nachholen. Nicht die Zeit, in der die anderen Kinder unbekümmert auf dem Feld und im Wald herumtobten, selbstvergessen, einzig und allein begrenzt durch die Rückkehr zum Abendbrot, während ich zum Training trabte. Nicht die Zeit, in der die anderen einfach abhingen, ohne schlechtes Gewissen, oder abenteuerlustig in die Discos aufbrachen, während ich meine Sporttasche für irgendeinen Lehrgang irgendwo in Deutschland packte. Wie schmeckte eigentlich eine Shisha?

„Weißt du, andere Jugendliche, die zu mir kommen, erzählen mir – und das macht die völlig fertig, die fühlen sich dabei depressiv –, dass sie zu Hause auf ihrem Bett hocken und die Wand anstarren. Minutenlang, stundenlang. Wenn die Eltern vor der Tür ihres Zimmers nölen, sie sollten sich doch mal aufraffen und dies und jenes unternehmen, drehen sie entweder die Musik laut auf oder schreien: Verpisst euch!"

Nun war ich es, die die weiße Wand im Behandlungsraum anstarrte.

„Du scheinst überhaupt keine Zeit dafür zu haben, bloß mal die Wand anzustarren und einfach nichts zu tun. Du läufst wie in einem Hamsterrad, tust und machst und steckst in dieser speziellen Welt fest. Du hast keine Zeit, deine Gedanken einfach mal schweifen zu lassen und nichts zu tun. Ganz simpel: nichts tun und dabei kein schlechtes Gewissen haben."

Ich brauchte nichts dazu zu sagen, sie hatte ja so recht. Was hätte ich schon groß dazu sagen sollen?

„Was die mit euch machen, ist eigentlich ein Verbrechen. Da es bei euch offenbar keine Trennung zwischen Kind, Jugendlichem und Erwachsenem gibt, könnt ihr überhaupt keine echte Persönlichkeit aufbauen, mit Ecken und Kanten, ihr könnt überhaupt keine Erfahrungen jenseits der Turnhalle sammeln, also auch solche, bei denen ihr mal auf die Nase fallt und daraus bestenfalls etwas lernt. Euch wird anscheinend immer gesagt, was ihr zu tun und zu lassen habt. Es liegt doch auf der Hand, dass du dich nie von deinen Eltern abnabeln konntest. Stattdessen“, sie sichelte mit ihren Händen Luft, „hängt ihr an der Nabelschnur eurer Trainer. Puh.“

Sie kaute auf dem Ende ihres Bleistiftes, mit dem sie für mich unleserliche Notizen auf einem Stenoblock kritzelte.

„Weißt du was?“ Sie musterte mich von oben bis unten. „Das fällt mir heute zum ersten Mal auf: Du kommst nun fast zwei Jahre zu mir in die Praxis und ich habe dich noch nie gesehen ohne diese ewig gleichen Sportklamotten und Sportschuhe. Besitzt du eigentlich noch etwas anderes zum Anziehen?“

Da musste ich kurz nachdenken. Ja, zur Sportlerehrung im vergangenen Dezember hatte ich mir tatsächlich ein kurzes Schwarzes und hochhackige schwarze Schuhe gekauft (die ich aber mangels Talent nur einmal getragen hatte).

„Du weißt schon, dass sich andere Jugendliche kleidungstechnisch gern ausprobieren. Zerrissene Jeans, Flicken auf der Jacke oder mit Filzstift etwas auf die Sneakers geschrieben. Mal eine Zeit lang in Buffalos oder Doc Martens herumlaufen. Oder mal etwas Verrücktes mit ihren Haaren anstellen. Ganz zu schweigen von einem Piercing im Bauchnabel oder einer Tätowierung auf einem Körperteil, den nicht jedermann zu sehen bekommt. Mal die Fingernägel lackieren, das ist ja kein großes Ding.“

Innerlich protestierte ich, ich hatte mir sehr wohl die Fingernägel lackiert. Ich erwiderte aber nichts. Denn wie sie das so sagte … ja, das fiel mir ab und zu auf … das waren aber Jugendliche aus einer anderen Welt, die ich kaum betrat, die mir fremd war. Neben der Blase, in der ich mich als Leistungssportlerin sowieso befand, hatte mir die Therapeutin erklärt, gehe die Bulimie in der Regel überdies mit einer Vermeidung sozialer Kontakte einher – in meinem Fall also eine fatale Verstärkung der Isolation.

Die Therapeutin kiekste kurz auf. „Ich wette, du hast noch nie geraucht oder mal versucht zu kiffen." Natürlich hatte ich das noch nie – allein der Gedanke an meine Eltern, wenn sie um derart haarsträubende Experimente gewusst hätten. Aber war das nun ein weiteres Defizit auf meiner Seite – noch nie geraucht oder einen Joint durchgezogen zu haben?

Nun gut, so etwas kam auch nach diesen ein- und erleuchtenden Therapiestunden für mich nicht infrage. Aber Schritt für Schritt, wie soll ich es beschreiben, fand ich mehr zu mir, erkannte meine Probleme zumindest auf einer rationalen Ebene. Die Kotzerei ließ nach, es gab Rückschläge, ich riss mich zusammen, reflektierte die Gespräche mit der Therapeutin, es wurde wieder besser, die Stunden bei ihr wurden weniger, und wenn es mir mal wieder schlecht ging, hatte ich eine sichere, verlässliche Anlaufstelle. Wahrscheinlich das Wichtigste: Ich lernte, meinen Körper so zu akzeptieren, wie er nun einmal war, gleich ob mit einem oder zwei Kilo mehr, ein

Limit, das irgendwer als Messlatte aufgelegt hatte; die Turnerinnenformel für das gängige 90–60–90 ist mir leider nicht bekannt. Ich lernte, dass dieses Mehr oder Weniger an Gewicht nichts, aber auch überhaupt nichts mit meiner Leistung zu tun hatte. Dennoch überkam mich für lange Zeit immer noch das Bedürfnis, zur Toilette zu rennen, um mich zu übergeben. Aber langsam wurde eine mahnende Stimme im Kopf lauter: Nein, das lässt du jetzt sein. Das ist nicht gut für dich. Lass es ganz einfach.

Im Sommer 2011, soweit mich meine Erinnerung nicht trügt, habe ich mich das letzte Mal absichtlich übergeben. Die Therapeutin hatte mir übrigens nie ins Gesicht gesagt, ich solle aus dem Hamsterrad aussteigen. Sie wusste genau, was sie tat, sie wusste, dass das Turnen – im Idealfall natürlich das angstfreie Turnen – wie ein Lebenselixier für mich ist, ohne das ich nicht leben kann.

Anderthalb Jahre nach Beendigung der Therapiestunden, nach den Olympischen Spielen in London, schrieb sie mir einen Brief. „Ich verfolge weiterhin deine Laufbahn. Wahnsinn, dass du immer noch turnst. Das hätte ich nie gedacht nach deiner Enttäuschung von Peking."

Ich weiß, bei Rauchern, besonders aber bei Alkoholikern, sagt man oft, sie seien nie sicher vor einem Rückfall, selbst wenn sie über längere Zeit abstinent geblieben sind. Ich weiß, dass es eine wahnsinnig hohe Dunkelziffer bei Essstörungen gibt; ich weiß, dass es ein Tabuthema ist und dass immer noch nicht so offen darüber gesprochen wird, wie es nötig wäre. Das ist doch der nackte Horror: Jede dritte Deutsche zwischen 14 und 16 Jahren soll Symptome von Essstörungen zeigen (und da dürften die Spitzensportlerinnen die kleinste Gruppe sein).

Ich weiß, dass viele Menschen unsicher sind, wie sie mit Betroffenen umgehen sollen. Von daher war der Schritt von der Guti auf mich zu ein mutiger. Ich weiß, dass die Rückfallquote nach der Therapie nicht gerade gering ist. Ich bin mir aber sicher, dass ich nach über einem Jahrzehnt wirklich gefeit bin.

Das macht mich mutig, das macht mich stolz, das ist Balsam auf mein geschundenes Selbstwertgefühl. Ich habe das geschafft! Ich habe es geschafft, meine ungesunden Gedanken und Handlungsmuster zu kontrollieren. Das Erbrechen hat keine Macht mehr über mich. Ich habe es mir gezeigt, Alter! Ein Erfolgserlebnis, so intensiv wie der Gewinn mehrerer Deutscher Meisterschaften, mindestens.

Ja, ich bin über den Berg. Ich kann heute viel freier, unbelasteter mit dem Thema umgehen. Allerdings, auch das gehört zur Wahrheit: Zum ersten Mal spreche beziehungsweise schreibe ich überhaupt über dieses Thema. Da haftet immer noch irgendwo in meinem Gehirn ein Gefühl der Scham (keine Schwäche zeigen!). Seit den Sitzungen mit der Therapeutin habe ich nur ein einziges Mal offen mit einer Freundin darüber geredet. Unbewusst hatten wir beide wohl Signale ausgesendet, die uns verrieten, dass wir beide Betroffene sind. Sie geht viel offener damit um und mir tat es unheimlich gut, mit jemandem zu sprechen, der genau wusste, um was es geht. Sie war es auch, die mich ermutigte, mit diesem durchaus schwierigen Thema an die Öffentlichkeit zu gehen.

Ich wusste, dass ich die Kurve gekriegt hatte, bestimmte Triggermomente zogen mich nicht mehr nach unten. Wie in Tokio 2011, bei der Weltmeisterschaft im Oktober, wo wir vor Beginn der Titelkämpfe noch ein Trainingslager bezogen. Es war schwül in diesen Tagen, tropisches Wetter. Trotz der immer noch angespannten Lage nach dem Erdbeben und der folgenden Nuklearkatastrophe von Fukushima und den Bedenken mehrerer nationaler Verbände beharrte der Turnweltverband auf diesem Austragungsort. Aber nicht wegen möglicher Bedenken schwitzte ich schon im Stehen; das war vielmehr der Witterung geschuldet. Unsere Bundestrainerin Ulla Koch hatte wieder einmal ihre Waage dabei, jeden Tag einmal wiegen, was mir mittlerweile ziemlich schnuppe war. Eine nach der anderen antreten im Zimmer der Bundestrainerin, wie bei der Musterung zur Bundeswehr. Keine Ausrede der Welt denkbar, dieses Prozedere zu vermeiden. Anschließend Fleißsternchen oder Anschiss, gute oder schlechte Laune.

Wir tranken und schwitzten und mussten nach dem Training auf die Waage. Die Ergebnisse brachten Ulla Koch in Harnisch. Wie es sein könne, dass wir in der Vorbereitung auf den Wettkampf zunähmen? Für uns gelte nur eines, nämlich abnehmen, abnehmen, abnehmen …

Ich sagte dazu nichts, dachte mir nur: na und? Wenn ich mich jetzt auf die Toilette setze und den normalen

Dingen ihren Lauf lasse, verschwindet ein halbes oder gar ein Kilo im Lokus und wird in den Orkus gespült.

Aber es stand nun einmal der unausgesprochene ideale Turnerinnenkörper im Raum: Schlank und drahtig, etwas anderes konnte der Leistung nur abträglich sein. Es bedurfte einer Simone Biles, um zu beweisen, dass auch eine andere körperliche „Bauart" in der Lage ist, Weltklasse zu bringen.

Wir hatten richtig Schiss vor der Wiegerei, das war für einige beinahe traumatisierend. Selbst eine, die durchaus ihre Leistung brachte, bekam ihr Fett weg, weil ihr Gewicht nicht mit den Vorstellungen von Frau Koch übereinstimmte. Ich jedoch fühlte mich sicher und immer sicherer vor dieser Prozedur und dem ewigen Gemecker der Trainer. Sie kamen mir vor wie Werbeträger für Du-darfst-Margarine und Dauerabonnenten von Frauenillustrierten, die jede Woche neue superschlaue Diättipps vom Stapel lassen, wie die moderne Frau den perfekten Body hinbekommt – und sie damit nur verunsichern und Selbstzweifel hervorrufen.

Ein Jahr später, Europameisterschaften in Brüssel. Am Tag nach dem ersten Wettkampf konnte jede von uns entscheiden, ob sie lieber vormittags oder nachmittags trainieren wollte. Ich entschied mich für die Nachmittagsschicht. So konnte ich ein wenig länger schlafen und in Ruhe frühstücken. Die anderen verabschiedeten sich zum Vormittagstraining, ich setzte mich zu unserem Teammanager.

„Boah“, sagte ich, noch halb verschlafen, „ich hätte jetzt total Bock auf eine Banane mit Nutella obendrauf.“

Er zuckte mit den Schultern. „Was spricht dagegen. Iss doch einfach.“

„Wenn ich das jetzt essen würde ...“ Ich zog meine Augen zusammen. „Wenn ich das jetzt bringe – das würde die Frau Koch überhaupt nicht gern sehen. Wenn die das mitbekäme, die würde mir glatt den Kopf abreißen.“

„Hab dich nicht so. Wie soll sie das sehen? Die sind doch gerade in den Bus gestiegen auf dem Weg zum Training. Von mir erfährt sie es jedenfalls nicht.“

Na denn, da war was dran. Ich zum Büfett, eine Banane aus dem Korb geangelt und dazu zwei Päckle Nutella gegriffen. Ich schälte die Banane, öffnete die beiden Nutellapäckle, strich die Nuss-Nugat-Creme bedachtsam auf die Oberfläche der Banane, verteilte die Masse gleichmäßig, die Vorfreude stieg, ja, ich konnte diese paradiesische Geschmacksmischung schon regelrecht auf meiner Zunge schmecken.

Plötzlich links neben mir eine vertraute Stimme. „Der Bus fährt nicht“, sprach sie direkt den Teammanager an. „Kannst du dich bitte mal darum kümmern, dass wir hier wegkommen?“

Sie guckte auf das gelbe Teil in meiner Hand, an dem die schwarze Soße herunterlief, fünf Zentimeter einfuhrbereit vor meinem Mund.

Wenn Blicke töten könnten. Mir lief es eiskalt den Rücken herunter. Dennoch aß ich die Banane.

Diese Europameisterschaft verlief für die deutsche Nationalmannschaft nicht berauschend, ehrlich gesagt: eher bescheiden. Vor der Abreise aus Brüssel erfolgte das obligatorische Abschlussgespräch, genauer: die Abschlussansprache der Bundestrainerin. Nach der Aufzählung all dessen, was nicht gut gelaufen war, sagte Ulla Koch, wir sollten vor allem auf unsere Ernährung achten, eine gute Ernährung sei im Leistungssport unbedingt notwendig, da wären wir uns ja wohl einig. Banane mit Nutella gehöre allerdings nicht dazu. Und indem sie mir einen Blick zuwarf, sagte sie, so etwas wolle sie bis zu den Olympischen Spielen nicht mehr sehen.

Zwei, drei Jahre zuvor hätte mich so eine Bemerkung, so ein Herauspicken vor all den anderen noch aus den Latschen gehauen und ich wäre wahrscheinlich direkt auf die Toilette gerannt. Nun aber nur noch halb so schlimm.

Im Sommer 2012 verpassten wir bei den Olympischen Spielen in London sehr knapp den Sprung ins Teamfinale – eine bittere Enttäuschung für die Mannschaft. Einmal am Tag mussten wir gemeinsam mit Frau Koch essen, das war ihr wichtig. Sie hatte sich – das hatte er uns heimlich gesteckt – bei unserem Physiotherapeuten beschwert, dass wir zum Frühstück zu viel Müsli verspachtelten. Der aber hatte ihr eine Abfuhr erteilt: „Bei den Leistungen, die die Mädels bringen, brauchen die das auch."

Eine Funstory: Bei einem dieser gemeinsamen Essen sagte ich zu einer Teamkollegin: „Weißt du was? Ich hole mir jetzt eine Banane mit Nutella, darauf habe ich lange genug verzichtet.“ Sie schaute mich mit großen Augen an, deutete mit dem Kinn sachte in Richtung der Bundestrainerin. Sei’s drum. Ich nahm mir also eine Banane, schälte sie noch an Ort und Stelle, schöpfte Nutella mit einem Löffel aus einem Bottich, klatschte die Creme auf den Teller, setzte mich auf meinen Platz, stellte den Teller vor mich und rieb mir genießerisch die Hände. „So.“

Frau Koch schaute mich sprachlos an.

„Was haben Sie denn? Vor drei Monaten haben Sie in Brüssel gesagt: bis zu den Olympischen Spielen keine Banane mit Nutella. *Bis* zu den Spielen.“

Da musste sie tatsächlich schmunzeln.

Nach diesen Olympischen Spielen hörte ich auf, mich selbstständig zu wiegen, aber um das Wiegen im Trainingslager kam ich nicht herum. Ich verließ mich nur noch auf mein Gefühl. Das war ein besserer Ratgeber als die Waage. Das Gewicht pendelte sich ein und es kam die Zeit, in der ich mich nach einem langen Wochenende am Montagmorgen beim Trainingsbeginn nicht mehr fühlte wie ein Pottwal.

Während eines Lehrgangs kam Frau Koch in mein Zimmer, als sie wusste, dass ich gerade allein war, um mir mitzuteilen, dass ich nicht mehr zum Wiegen kommen müsse.

War das eine Art Emanzipation von der Abhängigkeit von den Trainern? Ein klein wenig, ja. Aber das Gefühl dieser Abhängigkeit bleibt, solange du Wettkampf turnst. Vom ersten Tag an sagt dir der Trainer, was du zu tun hast. Du hast nichts zu melden. Und dann wird noch mehr im Training rangekloppt. Keine Möglichkeit, etwas auf eigene Faust auszuprobieren. Diese jahrelange Prägung sitzt tief in den Knochen.

„Auch als ältere Turnerin bleibt es schwierig, einem Trainer auf Augenhöhe zu begegnen. Man fühlt sich immer wieder in die Rolle der kleinen, jungen, unerfahrenen Turnerin zurückgestutzt, die man einst eingenommen hat. Und wenn man sich doch traut, seine eigene Meinung zu sagen, endet das unweigerlich damit, dass man im Training ‚büßen' muss. Mögliche Machtdemonstrationen der Trainer: zusätzliche Trainingsübungen, Training unter Schmerzen, Nichtbeachtung oder erniedrigende Kommentare", hatte ich damals vor dem Ausschuss des Bundestages gesagt.

Wie lange muss etwas erzählt werden, bis es endlich wahrgenommen wird?

Weil es so lange dauert, bis sich die Wahrheit herumgesprochen hat, Wirklichkeit begriffen und verinnerlicht wird, haben die Trainer diese Macht über dich, und mir fällt keiner ein, der freiwillig ein Stück von dieser Macht abgeben wollte. Ich kenne Spitzenturnerinnen, die sind an dieser Abhängigkeit zerbrochen, die sind nicht mehr mit diesen Bedingungen klargekommen und haben ausgelaugt und resigniert das Handtuch geworfen. Mir ist bekannt, dass dann noch vereinbart wurde, über die wahren Gründe in der Öffentlichkeit Stillschweigen zu wahren. Traurig, traurig und bedauerlich, dass es so gelaufen ist – aber bitte keine Nestbeschmutzung, das wäre der großen Sache nicht dienlich … wie wären die jungen Turnerinnen enttäuscht … deine Freunde … deine Familie … ist doch nur ein Einzelfall, ein bedauerlicher, gewiss.

Die meisten in der Szene kennen Turnerinnen, die nach ihrer Karriere nicht mehr mit ihrem Leben klarkommen, was mit dem Erfolg nichts zu tun hat. Es ist so traurig: nicht nur menschlich, sondern auch, weil hier sportliche Juwelen liegen gelassen werden.

Man müsste nicht das Rad neu erfinden, und es ist auch klar, dass Disziplin und Selbstüberwindung im Spitzensport zwingend dazugehören, dass gute Trainer ihre Schützlinge an und über ihre Grenzen führen müssen – aber wie das geschieht, das ist die Frage. Es wäre möglich, an verschiedenen Stellschrauben zu drehen, um das System besser und, ja, menschlicher zu gestalten: ohne Drohungen, Beschimpfungen, Herumtrampeln auf dem Selbstwertgefühl, ohne den Zwang, unter Schmerzen zu trainieren, und ohne die unkontrollierte Abgabe von Schmerzmitteln. Am Ende würde es den Trainern helfen, vor allem aber den Athleten und damit dem Sport an sich. Und die Wiegerei ist nur ein Teil davon. Ich werde später noch beschreiben, was man alles besser machen könnte.

Einiges hat sich in der jüngsten Vergangenheit geändert, vielleicht tatsächlich ausgelöst durch den mutigen Weckruf von Pauline Schäfer-Betz in Chemnitz. Es gibt inzwischen reichhaltigere und abwechslungsreichere Ernährung bei den Lehrgängen der Nationalmannschaft, auch sind die Trainingsmethoden teilweise weniger rabiat, das Wiegen findet nicht mehr öffentlich statt. Aber das ist nur der Anfang. Es wäre überdies fatal und der Sache nicht dienlich, alle Trainer über einen Kamm zu scheren. Wichtig ist, alle im „System“ für das Thema zu sensibilisieren und niemanden zu verdammen. Wichtig ist, dass die Trainer den Anspruch ablegen, für alles rund um ihre Athleten verantwortlich zu sein; vielmehr stünde es ihnen gut zu Gesicht, für einzelne Bereiche Fachleute aus anderen Bereichen hinzuzuziehen und anzuerkennen, was in vielen anderen Sportarten gang und gäbe ist. Wichtig ist es, den Trainern deutlich zu machen, über welche Macht sie verfügen – was in extremen Fällen wie in den USA zu schwerem sexuellen Missbrauch führen kann.

Ach, habe ich übrigens schon erwähnt, dass mir nie mehr eine Waage ins Haus kommt?

Kapitel 5

AUFS GANZE GEHEN

„Du kannst von Glück sagen, dass der Fuß nicht gebrochen ist", klopfte mir unser Physio aufmunternd auf die Schulter. Ich hatte schon Schlimmstes befürchtet. Obwohl: Nach zwei Kreuzbandrissen hätte ich das Schlimmste eigentlich hinter mir haben sollen, wie ich mir einzureden versuchte. Es tat sauweh, als ich beim Training zur Vorbereitung auf die Weltmeisterschaft 2018 in der katarischen Hauptstadt Doha beim Abgang mit dem Fuß volle Kanne gegen den Balken donnerte. Der Mittelfuß ist gebrochen, dachte ich sofort, als ich auf dem Boden lag, vor Schmerzen gekrümmt, den Fuß mit beiden Händen haltend, obwohl das keine Linderung brachte. Es sah heftig aus: der Abdruck des Balkens wie auf den Fußrücken gestempelt.

Ohne Ibu geht nix. Ein Spruch, den jeder Spitzenturner kennt, den viele verinnerlicht haben.

Neulich fragte mich die Bekannte eines Bekannten bei einem Abendessen locker über den Hocker, ob ich bei meinem Sport eigentlich viele Schmerzen aushalten müsse. In einem ersten Reflex sagte ich: „Hält sich bei mir in Grenzen“, um schnell das Thema wechseln zu können. Später, als ich nach Hause kam, mir beim Zähneputzen im Spiegel in die Augen sah, dachte ich: Warum hast du der so einen Quatsch erzählt?

Warum verdrehte ich mich so, warum duckte ich mich in diesem Moment so weg? Nun ja, wer sieht sich schon gern in der Opferrolle bemitleidet, und nicht nur ich verdränge wohl bisweilen unangenehme, im wahrsten Sinn des Wortes schmerzhafte Themen gern. Weil man es nicht wahrhaben will oder die Wahrheit beiseiteschiebt. Denn dahinter lauert die fiese Frage: Warum tust du dir das an?

Die Wahrheit ist: Irgendwo schmerzt es mich eigentlich immer, und es vergeht kaum ein Tag ohne Behandlung durch einen Physiotherapeuten. Mal mehr, mal weniger, und über so etwas wie Muskelkater (verständnisloses Gelächter in der Trainerrunde oder unter Teamkolleginnen) rede ich schon mal überhaupt nicht, das ist Killefitz, Kleinkram, nicht der Rede wert. Schmerz gehört dazu wie die berufsbedingten Rückenprobleme bei Kindergärtnerinnen, morsche Knie bei Fliesenlegern, allergisches Asthma bei Bäckern oder Schwerhörigkeit beim Personal in Diskotheken. Wache ich morgens einmal ohne Schmerzen auf, betaste ich ungläubig meinen Körper und gerate ins Grübeln: Verdammt, was ist da los? Kein Schmerz … da stimmt doch etwas nicht … nicht normal!

Über Schmerzen sprechen Turnerinnen nicht, vielleicht klagen wir gelegentlich, wenn es einmal zu arg kommt, wenn der Schmerz kein bloßes Hintergrundgeräusch mehr ist. Wenn ich nicht mehr weiß, wie ich sitzen, liegen oder stehen soll. Der Schmerz gehört dazu. Zu mir und zum Turnen. Dieser Gedanke pflanzte sich tiefer und tiefer in mich ein. Ganz nach der Rambo-Devise: Es gibt keinen Schmerz. Oder frei nach Nietzsche: Was mich nicht umbringt, macht mich stärker.

„Kiiim, hab dich nicht so", winkte Tamara ab, wenn sich der Schmerz in meinem verzerrten Gesicht abzeichnete und ich Grimassen schnitt. „Das ist eben so. Was stellst du dich so an? Den anderen geht es nicht besser, die ziehen aber nicht so ein Gesicht. Geht auch wieder vorbei." Ich war nur auf das Turnen an sich geeicht, die Begleiterscheinungen standen nicht zur Diskussion. Wie bei der Frage, ob überhaupt und, wenn ja, wie viel Reis und Nudeln, war ich auch bei Verletzungen und Rekonvaleszenz ziemlich unbedarft (und wahrlich nicht nur ich) und ahnungslos. Ich wurde nie angeleitet, mich mit meinem Körper zu beschäftigen. Das lange Training ließ scheinbar keine Zeit dazu.

Einen Physio oder Experten zurate ziehen? Turntrainer haben in dieser Hinsicht einen begrenzten Horizont, der an der Tür zur Trainingshalle endet. Wer sich hinter dieser Tür Rat holen will – bitte schön, aber ohne den Segen der Trainer. Zumindest war das viele Jahre so, inzwischen ist der ein oder andere glücklicherweise auf den Trichter gekommen.

Auch mit meinen Eltern sprach ich nicht über meine Schmerzen. Was hätten sie darauf schon antworten können? Außer: „Dann lass es eben bleiben. Hör doch endlich auf!" Wollte ich das hören? Nein, natürlich nicht. Ich hätte ihnen nicht vermitteln können, warum ich trotz der Dauerschmerzen weitermachte. Wenn ich es mir selbst schon nicht immer vermitteln konnte.

„Ohne Mühe kannst du nicht mal einen Fisch aus einem Teich herausziehen", so die Phrase eines anderen Trainers, als er meine Klage abbügelte. Schönen Dank auch – als ob so ein Kalenderspruch irgendwie helfen würde.

„Jetzt hab dich mal nicht so", ein weiterer Spruch, der einem ständig bei allen möglichen und unmöglichen Gelegenheiten um die Ohren flog. Eine Variante aus dem Repertoire des Abwiegelns und Abtuns: „Sei nicht so wehleidig!" Nicht zu vergessen der großartige Ratschlag: „Du musst die Zähne zusammenbeißen!" Mehr oder weniger unverhohlen der gelegentliche Vorwurf, man würde Schmerzen bloß vorschieben, um sich vor der Trainingslast zu drücken. Solche Vorwürfe waren dazu angetan, Schuldgefühle einzuimpfen. Ich dachte wieder einmal daran, was meine Eltern hatten auf sich nehmen müssen.

Also: nur noch zwei Tage bis zum Abflug und eine Woche bis zum Wettkampfbeginn in Doha in der Wüste, und das mit angeschlagenem Fuß. Nach einem ärztlichen Besuch mit Röntgen- und MRT-Aufnahmen von meinem Fuß bekam ich das Go für die WM unter Schmerzmitteln. Das hieß dreimal täglich eine Ibuprofen 600 einwerfen, um einigermaßen schmerzfrei trainieren zu können. Wir schlossen die WM sehr gut ab: Eli Seitz holte Bronze am Stufenbarren, mit der Mannschaft erreichte ich zum zweiten Mal in meiner Karriere das Mannschaftsfinale. Nach einem nicht so reibungsfreien Wettkampfdurchlauf (der Strom war zwischenzeitlich ausgefallen, wir mussten die Wettkampfhalle verlassen und es kam dadurch zu längeren Wartezeiten) wurden wir Achte in der Teamwertung.

Am Tag nach dem letzten Wettkampf, als ich die Ibus absetzte, schnellte der Schmerz katapultartig in den Mittelfuß zurück, das heißt eigentlich aus ihm heraus durch den Körper nach oben. Ich konnte nicht auftreten, ließ mich aufs Bett fallen, hatte das Gefühl, der Fuß würde abfallen. Vielleicht müsste er sogar abfallen, damit dieser abartige Schmerz endlich aufhörte. Der Balkenabdruck blieb als Souvenir für einige Tage, der Schmerz tobte. In den nächsten sechs Monaten wachte ich jeden Morgen mit dem Schmerz im Fuß auf. Keiner, der den Unfall und die Folgen mitbekommen hatte, fragte mal nach, wie es mir ging. Fuß an den Balken geknallt – Pillepalle. Den Fuß ließ ich nur ab und zu behandeln, denn der Schmerz ließ ja peu à peu nach, immerhin, und irgendwann hatte er es aufgegeben, mich weiter zu drangsalieren.

Ich bekämpfte ihn, wie andere Turner ihre Schmerzen und Wehwehchen: laienhaft, mit Hausmitteln wie Salbenverbänden. Der Schmerz kommt und geht, kommt an derselben Stelle wieder (… das darf doch nicht wahr sein …), zwickt und zwackt an einer ganz anderen Stelle, und manchmal scheint das ganze System außer Kontrolle zu geraten. Ich sah Turnerinnen, die so verzweifelt waren, dass sie sich mit allen zur Verfügung stehenden Schmerzmitteln zuballerten, weil sie sich nicht mehr anders zu helfen wussten. Keine spricht offen darüber. Man wühlt im Internet, greift diesen und jenen Tipp aus der Umkleide auf, folgt der Empfehlung des Trainers, ruhig etwas einzuwerfen. Ist doch nur zu deinem Besten. Wirst dich besser fühlen. Im Grunde alles völlig harmlos! Es gibt Trainer, die es gar nicht gern sehen, wenn man bei einer Verletzung den Arzt aufsucht. Es könnte ja sein, dass der die Empfehlung ausspricht, den nächsten Wettkampf auszulassen. Spricht der Arzt tatsächlich eine solche Empfehlung aus, kommt es vor, dass der Trainer mit dem Arzt feilscht. „Das ist aber ein besonders wichtiger Wettkampf. Können wir uns wenigstens darauf einigen, dass wir nur die Belastung im Training reduzieren? Oder wir nur das trainieren, was nicht wehtut?" Was ist bitte so schwer dran zu verstehen, dass keine Belastung nicht bedeutet, trotzdem zu belasten?

Ich bilde mir ein, dass ich eine relativ hohe Schmerzschwelle habe, weswegen ich es immer bei den Ibus beließ (was schlimm genug ist). Eine Asiatin kennt keinen Schmerz oder so ähnlich. Mag was dran sein. Oder, das will ich nicht ausschließen: Vielleicht bin ich im Verdrängen ganz weit vorn.

Um eines klarzustellen: Nie habe ich mitbekommen, dass bei uns irgendwelche verbotenen Substanzen eingenommen worden wären. Dopingkontrollen stehen im Turnen genauso auf der Tagesordnung wie bei anderen Sportarten auch. Was im alltäglichen Leben zu einem kollektiven Aufschrei führen würde und die Einleitung von Verfahren durch Datenschutzbeauftragte nach sich zöge, ist bei uns das Menschen-, das Athletenbild: das transparente Wesen.

Auf der Internetplattform ADAMS (Anti-Doping Administration and Management System) muss ich ein Vierteljahr vorher eintragen, wo ich mich wann aller Wahrscheinlichkeit nach aufhalten werde („Whereabouts"). Dafür ist jeder Athlet selbst verantwortlich, ein Delegieren dieser Aufgabe an eine andere Person im Rahmen dieser Rund-um-die-Uhr-Aufenthaltsbürokratie gilt nicht. Ferner habe ich, sobald ich das sicher weiß, einzutragen, an welchem Tag ich mich wo aufhalte und wie ich telefonisch zu erreichen bin. Eine Abwesenheit von mehr als 24 Stunden vom regulären Aufenthaltsort (beispielsweise meiner Wohnung) ist ebenfalls anzuzeigen. Ganz gleich, ob ich spontan zu einem Training in die Halle fahre oder zum Physio, weil mich die Schulter zwickt, ob ich Lust auf ein Picknick auf der grünen Wiese oder Karten für ein Konzert ergattert habe, ob ich in den Urlaub nach Baiersbronn aufbreche oder zum Strandresort in Phuket. Möglichst genaue Angaben, also am besten gleich mit Zimmernummer, Position des Hotelbettes und denkbaren Fluchtwegen.

Die Mitarbeiterinnen der nationalen Anti-Doping-Agentur NADA oder der WADA, der weltweit agierenden World Anti-Doping Agency – je nachdem, in welchem Land ich gerade unterwegs bin –, kreuzen, natürlich unangekündigt, acht- bis zehnmal im Jahr auf (in einem Olympiajahr gern auch mal öfter und gern auch mal mit einem Bluttest in der Tasche). Sie können jederzeit in die Halle kommen oder bei dir zu Hause klingeln, auch morgens um sechs Uhr. Die frühe Uhrzeit hat wenigstens den Vorteil, dass die Blase nach dem Aufstehen noch voll ist und die Dopingjägerin die geforderten 110 Milliliter Urin schnell in den Becher bekommt. Das Reglement besagt: Treffen sie mich bei der Kontrolle nicht an, muss ich nach einem Anruf der Kontrolleurin innerhalb von einer Stunde auffindbar sein. Verstecken ist also nicht. Hurtig, hurtig. Denn wenn ich innerhalb von 60 Minuten nicht greifbar bin, wird ein sogenannter Missed Test vermerkt. Dann drohen Sanktionen, so ähnlich wie für Kraftfahrer, die gegen die Straßenverkehrsordnung verstoßen und Punkte in Flensburg sammeln. Nur geht es bei uns schneller mit dem Fahrverbot.

Bei einem ersten Verstoß gegen die Meldepflicht gibt es eine Verwarnung, bei einem zweiten innerhalb von 18 Monaten nach dem ersten Verstoß eine mindestens dreimonatige Sperre. Bei einem dritten Verstoß im selben Zeitraum droht eine einjährige Sperre, bei einem vierten folgt der zweijährige Bann. Damit es auch jeder mitbekommt, ist die Veröffentlichung der jeweiligen Sanktion im Verbandsorgan vorgeschrieben.

Sanktionen gibt es auch bei Einnahme von Medikamenten, die auf einer Verbotsliste stehen. Da sie nicht auf dieser Liste stehen, heißt es für viele: Mund auf, Ibus rein.

Wenn ich darüber nachdenke: Meine Schultern plagten mich über viele Jahre hinweg. Falsche Bescheidenheit mal für einen Moment beiseitegelassen: Das waren sogar ziemlich arge Schmerzen. Mal mehr, mal weniger. Viele, viele bunte Smarties also. Die Trainer sagten: „Dann machst du von dieser und jener Übung eben mal weniger, damit du deine Schulter nicht so sehr belastest." Damit war es aber nicht getan. Auf das eigentliche Problem gingen sie überhaupt nicht ein. Als die Schmerzen unerträglich wurden, fand ein Arzt endlich heraus, dass in meiner Schulter einfach nicht genug Platz war. Ein Physio nahm sich der Sache an und behandelte die Ursache von Grund auf, verordnete mir Krafttraining für die Schulter, was ich jahrelang vernachlässigt hatte. Er zeigte mir spezifische Übungen, besonders mit der Kurzhantel und dem Zugapparat. Damit bekam ich die Schmerzen einigermaßen in den Griff, wenn nicht sogar ganz weg nach so vielen Jahren ohne Beratung und Behandlung.

2013 nahm ich erstmals an einer Universiade teil, in der russischen Stadt Kazan an der Wolga. Die Welthochschulspiele werden seit 1959 in zweijährlichem Rhythmus ausgerichtet. Ein wenig wie Olympische Spiele, ebenso geteilt in einen Sommer- und einen Winterwettbewerb, nur eben kleiner und nur für aktive Studenten. Der Wettbewerb ist nicht so verbissen, die Atmosphäre entspannt. Es machte Spaß, ich gewann Bronze am Barren und ebenfalls Bronze mit der Mannschaft. Vier Jahre später, 2017, startete ich ein weiteres Mal bei einer Universiade. Es war die letzte Möglichkeit für mich als Studentin. Es war die 29. Auflage dieses Wettbewerbs, der in diesem Jahr in Taipeh stattfand. Einige Tage vor der Eröffnungsfeier trugen die Offiziellen der deutschen Mannschaft an mich die Bitte heran, beim Einmarsch der Nationen die deutsche Fahne zu tragen. Die fragten mich? Mich, die kleine Kimi. Ich war geplättet. Wow, was für eine Ehre! Und was für eine Frage, natürlich wollte ich das. Einmal im Leben!

Am 19. August, dem Tag des Eröffnungsspektakels, wurden wir in Bussen zum Taipei Municipal Stadium gefahren, wo wir uns zunächst in einer Halle sammelten und auf den Einmarsch warteten. Alle 126 Mitglieder der deutschen Mannschaft in weißen Shirts, orangefarbenen Trainingsjacken, schwarzen Shorts. Ich schon mit der Fahnenstange in der Hand, der Puls in leichtem Angalopp. Plötzlich, nachdem die ersten Mannschaften ins Stadion eingezogen waren, entstand Unruhe in der Wartehalle, etwas lag in der Luft, es brummte wie in einem Bienenstock. Dann die Nachricht, die wie ein Lauffeuer von einer Gruppe zur anderen sprang: Die Eröffnungsfeier ist abgesagt, weil es vor dem Stadion zu Protesten gekommen sei. Was für ein Durcheinander! Fast eine Stunde lang wurden nun ohne jede weitere Erklärung nur noch die Fahnen der 141 beteiligten Länder ins Stadion geschafft, keine Ahnung, wer das für die deutsche Mannschaft übernommen hatte.

War die Situation gefährlich für uns? Um was ging es bei der Demo? Hatte die ganze Sache etwas mit dem Konflikt zwischen Taiwan und der Volksrepublik China zu tun, die zwar an den Wettbewerben teilnahm, aber die Eröffnungsfeier boykottierte? Das hatte in der Luft gelegen. Nicht nur, weil einige Zuschauer Taiwans Nationalflagge schwenkten, sondern auch, weil im Stadion Taiwans Präsidentin Tsai Ing-wen als oberste Repräsentantin eines Landes anwesend war, das nach chinesischer Lesart nicht existiert.

Im offiziellen Medienhandbuch der Universiade, das ich mir auf dem Hinflug durchgelesen hatte, wurde die

Bezeichnung „Chinese Taipei“ nicht nur für das Team verwendet, sondern gleich für die ganze Insel Taiwan. Nach Protesten ließen die Veranstalter das Handbuch neu drucken, nun hieß der Inselstaat wieder „Taiwan“.

Heikles politisches Terrain. Kein Wunder, dass unser Team vor Antritt der Reise eine spezielle Taiwan-Schulung verpasst bekam. Was mir vor allem in Erinnerung geblieben ist: Wir sollten immer von der „Kulturregion“ reden und Taiwan weder als unabhängiges Land noch als zu China gehörig bezeichnen. Grundregel: Zurückhaltung bei allen politischen Fragen und Themen.

Der Grund für die Tumulte vor dem Stadion während der Eröffnungszeremonie war allerdings, wie ich später erfuhr, gänzlich anderer Natur: Die Menschen protestierten gegen eine Reform des taiwanesischen Pensionssystems. Aber wie dem auch sei: Der Einmarsch der Mannschaft mit mir als Fahnenträgerin vorneweg war damit verhindert. Einmal im Leben …

Keiner wusste, wie es weitergehen sollte. Auf einmal hieß es: alle rein ins Stadion. Über 7000 Athleten auf einen Schlag ergossen sich in die Arena, kunterbunt, ohne Marschordnung, wegen der Unterbrechung war der Zeitplan völlig durcheinandergeraten. Einen Moment lang überwog die Enttäuschung, dann registrierte ich neben mir einen deutschen Athleten, den Speerwerfer Andreas Hofmann. Als ich zu ihm aufschaute, kam mir ein Gedanke: „He, du bist so groß, ich bin so klein. Wie wäre es, wenn du mich auf deine Schultern nimmst?“

Er lachte. „Klar, das kriegen wir hin.“

Irgendwer reichte mir eine deutsche Fahne, und so wurde ich inmitten des bunten Trubels doch noch Fahnenträgerin unseres Teams. Ein kleiner großer Moment.

Einen Tag vor dem Wettkampf im Taipei Nangang Exhibition Center stürzte ich beim Training vom Stufenbarren, landete unglücklich auf dem Fuß. Der schwoll derart an, dass das Fußgelenk nur noch zu erahnen war und bald in den abenteuerlichsten Farben schillerte; eine Art Regenbogen, nur nicht so fröhlich. Später stellte sich heraus, dass das Syndesmoseband gerissen war, das für die Stabilität der Sprunggelenkgabel verantwortlich ist. Vielleicht ganz gut, dass ich das bis zum Wettkampf nicht erfuhr, nach dem Motto: Was ich nicht weiß, macht mich nicht heiß … Schmerz hin, Schmerz her. Ich gewann die Silbermedaille am Stufenbarren, und mit der Mannschaft belegten wir den vierten Platz.

Während des Wettkampfes machen sich Schmerzen eher weniger bemerkbar. Das liegt am Adrenalin, an der Freude auf den Wettkampf, an dem Erwartungsdruck, wenn Tausende Augenpaare auf einen gerichtet sind. Am Stolz darüber, ausgewählt zu sein, den Adler auf dem Turnanzug tragen zu dürfen und sein Land zu repräsentieren.

Und dann der kaum zu beschreibende Moment der Befriedigung, wenn man nach dem Abgang wieder den Boden berührt, wenn alle Anspannung von einem abfällt, dieser magische Moment, wenn die Füße den sicheren Boden berühren und der Gedanke ins Bewusstsein schießt: Du hast es geschafft, du kannst nicht mehr fallen! Ein köstlicher Augenblick, ein Augenblick unendlicher

Erleichterung, der, obwohl nur Sekundenbruchteile anhaltend, sich unendlich in die Länge zu ziehen scheint. Den man gern einfrieren würde, um ihn immer wieder, wenn einem danach ist, abrufen zu können. Schmerzen und Qualen sind in diesem Moment vergessen, das Extreme, das Risiko – es hat sich für diesen Moment gelohnt.

Aber das Triumphgefühl dauert nur wenige Wimpernschläge. Dann schleicht sich umgehend der Gedanke ein: Hätte ich es vielleicht noch besser hinbekommen können? Und mit diesem Gedanken kehrt der Schmerz zurück, der mit dem Kopf für die Dauer der Übung eine Art Waffenstillstand geschlossen hatte.

Aber nach der Meisterschaft ist vor der Meisterschaft, nach Taipeh ging es zur Weltmeisterschaft nach Montreal. Die üblichen Durchhalteparolen der Trainer hatte ich verinnerlicht. Ich legte nicht die angeratene Pause ein, sondern tapte den Fuß, um die Schmerzen einigermaßen in Schach zu halten. Erst nach der Rückkehr aus Kanada nahm ich die Behandlung in Angriff. Noch heute meldet sich der Schmerz bisweilen an dieser Stelle zurück. Klingt das jetzt weinerlich?

Viele Schmerzen hätten uns Turnerinnen erspart werden können, wenn unsere Trainer die Arbeit der Physiotherapeuten nicht nur anerkannt, sondern diese eingebunden hätten. Eine solche Zusammenarbeit beugt Verletzungen vor, sie sind schneller auskuriert. Aber noch immer gibt es Trainer, die die Physios nicht ernst nehmen, die sie sogar als eine Art Bedrohung ansehen. Angesprochen auf Verletzungen und Regeneration ist eine der Trainerstandardreaktionen: „Du bist aber eine Übervorsichtige“ oder „Wenn es nicht mehr weh tut, kannst du ja ruhig wieder etwas mehr belasten.“

Ja – es ginge mehr, wenn es endlich Standard wäre, dass verschiedene Fachleute zusammenarbeiten, an einem Strang ziehen. Was aus der Sicht der Physios noch nie ein Problem war. Ebenso aus der Sicht der Athletiktrainer, deren Aufgabe es ist, sich im Idealfall gesondert um Kraft- und Konditionstraining zu kümmern. Deren Arbeit interessierte die Turntrainer lange Zeit nicht die Bohne. Für sie zählte ausschließlich das Training in der Turnhalle. Mit den Athletiktrainern auf Augenhöhe arbeiten zu können, mit ihnen gemeinsam Trainingspläne zu erarbeiten, ist eine Wohltat. Gerade bei meinen schweren Verletzungen, die das Ende meiner Laufbahn hätten bedeuten können, habe ich den Athletiktrainern und den Physios unendlich viel zu verdanken.

Ach, habe ich übrigens schon erwähnt, dass ich heute noch keine Schmerzen verspürt habe?

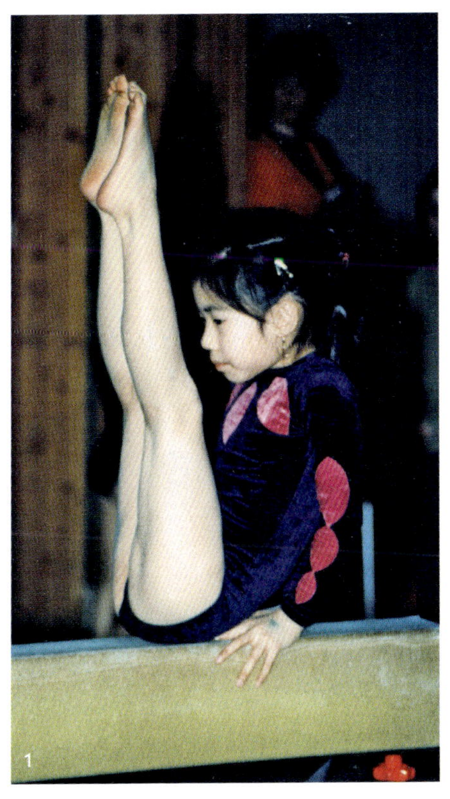

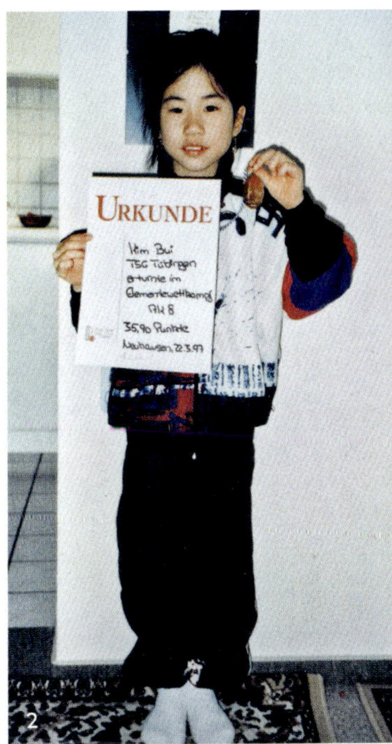

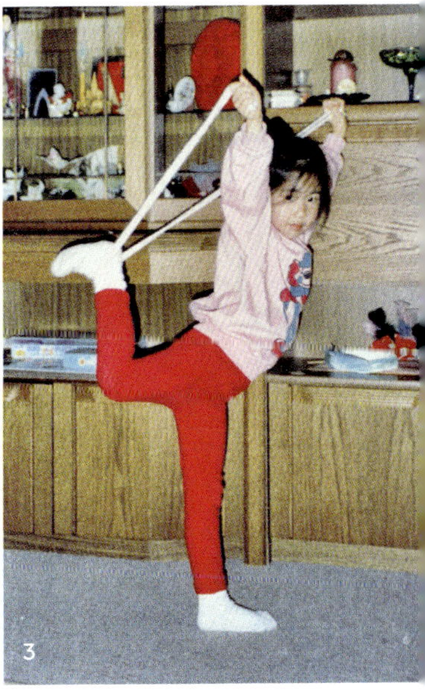

1 Die Anfänge meiner Turnkarriere: Diesen ersten Vereinsanzug – samtiges Dunkelblau mit pinken Tropfen – halte ich bis heute als Andenken in Ehren. **2** Meine allererste Medaille bei einem Wettkampf – für die TSG Tübingen. **3** Als Kind tobte ich zu Hause viel rum. Da lag Turnen irgendwie nahe.

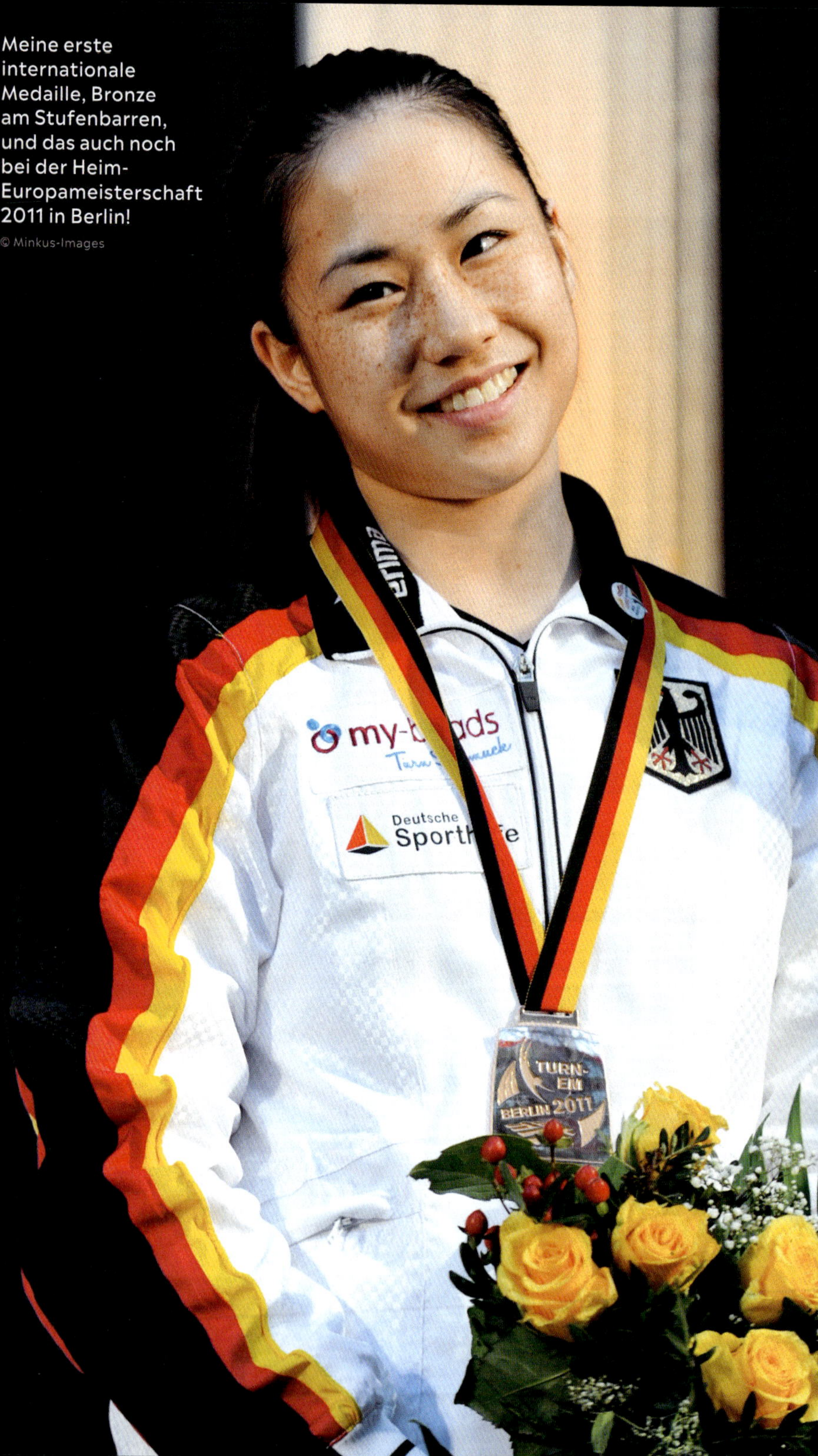

Meine erste internationale Medaille, Bronze am Stufenbarren, und das auch noch bei der Heim-Europameisterschaft 2011 in Berlin!

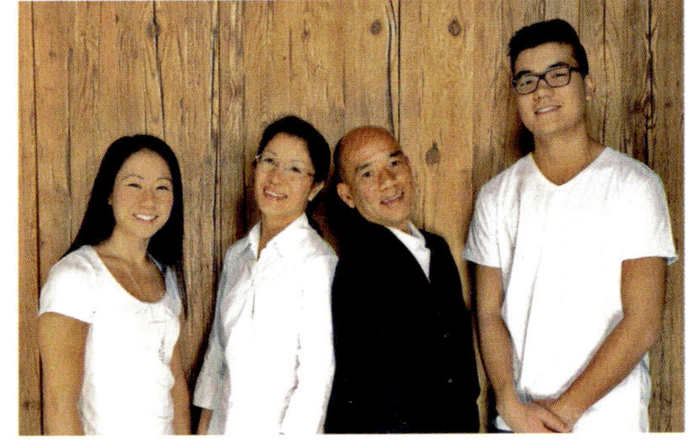

Für ihre Unterstützung bin ich unglaublich dankbar: meine Mama, mein Papa, mein Bruder Tan.

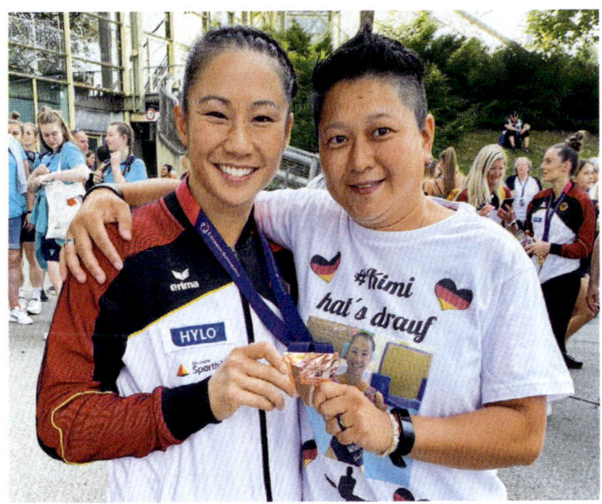

Mein treuester Fan, Cousine Loan. Sie hatte für meinen letzten Wettkampf bei der EM in München T-Shirts drucken lassen, auf denen zu lesen war: »Kimi hat's drauf«.

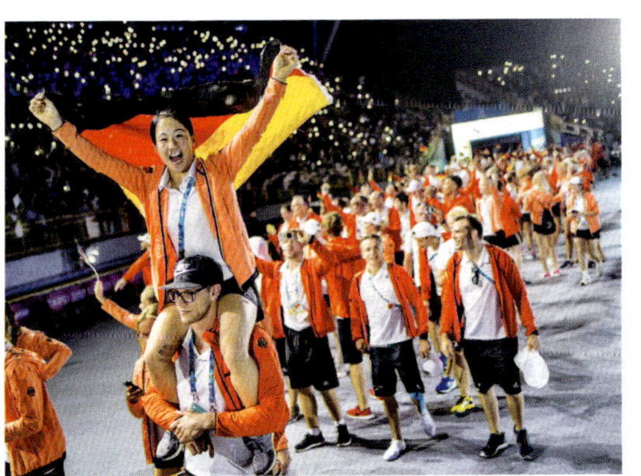

Als Fahnenträgerin der etwas anderen Art bei der Universiade 2017 in Taiwan. Speerwerfer Andreas Hoffmann hob mich kurzerhand auf seine Schultern, von dort hatte ich eine wunderbare Aussicht.

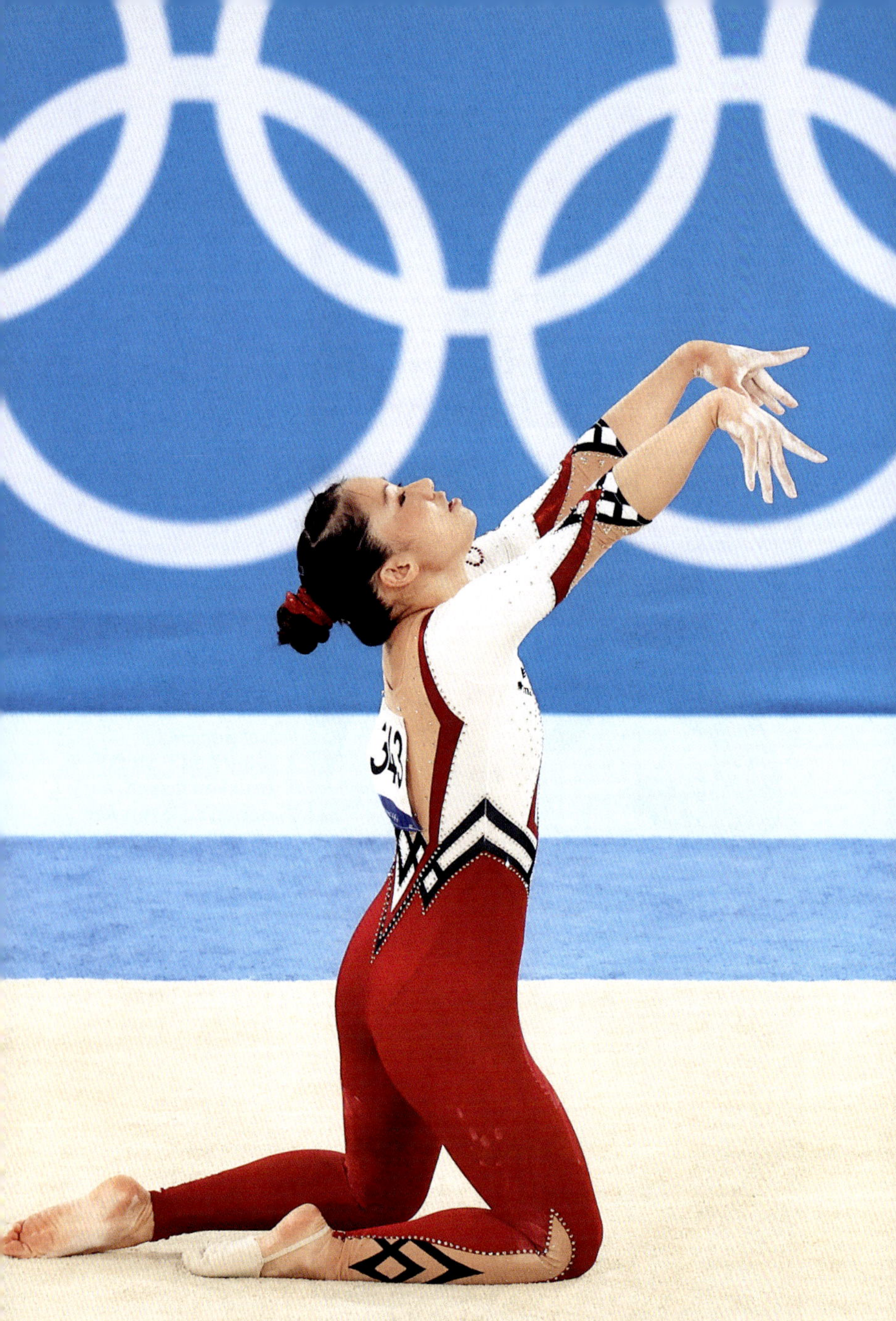

Beim Qualifikationswettkampf der Olympischen Spiele 2021 trugen wir unsere langbeinigen Anzüge, die sogenannten Unitards.

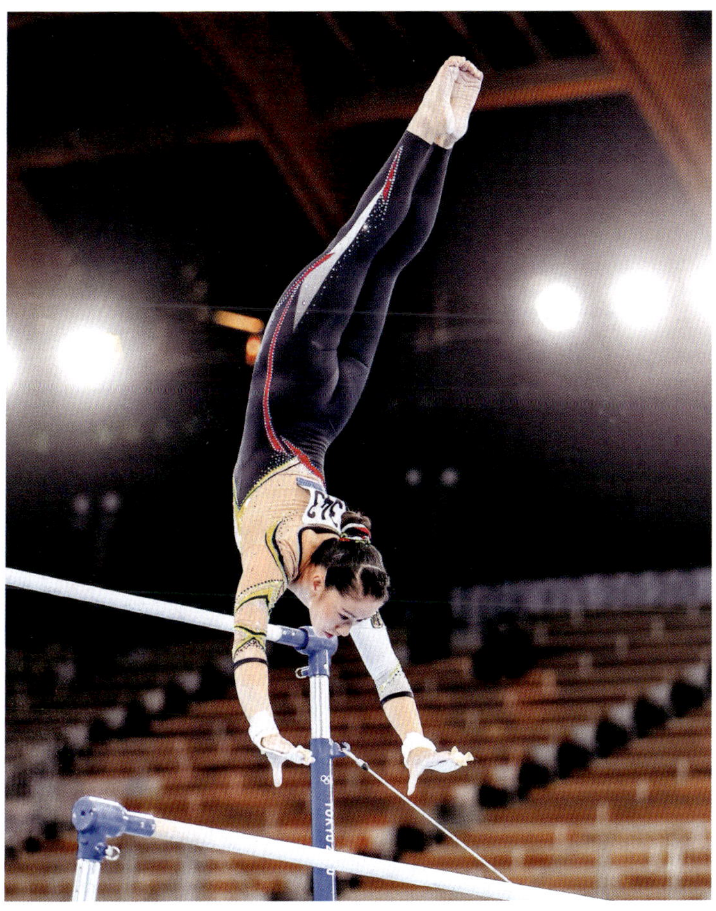

Der Barren war das vorletzte Gerät im Mehrkampffinale der Olympischen Spiele in Tokio 2021. Hier turne ich den Pak-Salto, eines meiner Lieblingselemente.

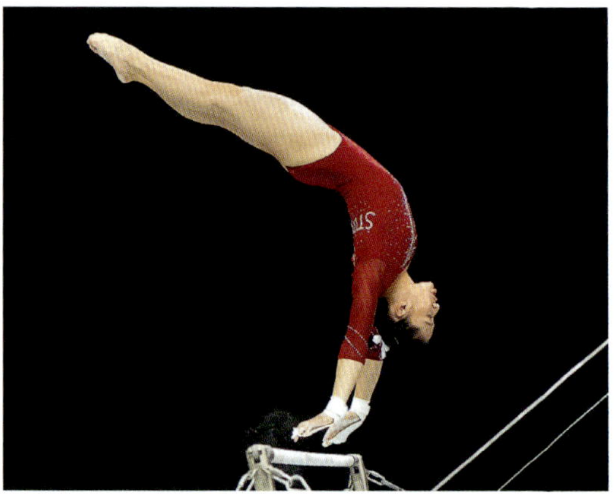

Absolute Spannung und Körperbeherrschung, von den Fingerspitzen bis zu den Fußspitzen. Jahrelanges Training und immer wieder üben, üben, üben!

© Dirk Reps

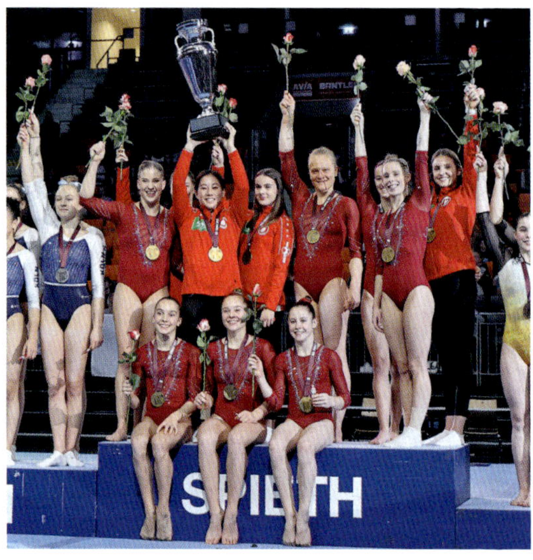

»Der große Rote, das sind wir, und diesen Wettkampf rocken wir« – unser Schlachtruf vor jedem Wettkampf. Wir sind das erfolgreichste Bundesligateam der Deutschen Turnliga, und seit es die Mannschaft gab, turnte ich für den MTV Stuttgart: 14-facher Deutscher Mannschaftsmeister, davon elfmal in Folge in den letzten Jahren.

© Qingwei Chen

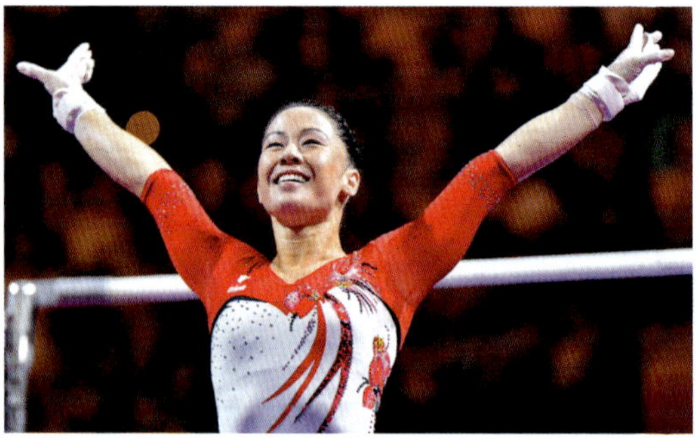

Nach meiner letzten Übung bei der EM in München lande ich sicher und reiße die Arme hoch – ich weiß, das war der Schlusspunkt meiner Turnkarriere.

© imago / Michaela Merk

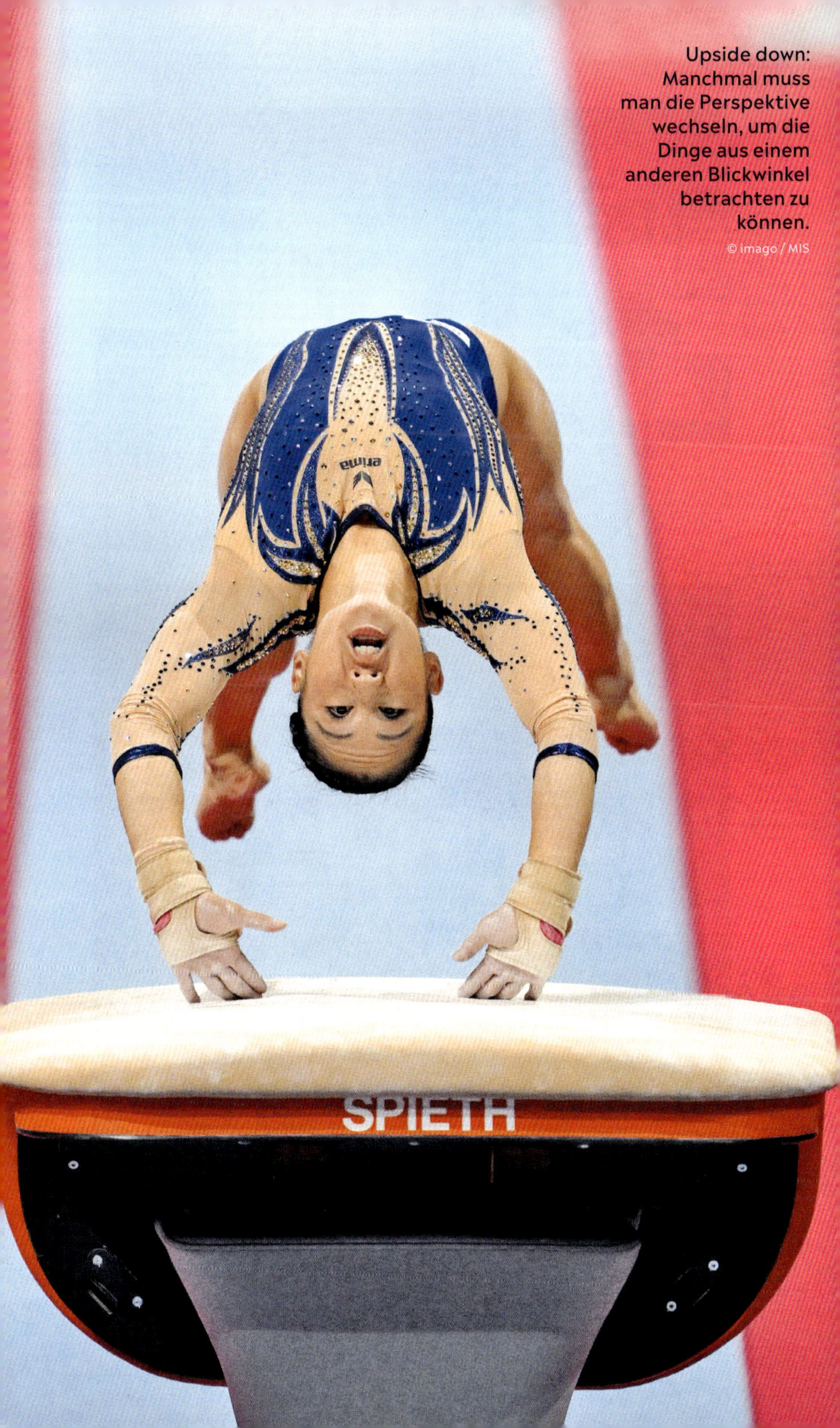

Upside down: Manchmal muss man die Perspektive wechseln, um die Dinge aus einem anderen Blickwinkel betrachten zu können.

© imago / MIS

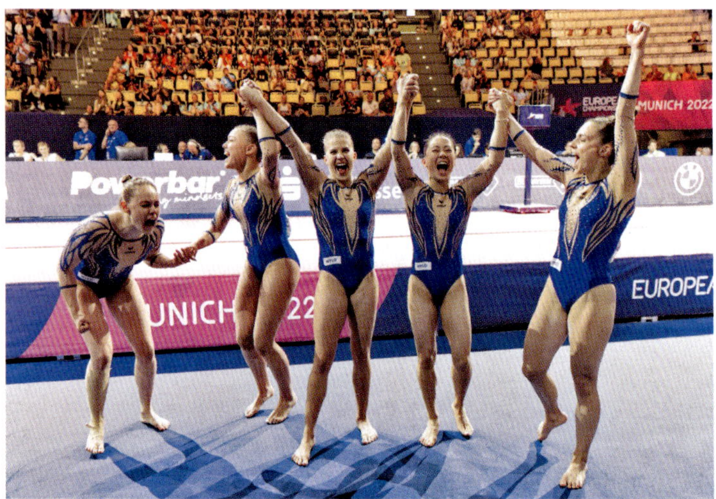

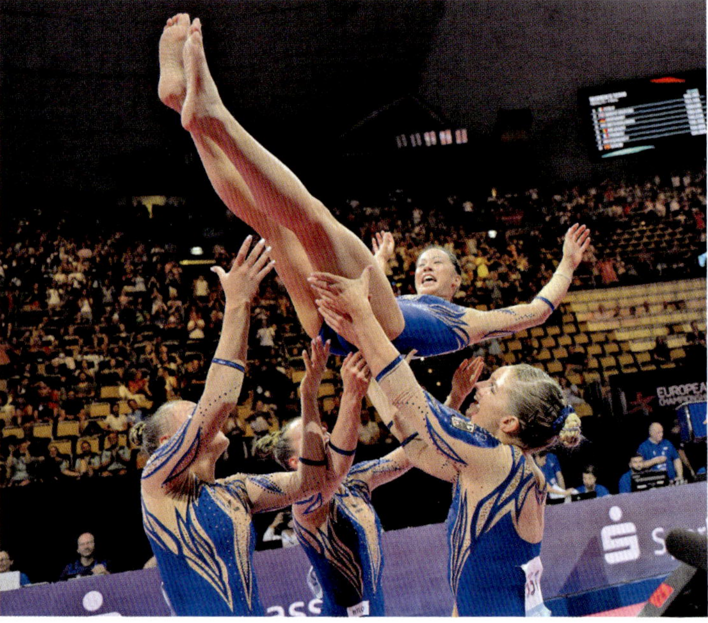

Emotionen pur! Der Moment, als klar war, dass wir als Frauenteam zum ersten Mal in der deutschen Turngeschichte Bronze bei einer EM gewonnen hatten! Wenn das Team dich hochwirft, ist das schön wie fliegen!

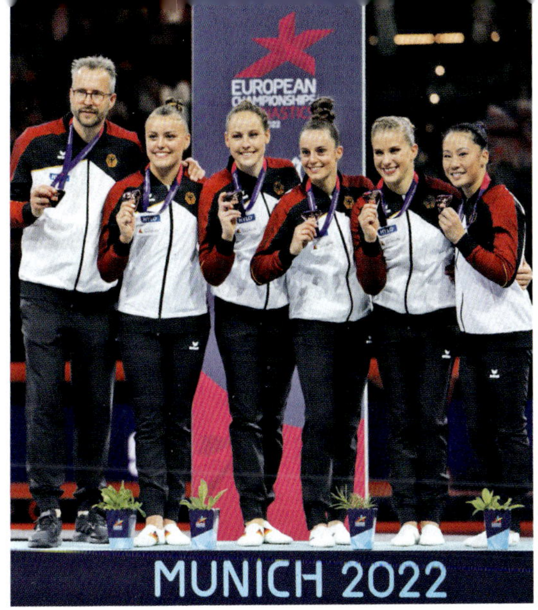

Der krönende Abschluss: Siegerehrung nach dem Mannschaftsfinale bei der EM 2022 in München. Bundestrainer Gerben Wiersma, Emma Malewski, Sarah Voss, Pauline Schäfer-Betz, Elisabeth Seitz und ich.

© Getty / Weller

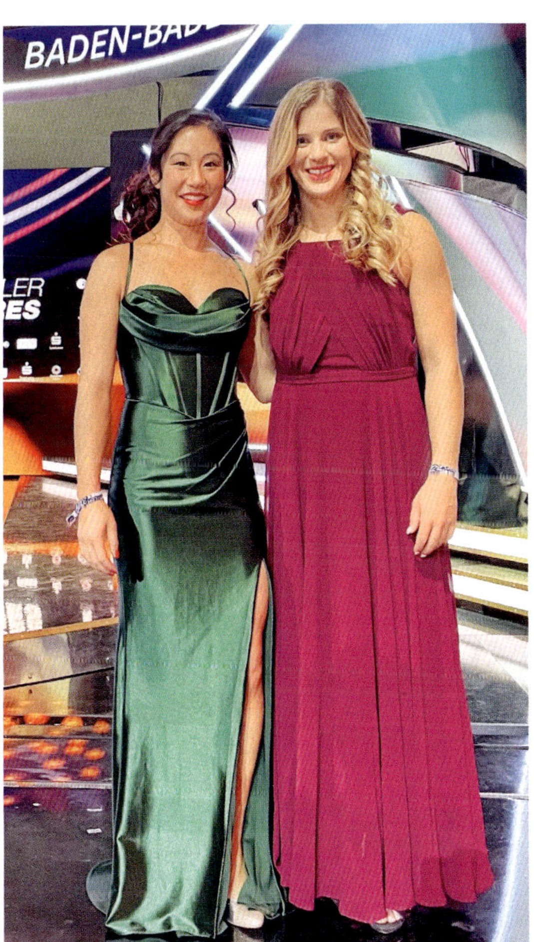

Eli Seitz hat mich von allen Turnerinnen am längsten in meiner Turnkarriere begleitet. Seit 2009 waren wir gemeinsam bei Wettkämpfen unterwegs, und manchmal tauschen wir unser Turndress auch gegen ein schickes Abendkleid, wie hier bei der Gala »Sportler des Jahres 2022«.

© privat

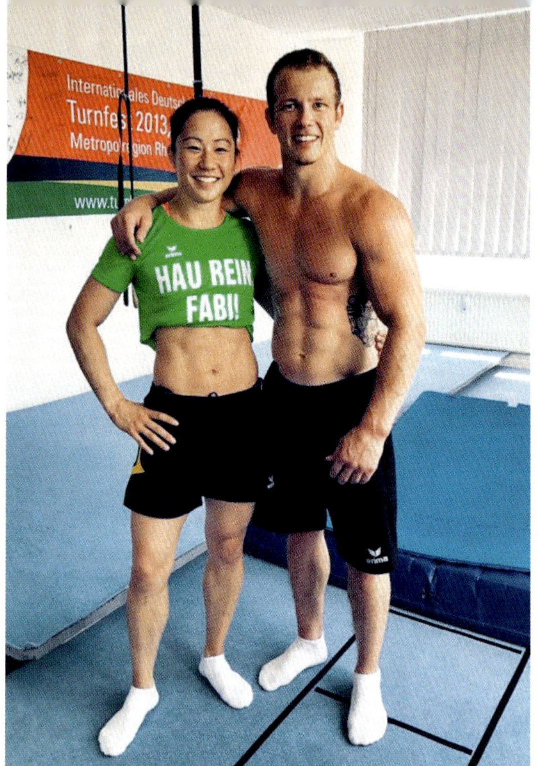

Fabian Hambüchen aka Maschine! Er hat mich durch meine gesamte Karriere begleitet und immer ein offenes Ohr für mich – Danke dafür!

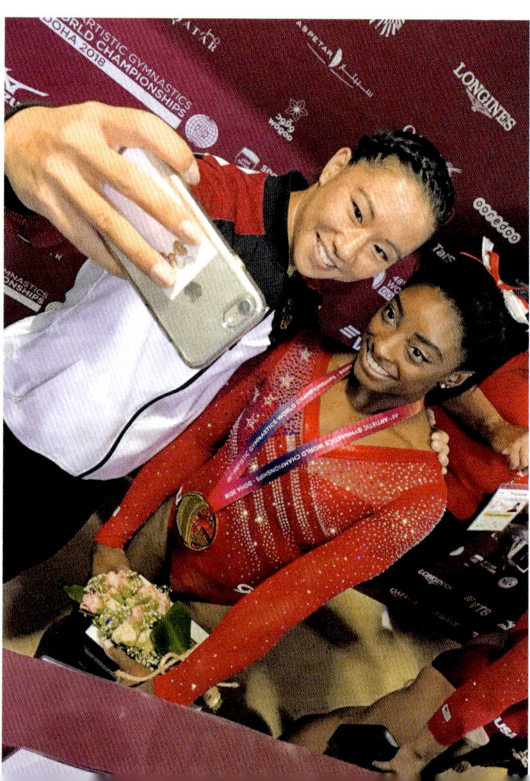

Fangirl-Moment: Selfie mit Turn-Superstar Simone Biles bei der WM 2018 in Doha.

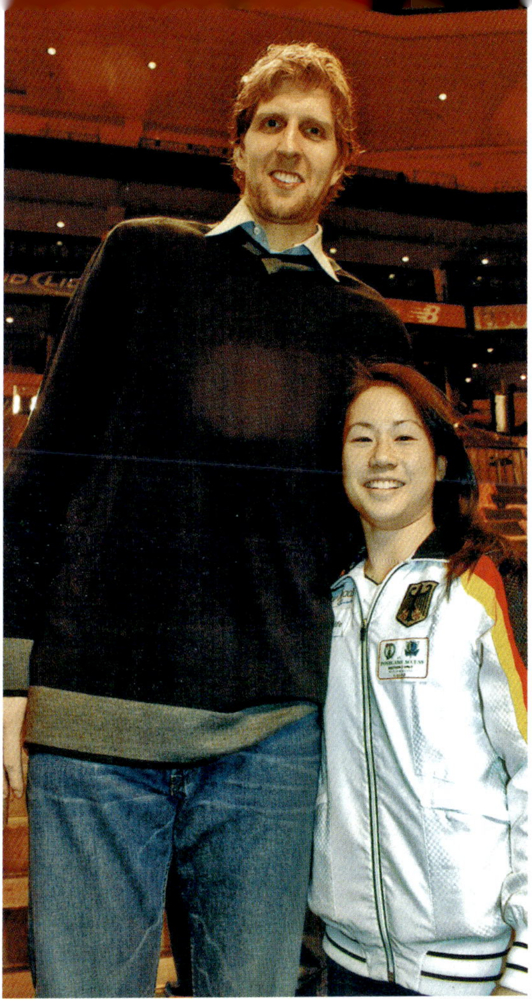

Beim Trainingslager mit der Nationalmannschaft 2012 in Boston, wo zufällig die Boston Celtics gegen die Dallas Mavericks spielten. Kurzerhand organisierte unser Physio ein Meet&Greet mit Dirk Nowitzki.

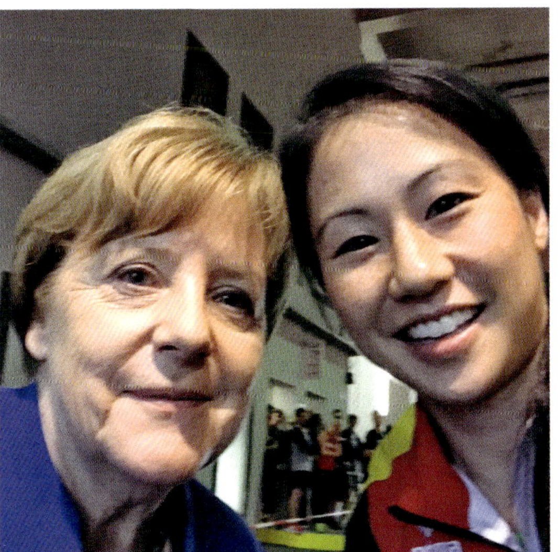

Mehrmals habe ich unsere ehemalige Bundeskanzlerin Angela Merkel treffen dürfen. Bei der Verabschiedung von Fabian Hambüchen im Berliner Olympiastadion 2017 konnte ich ein Selfie mit ihr in den Katakomben machen.

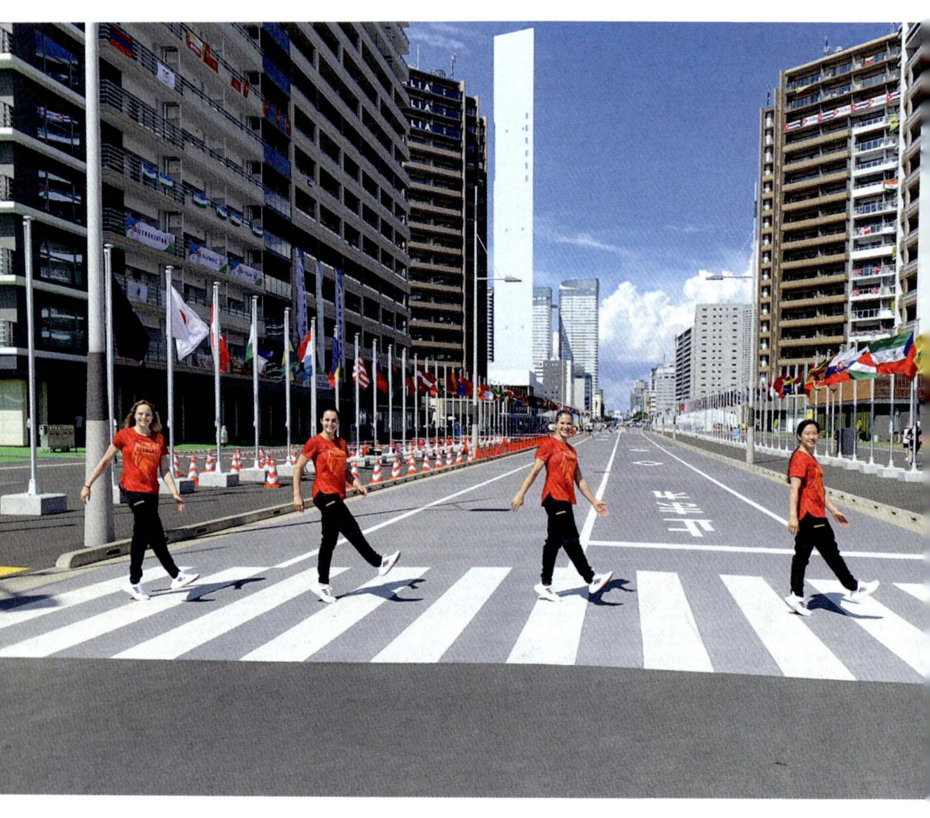

»Abbey Road« in Tokio: Sarah, Pauline, Eli und ich spazieren durch das Olympische Dorf, die Straße gesäumt mit den Fahnen aller Nationen. © privat

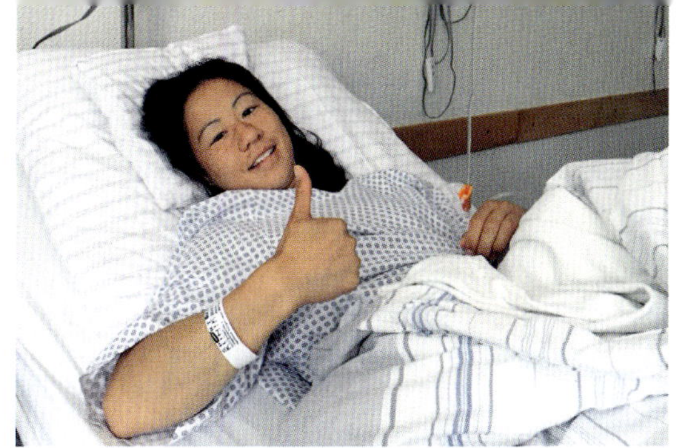

Rückschläge gehören zum Sport irgendwie dazu: Krankenhausaufenthalt nach der OP meines zweiten Kreuzbandrisses.

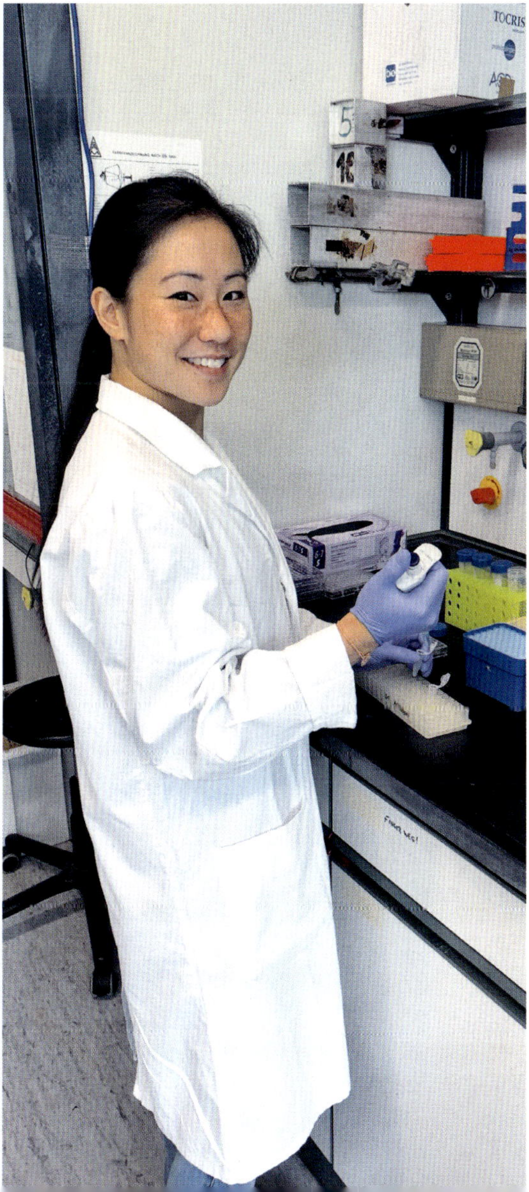

Während meines Studiums der Technischen Biologie stand ich viel im Labor. Auch wenn ich mit dem Abschluss nicht unbedingt sofort etwas anfange, bin ich froh, ihn zu haben!

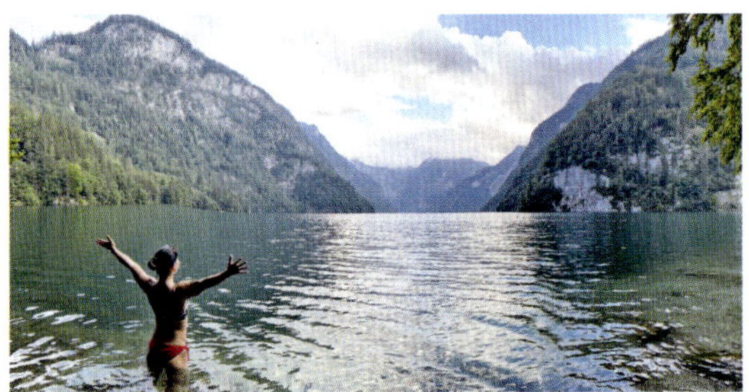

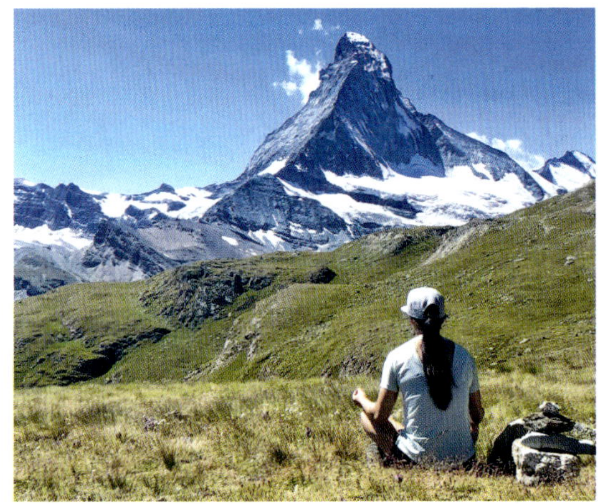

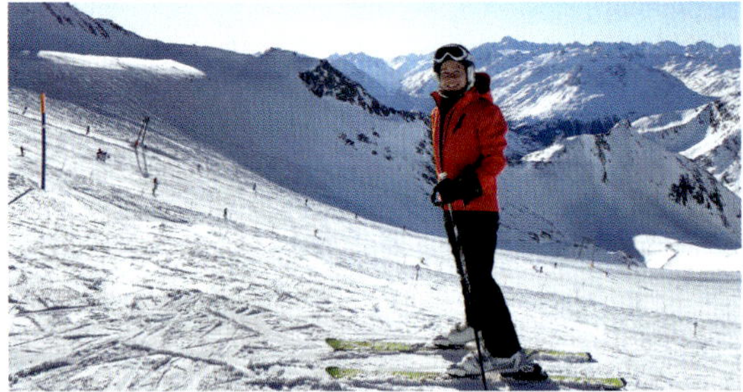

Während meiner Turnzeit gab es wenig Urlaub, die Tage waren streng getaktet. Nun genieße ich meine neu gewonnene Freiheit. Ich bin gern in der Natur. Das Skifahren war immer mit einem gewissen Risiko verbunden, endlich kann ich ganz unbeschwert fahren.

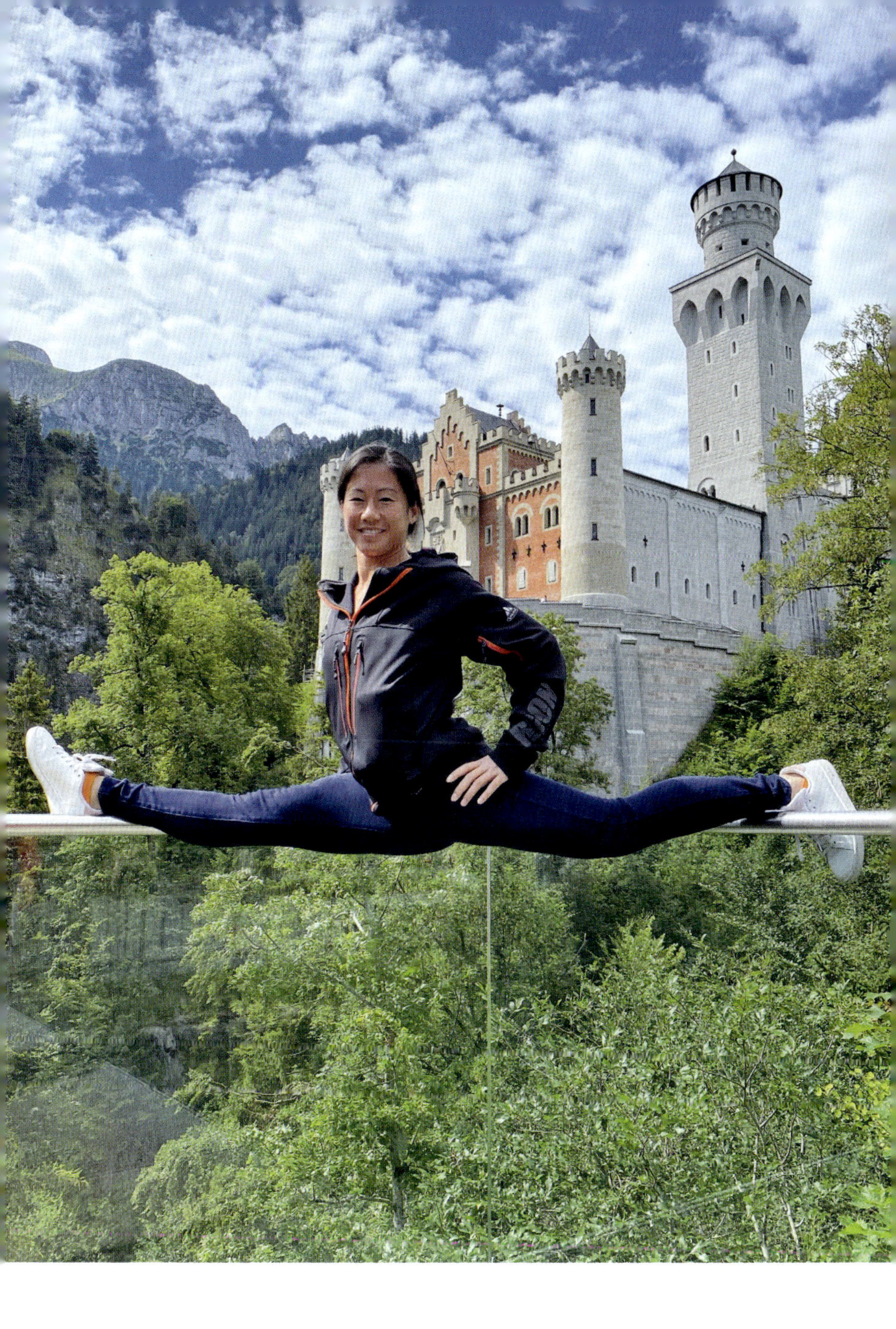

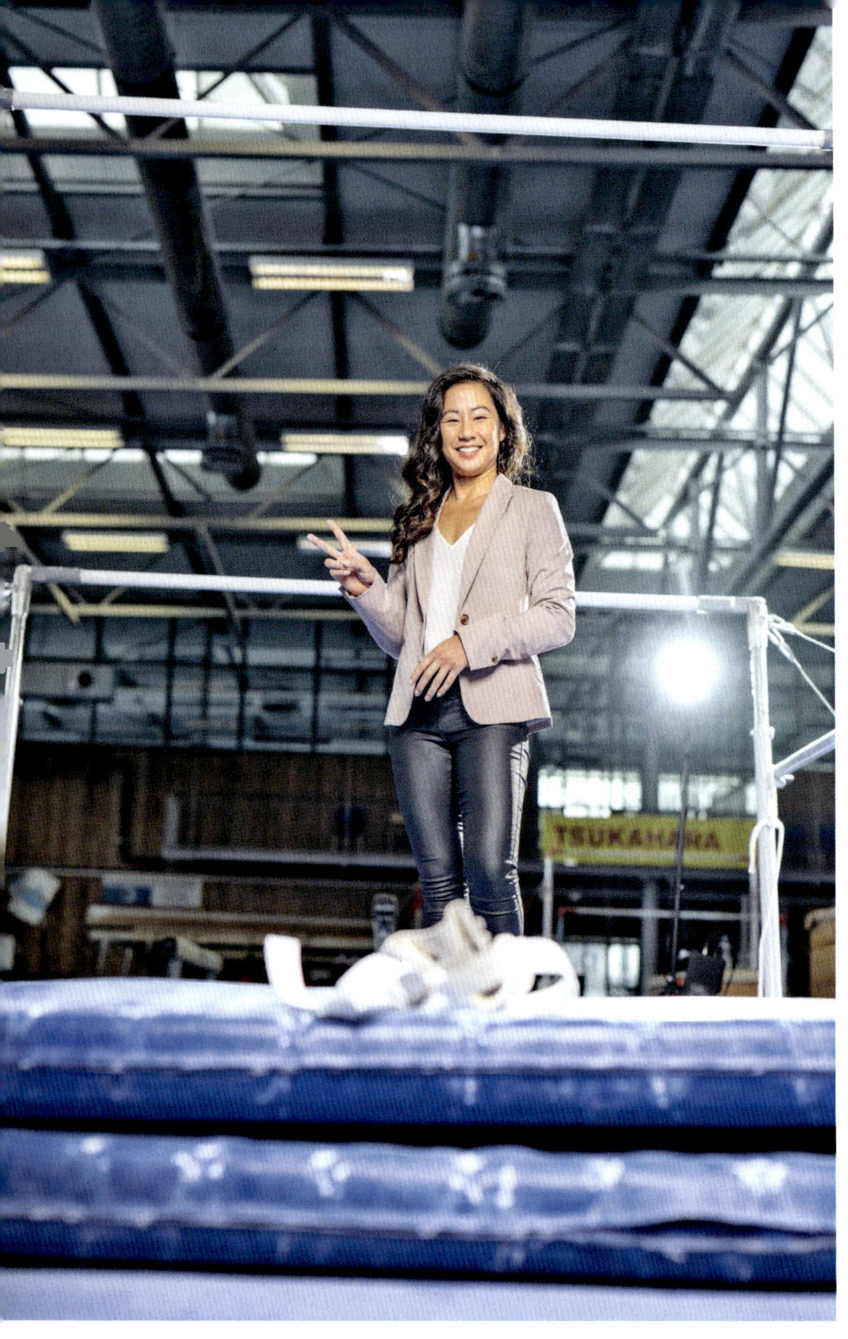

Mein Turnleben liegt hinter mir – ich freue mich auf das, was jetzt kommt. © Heiko Potthoff

Kapitel 6

ALLES ODER NICHTS

Jedes Unglück hat seine Vorgeschichte, jedes Unglück wirft seine Schatten voraus. Einiges an Unglück könnte vermieden werden, wenn wir die Augen nicht vor den Tatsachen verschließen würden.

Im Winter 2009 fing ich an zu studieren. Mein Abiturzeugnis mit der Gesamtnote 1,9 hatte mein Vater mit den Worten kommentiert: „Gut gemacht", um hinzuzufügen: „Jetzt studierst du aber oder erlernst einen Beruf." Er meinte damit: Jetzt hast du dich lange genug ausgetobt, jetzt wird es Zeit, etwas Solides auf die Beine zu stellen. Das war mir sofort klar, aus der Nummer würde ich nicht herauskommen, dazu kannte ich meinen Vater zu gut.

Ich schrieb mich also an der Universität Stuttgart für Technische Biologie ein, nachdem ich bei den Europameisterschaften in Mailand den fünften Platz im Sprung erreicht hatte. Es waren jene Titelkämpfe gewesen, bei denen es Fabian Hambüchen als erstem Deutschen in der 54-jährigen Geschichte der Turneuropameisterschaften gelungen war, Gold im Mehrkampf zu gewinnen. Noch bevor ich den Hörsaal betrat, ging es zu den Weltmeisterschaften nach London in die O_2-Arena im Stadtteil Greenwich, nach meinem Geschmack eine der imposantesten Veranstaltungsstätten weltweit.

Kurz danach musste ich mich parallel zum Training und den Wettkämpfen damit herumschlagen, welche biologischen Syntheseprozesse ein Chitinskelett bedingen, wie Pflanzen auf den Klimawandel reagieren und wie Proteine in Mitochondrien gelangen. Ich empfand es als Pflicht meinen Eltern gegenüber, mich in das Studium hineinzuknien; sie sollten nicht denken, es sei nur zweite Wahl für mich, ich würde nur ihnen zu Gefallen studieren. Aber natürlich hinkte ich dem Stoff hinterher, weil mir das Turnen genauso wichtig, nein, ehrlich gesagt, wichtiger war. Desto mehr Perfektion verlangte ich dem Turnen ab, je mehr ich das Studium vernachlässigte.

Von den Ergebnissen her war alles top. Nach der Weltmeisterschaft in London sahnte ich im November 2009 beim Weltcup in der Porsche-Arena in Stuttgart ab: Gold am Stufenbarren, Silber am Boden, Bronze am Sprung.

Heute frage ich mich: Wie hast du damals glauben können, beides, Turnen und Studium, unter einen Hut bringen zu können, allein zeitlich, aber auch von der Konzentration her? Mindestens 30 Stunden Training die Woche und mindestens genauso viel Zeit fürs Studium aufgebracht. Locker eine 60-Stunden-Woche. Es war ein täglicher Spagat zwischen zwei gänzlich unterschiedlichen Welten. Eine trübe Erinnerung schwappt herüber, dass ich mich in diesen Wochen und Monaten gestresst, erschöpft, ja bisweilen richtig ausgebrannt gefühlt hatte. Das Feuer in mir wachzuhalten, fiel mir schwerer und schwerer.

Aber ich verdrängte alle Signale und hetzte den Saisonhöhepunkten des Jahres 2010 entgegen – den Europameisterschaften, die in Birmingham stattfinden würden, und den in Rotterdam angesetzten Weltmeisterschaften. Währenddessen schwirrten in meinem Kopf Fragen zur Bioinformatik und Bioverfahrenstechnik und ich tauschte den Trainingsanzug in fliegendem Wechsel mit dem weißen Kittel fürs Labor.

Im Februar 2010, draußen nasskaltes Schmuddelwetter, fühlte ich mich platt wie selten zuvor. Dem Duracellhäschen entwich die letzte Energie. Im Kunst-Turn-Forum mühte ich mich mit einer Verbindung am Boden ab: Überschlag, Salto vorwärts gestreckt mit Doppelschraube und noch den Sissonesprung drangesetzt. Bei diesem Element, das auch im Ballett bekannt ist, erfolgen auf einen beidbeinigen Absprung eine spagatartige Spreizung der Beine und eine abschließende Landung auf dem Standbein, während das andere Bein nach hinten gestreckt wird.

„Kiiim, das war nicht gut. Musst du noch mal machen."

Nein, nein, nein. Doch, doch, doch.

Nein, ich würde die Trainerin an diesem Tag nicht zufriedenstellen können. Doch, ich musste das hinbekommen, irgendwie, denn ich wollte nur noch raus aus der Halle. Heraus aus dieser Hölle. Die Halle kotzte mich nur noch an. Halle, Hölle, heimgehen. Hölle, Hölle, Hölle. Nichts sehnte ich mehr herbei als mein Bett. Ich fühlte mich wie ein Malocher, der dem Ende seiner Schicht entgegenfiebert. Ich dachte an das Seminar am nächsten Vormittag, das ich unter keinen Umständen sausen lassen durfte, die nächste Klausur stand auf dem Spiel.

Überschlag, Salto vorwärts mit Doppelschraube, Sissonesprung drangesetzt.

„Kiim, was ist los mit dir? Das wird von Mal zu Mal schlechter. Noch einmal!"

Kopfschüttelnd drehte die Trainerin mir den Rücken zu und fluchte leise vor sich hin.

Ich wollte mich nur noch in mein Bett werfen, das Gesicht im Kopfkissen vergraben und alles um mich herum vergessen. Würde die mich noch bis Mitternacht quälen? Midnight Express in Stuttgart-Bad Cannstatt.

Fehlte nur noch der Regieassistent am Rand der blauen Matte mit einer Klappe in den Händen, so, wie man das vom Film her kennt. Überschlag, Salto vorwärts mit Doppelschraube, Sissonesprung drangesetzt die Vierunddreißigste: und noch einmal, bitte.

Zur sechsunddreißigsten Klappe sollte es nicht kommen.

Ich konnte die Doppelschraube nicht komplett ausdrehen und landete schlecht auf dem Boden. Eine Art Doppelschnalzen sirrte durch die Luft, ein Geräusch, das durch Mark und Bein ging, der Sound zum schlimmstdenkbaren Unfall. Statt Trommelwirbel dieses Doppelschnalzen.

Ich schrie auf, wälzte mich auf der Matte, schrie wie von Sinnen. Mir war augenblicklich klar, dass mit meinem linken Knie nicht nur etwas nicht stimmte, sondern dass es vielleicht richtig im Arsch war. Tamara schaute bestürzt, sprang herbei, kniete sich neben mich, hielt mir die Hand, strich mir eine Haarsträhne aus dem Gesicht, wischte mir mit ihrem Ärmel die Schweißtropfen von der Stirn, wusste in diesem Augenblick auch nicht mehr zu sagen als „Wird schon nicht so schlimm sein". Ein anderer Trainer telefonierte den Krankenwagen herbei. Ich wurde ohne Umwege in die Sportklinik nach Bad Cannstatt gebracht, wo ein Arzt mein Knie abtastete. Sein Gesichtsausdruck verriet nicht, ob ich mir gegen meine Erwartung vielleicht doch nur eine harmlose Zerrung zugezogen hatte …

Ab zum Röntgen. Obwohl das Knie tierisch schmerzte, drückten sie mir Krücken in die Hand, auf denen ich zum Röntgenzimmer humpelte. Dann konnte das wohl nicht so schlimm sein, oder? Ansonsten hätten sie mich doch auf einer Trage mit Blaulicht und Infusionsschläuchen dorthin geschoben. Als ich den linken Fuß beim Sitzen auf der Röntgenbank kurz aufstellte, gab das Knie ein bizarres Knirschen von sich, nicht so dramatisch wie kurz davor das Geräusch in der Turnhalle. Aber nach diesem Geknirsche gab es für mich kein Vertun mehr: Das ist die übelste Verletzung deiner Laufbahn.

Das Röntgenbild dokumentierte lediglich, dass die Knochen in Ordnung waren, immerhin. Aber den eigentlichen Schaden bildete die Aufnahme nicht ab. Deshalb weiter ins MRT.

„Kim, ich wünschte, ich könnte dir etwas anderes sagen." Unser Doc, Dr. Daniel Wagner, drückte seine Lippen aufeinander. „Das vordere Kreuzband ist durch und ein Teil des Meniskus ist eingerissen."

Waren in der Halle vor einer Stunde Tränen der Zermürbung geflossen, der Wut über die Schinderei, heulte ich nun los vor Schreck, vor Hoffnungslosigkeit.

Kreuzbandriss – ich wusste, für viele Sportler bedeutet dies das Karriereaus, zumindest bei Fußballspielern und Skiläufern. In Turnerkreisen hatte ich bisher kaum von dieser Verletzung gehört. Als könne er meine Gedanken lesen, versuchte Daniel, während er mir ein Handtuch für meine Tränen reichte, mich aufzumuntern: „Das muss nicht das Ende deiner Laufbahn sein. Schon gar nicht bei all den Möglichkeiten, die uns heutzutage zur Verfügung stehen."

Das Wenige, was ich wusste: Die Kreuzbänder gehören neben dem Außen- und dem Innenband zum Bandapparat des Kniegelenks, in dessen Zentrum sie sich kreuzen. Ihre Aufgabe ist es, das Gelenk zu stabilisieren. Kreuzbandrisse entstehen meist ohne Fremdeinwirkung durch abrupte Richtungswechsel beim Laufen oder Springen. Wer den Schaden nicht vollständig behandelt, riskiert unter Umständen irreparable Spätfolgen. Und: Die Heilung braucht Zeit.

„Und jetzt?"

„Ich rate unbedingt zu einer Operation. Weil dein Knie aber extrem angeschwollen ist, müssen wir damit noch warten."

Warten, warten. Ich hatte alles, bloß keine Geduld zum Warten. Mein großes Ziel, die Teilnahme an den

Olympischen Spielen 2012 in London, stand mir vor Augen. Es erlaubte keine Unterbrechung der Vorbereitungen.

„Eine Woche muss mindestens bis zur OP vergehen. In dieser Zeit erhältst du Medikamente, die das Abschwellen des Knies beschleunigen, die dabei helfen, dass die Flüssigkeit entweicht."

„London?"

„Wie gesagt: Alles ist möglich. Es ist entscheidend, wie gut die Operation und die anschließende Heilung verlaufen. 60 Prozent hängen von der Reha ab."

Dann würde das eben einfach alles optimal verlaufen müssen. An mir sollte es nicht liegen, ich würde alles und noch viel mehr dafür geben, dass ich so schnell wie möglich wieder in der Turnhalle stünde. Es war verrückt. Vor drei Stunden hatte ich meinen Aufenthalt in der Halle noch verflucht, nun wünschte ich mir nichts sehnlicher, als mich so bald wie möglich genau dort wieder quälen zu dürfen. Nur dabei sein in London im wahren olympischen Gedanken, der in der breiten, medaillenverblendeten Öffentlichkeit in Vergessenheit geraten scheint. Dabei sein, um die bittersten Enttäuschungen meines Turnerlebens, an denen ich nach wie vor jeden Tag zu knabbern hatte, ein wenig heilen zu können. Würde ich es nicht nach London schaffen, dessen war ich mir gewiss, würde ich meinen Turnanzug bei 90 Grad waschen, dass er schrumpfte und ich ihn nie wieder anziehen könnte. Dann würden sie mich alle gernhaben können. Und ich mich selbst auch.

Diese bitteren Enttäuschungen, sie nagten und zerrten an mir. Weltmeisterschaft in der Hanns-Martin-Schleyer-Halle 2007 in Stuttgart, zehn Minuten Fußweg von meinem „Nest", von meinem „Wohnzimmer", dem Kunst-Turn-Forum entfernt. Was hätte es Großartigeres geben können, als sich hier dem eigenen Publikum zu präsentieren? Aber es hatte nicht sollen sein.

Bei den Deutschen Meisterschaften im Vorjahr hatte ich eine Gold- und drei Silbermedaillen geholt, war aber 2007 leer ausgegangen. Zwar wurde ich für die Weltmeisterschaft in Stuttgart nominiert – allerdings als Ersatzturnerin. Dabei und doch nicht dabei. Teil des Teams und fünftes Rad am Wagen.

Es gibt ein Foto von dieser WM, auf dem ich mit Tamara und unserer Physiotherapeutin an der Bande stehe. Ich weiß noch, dass die Trainer mir das Gefühl zu geben versuchten, wichtig für das Team zu sein. Aber mag sich der Bankdrücker beim Fußball Meister nennen, wenn er keine Minute auf dem Platz gestanden hat? In der Mannschaftswertung sprang der zehnte Platz für das Team heraus. Ein riesiger Erfolg für das Frauenteam, weil es sich direkt für die Olympischen Spiele qualifizierte. Marie-Sophie Hindermann belegte als beste Deutsche am Stufenbarren den fünften Platz.

Ich betrachte mich auf dem Foto wie eine Fremde, die nicht an diesen Ort, die nicht dazugehört. Wenn ich ehrlich bin, war ich über meine Rolle als Ersatzturnerin bei der WM 2007 maßlos enttäuscht. Die Enttäuschung war jedoch nichts gegen den Frust ein Jahr später.

Wie jeder Sportler träumte ich von der Teilnahme an den Olympischen Spielen. Die Olympischen Spiele sind für uns Sportler das Größte. In unserer übersättigten, an Spektakeln und Events übervollen Zeit sind sie ein Kultur- und Lebensereignis. Die Teilnahme an den Spielen, auf die man vier Jahre hinackert, kann einem keiner mehr nehmen, und welche Platzierung man am Ende erreicht, ist fast schon zweitrangig, jedenfalls aus meiner Sicht. Rom sehen und sterben oder so ähnlich.

Die Teilnahme schien mir sicher. Bei den Deutschen Meisterschaften in Chemnitz hatte ich Gold beim Sprung und am Boden sowie Silber am Stufenbarren geholt. Obwohl ich keine Medaille im Mehrkampf gewonnen hatte, war allseits bekannt, wie konstant ich meine Leistung in allen Disziplinen brachte.

Nach der zweiten Quali wartete ich wie meine Mannschaftskolleginnen gespannt auf das Urteil. Drinnen oder draußen? Wohl eher drinnen. Auf dem Display meines Handys erschien die Nummer der Bundestrainerin Ulla Koch.

Ich wisse ja, so eine Entscheidung sei nie einfach, begann sie. Mir stockte der Atem. Man – wer auch immer sich hinter diesem „man" verbarg –, man habe mich gewollt, es handele sich um Zehntelpunkte. Kurz: Ich sei in Peking dabei – als Ersatzturnerin. Diese Position sei für die Mannschaft sehr wichtig, schwenkte sie das Weihrauchfässchen. Oder besser gesagt, zündete sie eine Nebelkerze. Statt meiner wurde eine andere nominiert, die die erste Qualifikation aufgrund einer Knieverletzung abgebrochen hatte.

Eine Welt brach für mich zusammen, lag in Scherben. Ich schnappte meine Trainingstasche, verließ die Halle, ohne mich umzuziehen. Da kam mir Tamara entgegen. Sie wusste noch nichts von meiner Nichtnominierung.

„Was ist los?"

„Ich habe gerade einen Anruf von Frau Koch erhalten."

Vielleicht hätte Tamara mich gern in den Arm genommen, aber sie tat es nicht, und wahrscheinlich wäre mir das auch unangenehm gewesen. Auch sie hatte mit dieser Entscheidung offenbar nicht gerechnet, brachte aber lediglich über die Lippen: „Gut, gut, wenn du heute nicht weitertrainieren willst, ist das in Ordnung. Versuch erst mal, deinen Kopf freizubekommen."

Ich stand völlig neben mir, lief ziellos herum und fand mich wieder auf der Terrasse der Vereinsgaststätte des Polizeisportvereins, just dort, wo ich zwei Jahre zuvor mit Guti gesessen hatte. Als könne sie Gedanken lesen, rief sie mich in dieser Minute an.

Sie habe es gerade erfahren. Ich solle jetzt bloß den Kopf nicht hängen lassen. Ich könne noch so viel erreichen, es liege noch so viel vor mir. In vier Jahren bekäme ich eine neue Chance …

Ihre Ermunterung war gut gemeint, klang aber wie Hohn in meinen Ohren. Vier Jahre. Vier Jahre Anstrengung und Hoffen und nun das Gefühl des Versagens. Als müsste ich wieder bei null beginnen.

Immerhin löste meine Nichtnominierung eine handfeste Kontroverse aus. Der Bundesstützpunktleiter Stuttgart versicherte mir am nächsten Tag, der mit allen Ergebnissen und Kriterien gefütterte Computer sähe mich im Team.

„Daran kann es keinen Zweifel geben", polterte er. „Egal, wie man das rechnet, wie man es dreht und wendet – an dir gibt es kein Vorbeikommen."

Er und seine Mitarbeiter rechneten ein weiteres Mal und kamen zu keinem anderen Ergebnis. Der Schwäbische Turnerbund legte Protest beim Deutschen Turner-Bund ein. Ich dachte, vielleicht würde doch noch alles gut werden. Wenn ich wie ein Kind beide Augen zukniff und sie wieder öffnete, wäre das Monster, das mich bedrohte, verschwunden. Vor allem baute mich auf, dass „meine" Leute hinter mir standen.

Frau Koch legte offen, wie das Gremium zu seiner Entscheidung gekommen war. Man hatte nicht beide Qualifikationswettbewerbe herangezogen, sondern die jeweils besten Resultate von beiden Durchgängen. Angeblich hatte ich, kein Witz, die Teilnahme um 0,05 Punkte verpasst.

Der Schwäbische Turnerbund kritisierte, dass der Stabilitätsfaktor – welcher die Berechnung beider Wettkämpfe bedingt hätte (und der mir immer zugutegekommen war) – keine Berücksichtigung fand. Gut und schön, wenn eine in einer der beiden Qualis eine herausragende Leistung brachte. Aber wichtiger für einen Wettbewerb wie die Olympischen Spiele, so argumentierte er, sei die Kontinuität der Leistung.

Half alles nichts, die Argumente meines Turnerbundes stießen da oben auf taube Ohren. Der Lenkungsstab, der die Tickets für Peking ausstellte, blieb ungeachtet des

Widerspruchs bei seiner Entscheidung. Schließlich hatte man die Nominierung bereits in die Welt hinausposaunt und wollte keinen Gesichtsverlust riskieren.

Der ersten Frontalenttäuschung folgte nach kurzem Hoffnungsschimmer nun der endgültige Niederschlag. Ein Loch tat sich in mir auf, das mich zu verschlucken drohte. Ich war drauf und dran, das Handtuch zu werfen, fühlte mich als Versagerin, besonders vor den Augen der anderen. Und die anderen waren ziemlich viele. Ja, warum nicht das Handtuch werfen, und zwar für immer.

Zwei Tage haderte ich mit der Welt und mir selbst, verfluchte die Mitglieder des Lenkungsstabes, versuchte, mir auszumalen, wie schön das Leben ohne Leistungssport sein könnte. Aber tief im Innersten war mir klar, dass das eine Art von Selbstbetrug war. Ich riss mich am Riemen und sagte mir: Dann bist du eben Ersatzturnerin; wer weiß, was bis Peking noch passiert und was dort geschehen wird, Verletzungen können leicht passieren.

War ich ein schlechter Mensch, weil ich mir ausmalte, wie meine Teamkolleginnen sich vielleicht verletzen würden, sodass ich für sie einspringen und ins Rampenlicht treten konnte? Ich hasste den Gedanken an das Gefühl von Stuttgart, als ich als Zuschauerin am Rand gestanden hatte und nur halbherzig dabei gewesen war.

Vor Peking flogen wir ins Trainingslager ins japanische Kamo. Dort fanden wir die denkbar besten Trainingsbedingungen vor, die japanischen Gastgeber lasen uns jeden Wunsch von den Augen ab. Wie ein Seismograf nahm ich jedes Wehwehchen der anderen wahr: Finger ausgekugelt,

Probleme mit der Achillessehne, Knie im Eimer, Fußprobleme. Ich dachte: Du bist die Einzige in der Mannschaft, die unversehrt und in blendender Form ist. Zunehmend motiviert riss ich jede Trainingseinheit herunter, in der Hoffnung, mein Fleiß würde sich am Ende doch noch auszahlen. Fleiß, Leistung, kämpfen, bis das Blut unter den Fingernägeln hervorspritzt – eine Maxime, die einem im Turnen von klein auf eingetrichtert wird. Nach zehn Tagen flogen die für die Spiele Nominierten nach Peking; unser Arzt, zwei weitere Ersatzturner und ich blieben vorerst in Japans Hauptstadt. Die beiden Schicksalsgenossen drehten Däumchen und schauten mir beim Training zu. Sie müssen gedacht haben, ich hätte etwas an der Klatsche, weil ich stur weitertrainierte. Aber ich hatte beschlossen: Du kämpfst bis zur letzten Patrone und bist gerüstet, wenn deine Stunde kommt. Einmal gab es eine Abwechslung: Ein Studienfreund unseres Mannschaftsarztes, der in Tokio wohnte und sich dort auskannte, führte uns ein wenig herum. Kaiserpalast, Tokyo Tower, der buddhistische Senso-Ji-Tempel und so etwas. Aber in Gedanken war ich eher dort, wo ich gerade nicht hindurfte, aber so gern gewesen wäre.

Wer sich jetzt wundert, dass wir vorerst nicht nach Peking flogen: Wer nicht akkreditiert war, durfte weder ein Zimmer im Olympischen Dorf beziehen, im neu errichteten Olympic Green im Norden der Stadt, noch die offiziellen Trainingsstätten nutzen. Nicht nur das fünfte Rad am Wagen, sondern überdies noch draußen vor der Tür, allein.

Allein unter 21 Millionen Menschen in Peking, wohin wir kurz vor der Eröffnungsfeier reisten, in eine Unterkunft außerhalb der Stadt; die Anfahrt zum Olympiapark nahm über eine Stunde in Anspruch.

Die ersten Wettkämpfe rückten näher, noch immer hoffte ich, doch von der Teamleitung kam kein Zeichen. Das letzte Hoffnungsfünkchen zerfiel zu einem Aschehäuflein, ich würde draußen bleiben. Noch einsamer unter 21 Millionen Menschen in Peking (den passenden Soundtrack lieferte Katie Melua, die von neun Millionen Bicycles in Beijing sang).

Die Nachricht an mich und die beiden Ersatzmänner: Obwohl wir keine offiziellen Eintrittskarten hatten, sollten wir ins Nationale Hallenstadion kommen, dem Austragungsort der Turnwettkämpfe, man würde noch Karten auftreiben. Ich kam mir vor wie die ungeliebte Verwandtschaft, die sich Sonntagnachmittag zum Kaffeetrinken eingeladen hat. Aber irgendwie schafften wir es tatsächlich in die Halle. Ich hockte weit oben auf der Tribüne, Hunderte Meter entfernt von dem Ort, der in diesen Stunden der meine hätte sein sollen. Einsam unter 18 000 Zuschauern, ich durfte nicht mal an die Bande, um das Team anzufeuern wie vor einem Jahr bei der Weltmeisterschaft in Stuttgart.

Aber so weit weg ich auch saß, so klar sah ich: Meine Mannschaft verturnte Elemente, machte unerwartete Patzer. Und landete im Mannschaftswettbewerb auf dem letzten Platz; lediglich Oksana Chusovitana schaffte eine Silbermedaille am Sprung.

Hätten sie doch nur mich antreten lassen, dachte ich bitter (Silber und Bronze beim Weltcup in Glasgow und

Bronze am Boden beim DTB-Pokal in Stuttgart im selben Jahr sollten mir noch recht geben).

14 Tage war ich in Peking. Über einen Journalisten hatte ich Karten für die Entscheidungen im Fechten, Tischtennis und Beachvolleyball bekommen. Die Ersatzturner waren scharf darauf, auf dem Fakemarket shoppen zu gehen. Ed Hardy und Christian Audigier standen hoch im Kurs. Auch ich erlag der Versuchung und deckte mich mit Poloshirts und Pullovern ein, musste mir sogar einen Koffer kaufen, um all den Kram unterzubringen. (Obwohl ich den Koffer zu Hause wochenlang auf dem Balkon lüftete, warf ich ihn am Ende weg, weil er dermaßen nach Chemie stank. Beinahe symbolisch für das, was geschehen war.)

Vor der Abreise lud mich Tamara für einen Nachmittag als Tagesgast ins Olympische Dorf ein, und das war der Wahnsinn. Die Olympischen Ringe im Riesenformat, vor denen sich die Sportler fotografierten, die bunten Fahnen von über 200 Nationen, das fröhliche Durcheinander der über 11 000 Athleten, die strahlenden Gesichter, das Sprachengewirr, die gigantisch große Mensahalle – ich war geflasht.

Als ich dort herumlief, vor Staunen den Mund nicht zubekam, stand für mich fest: In vier Jahren musst du in London dabei sein!

Um mein großes Ziel, die Olympischen Spiele in London 2012, zu erreichen, musste ich mich nach dem Kreuzbandriss nun also erst einmal zurückkämpfen in den Kreis der

Aspiranten. Daniel Wagner erklärte mir, was er vorhatte: Eine Sehne würde aus dem rückseitigen Muskel des Oberschenkels entnommen und zur Verstärkung ins Knie eingesetzt werden.

„Mit der Doubleboundtechnik machen wir es besonders sicher", sagte er. „Ich lege die Sehne doppelt. Am Oberschenkel hast du dann zwar etwas weniger Kraft, was sich wieder auftrainieren lässt, aber es ist besser, wenn wir körpereigenes Material verwenden. Denn das Knie muss die Sehne annehmen, damit sie anwachsen kann. Schließlich soll sie am Ende die Funktion des Kreuzbandes übernehmen." Wenn alles gut laufe, wandele sich die Sehne in ein Band um.

„Das ist die kritischste Phase während der Reha", verdeutlichte er anhand von Schaubildern, „weil das Knie dann noch relativ instabil ist. Nach drei bis sechs Monaten gibt es eine Art Krise, da muss man dann besonders vorsichtig sein. Anschließend sollte das Ding aber bombenfest sein", schloss Daniel seinen Vortrag begeistert ab.

Bei ihm wusste ich mich in den besten Händen. Ich hatte hundertprozentiges Vertrauen zu ihm, was auch notwendig ist bei so einer komplizierten Operation.

Eine Woche nach dem Kreuzbandriss wurde ich in den OP-Saal gefahren, gut eine Stunde dauerte der Eingriff, er verlief gut.

Ich setzte die Segel und begann im März 2010 die Reha bei uns im Olympiastützpunkt in Stuttgart. Seinerzeit waren Kreuzbandrisse für die dortigen Therapeuten noch ziemliches Neuland. Deshalb ließ ich mich parallel nebenan beim VfB Stuttgart in der Rehawelt behandeln. Für die Fußballer ist ein Kreuzbandriss fast schon Routine. Wie gesagt, ich war bereit, alles zu tun, um in London dabei sein zu können.

Alle bekamen mit, wie sehr ich in der Reha ranklotzte, keiner schrieb mich ab, sondern man empfand Respekt vor meinem Kampfgeist. „Keine Frage – du wirst stärker als zuvor zurückkommen", hieß es. Und auch ich selbst fing an, wieder an mich zu glauben: „Du wirst es allen zeigen, du wirst es dir selbst zeigen, wirst dir selbst beweisen, dass all die Mühsal nicht umsonst ist."

Meine Eltern verloren nicht viele Worte über die Situation. Möglicherweise hofften sie, dass ich das Turnen aufgeben würde. Das wäre ihnen wahrscheinlich am liebsten gewesen, wegen meines Studiums. Selbst sie rechneten nicht mit meinem Willen. Ich ließ nichts unversucht, um die Genesung voranzutreiben. So hatte ich von guten Therapeuten im Olympiastützpunkt in Berlin gehört. Ich ging zwar an Krücken, aber nichts hielt mich davon ab, mehrmals nach Berlin zu fliegen, anfangs begleitet von meiner Mutter. Ein Vorteil in Berlin: Sie besaßen dort einen Strömungskanal, wie ihn die Olympiaschwimmer nutzen. Dort schwamm ich täglich gegen den Strom, ganz wörtlich zu verstehen, um die Stabilisierung des Knies voranzutreiben. Anfangs bewegte ich mich vorsichtig auf Zehenspitzen, obwohl mich der dortige Trainer ermutigte, ein paar Kohlen mehr auf die Schippe zu legen. Aber es war eben meine erste schwere

Verletzung, und mir fehlte das Zutrauen. Im Kopf lauerte der Gedanke an einen Rückschlag.

Erst nach einem halben Jahr konnte ich wieder einigermaßen ordentlich gehen, nach einem Dreivierteljahr wagte ich das erste Training, zunächst am Stufenbarren, bei dem das Knie am wenigsten belastet wird. Jede Trainingseinheit war überschattet von der Angst: Wird es halten?

Genau ein Jahr nach dem Kreuzbandriss war ich dann zurück, turnte in Holland den ersten Wettkampf, allerdings aufgrund des Trainingsrückstandes nur Balken und Barren. Und kurz darauf holte ich, wie schon erzählt, für mich selbst unglaublich bei den Europameisterschaften in Berlin die Bronzemedaille am Stufenbarren.

Das Element, das den Riss verursacht hatte, die Doppelschraube vorwärts, habe ich nie mehr geturnt. Ich verbannte sie aus meinem Repertoire, kam selbst auf dem Trampolin nie mehr auf den Gedanken, es noch einmal damit zu versuchen.

Weil ich mich nach der Operation und in der Reha anders als vorher belastete, hatte ich Schmerzen in den Schienbeinen bekommen. Sie entzündeten sich an den Kanten, und die Physios massierten sie, bis die Beine blau wurden. Wegen einer leichten Plattfüßigkeit war da ziemlich Spannung drauf. Um mehr Kraft zu bekommen und bei der Landung besser abfedern zu können, empfahl mir einer der Athletiktrainer, mit dem Langhanteltraining zu beginnen, und die Schmerzen in den Schienbeinen hörten auf. In dieser Zeit lernte ich das Langhanteltraining schätzen; gezieltes Krafttraining mit

Gewichten war bis dahin keine übliche Trainingsmethode im Frauenturnen.

Es flutschte im vorolympischen Jahr, nach dem Kreuzbandriss, richtig gut für mich. Neben der Medaille bei der Europameisterschaft gewann ich Silber beim DTB-Pokal in Stuttgart im Mehrkampf, Bronze beim Worldcup in Tokio (ebenfalls im Mehrkampf), Silber beim Turnier der Meister am Boden in Cottbus, und bei den Weltmeisterschaften in Tokio erreichte unsere Mannschaft einen achtenswerten sechsten Platz. Das bedeutete für das Team die Qualifikation für die Olympischen Spiele ein Jahr darauf in London.

Auch 2012 begann vielversprechend: Zwar nur undankbares „Blech", also der vierte Platz, bei den Europameisterschaften in Brüssel am Stufenbarren, aber das konnte sich sehen lassen. Die nationalen Ausscheidungswettkämpfe in Frankfurt am Main und in Düsseldorf liefen im Gegensatz zu vier Jahren davor total entspannt ab. Ich kam glatt durch und war unfassbar glücklich. Weil sich der Traum erfüllte, für den ich mich derart geschliffen hatte. Weil ich in gewisser Weise Revanche nahm für die bittere Enttäuschung vor vier Jahren. Natürlich auch, weil ich es nun allen, die mich abgeschrieben hatten, gezeigt hatte.

Die Einkleidung in der Kurmainz-Kaserne der Bundeswehr in Mainz zwei Wochen vor dem Abflug empfand ich wie die Bescherung an Weihnachten, wobei mir der Gedanke kommt, dass ein Fußballspieler für diese kindische Freude den Einkaufswagen keinen Meter vorwärtsschieben würde. Denn einen solchen schob ich von Station zu Station, einen Laufzettel in der Hand, um die 65-teilige Ausrüstung einzusammeln. Richtig cool, so viele Klamotten geschenkt zu bekommen, für die ich einige Wochen zuvor einen Maßbogen hatte einreichen müssen. Klamotten für den Wettkampf und für die Freizeit vor und nach dem Auftritt. Besonders ins Auge stechend: das pinkfarbene Jackett für die Eröffnungsfeier. Ironie des Schicksals: Ich kam nie in den Genuss, an einer Eröffnung der Olympischen Spiele teilzunehmen, weil gleich am ersten Wettkampftag die Turnmänner an der Reihe sind. Für die Eröffnungsfeier muss man jedoch bereits Stunden vorher am Treffpunkt sein, um zum Stadion gekarrt zu werden, dann heißt es ewig herumstehen, bevor das Spektakel endlich beginnt. Von wem am Tag darauf Höchstleistungen erwartet werden, für den kommt der Einmarschmarathon nicht infrage. Deshalb hieß es: Wenn die Männer da nicht hingehen, bleiben auch die Turnfrauen aus Solidarität draußen. Ob das umgekehrt auch gelten würde?

Jedenfalls vermittelte die für alle Teilnehmer identische Ausrüstung ein gewisses „Wir"-Gefühl in der Mannschaft, die 392 Sportler zählte. Alle schoben voller Vorfreude ihren Einkaufswagen aus der Kaserne, gefüllt mit Bekleidung bis hin zu Sonnenbrille, elektrischer Zahnbürste, Schuhpflegeset und mobilem Duschkopf.

Gemeinsam mit Eli Seitz bezog ich unser Zimmer im Olympischen Dorf im Stadtteil Stratford, im nordöstlichen Teil Londons, in dem rund 17 300 Sportler Unterkunft fanden. Ziemlich karg eingerichtet. Am Anfang verfügten wir nicht einmal über einen Schrank. Dafür lag auf den schmalen Betten eine bunte Decke mit der Aufschrift „Excellence, Friendship and Respect".

Nach der Weltmeisterschaft 2009 stand ich abermals vor der überwältigenden O_2-Arena am Ufer der Themse, dem größten Kuppelbau der Welt. 365 Meter lang, 52 Meter hoch – die Anzahl der Tage und Wochen eines Jahres symbolisierend –, gekrönt von 12 jeweils 100 Meter hohen Masten. Direkt einschüchternd.

Vor dem ersten Wettkampf wartete ich mit den anderen aufgeregt in den Katakomben der Halle. Ich war dabei! Ich war wirklich dabei! Eine Stimme aus dem Lautsprecher riss mich aus den Gedanken, „Germany" wurde aufgerufen. Wir folgten im Gänsemarsch einer Frau, die mit einem Nationenschild in den Händen vorweglief. Die Zuschauer (unter denen sich meine Familie befand) schrien sich die Seele aus dem Leib, als die Mannschaften einzogen und ihnen zuwinkend das Podium betraten, das pink war wie in einer riesigen Bubblegumwelt. Unter der Decke waren riesige Olympische Ringe in silberner Farbe angebracht. Mir stockte der Atem: Abgefahren, jetzt turnst du unter diesen Ringen, etwas, was du dir seit Jahren erträumt und wofür du so viel von deinem Leben gegeben hast, wofür du nach dem denkbaren Verletzungs-Knockout so hart geackert hast. Um die Starre wieder abzuschütteln, um vor Begeisterung und Ehrfurcht überhaupt zu meiner Routine zu finden, versuchte ich, mir einzureden: He, das ist auch nur ein Wettbewerb wie viele andere. Unter denselben Regeln, im Wettstreit mit den mir bekannten Konkurrentinnen.

Aber eben unter diesen gigantischen Ringen, die wie ein Damoklesschwert über dem Geschehen zu hängen schienen – je nachdem, wie man sie betrachtete.

In der Qualifikation kam ich dreimal für die Mannschaft zum Einsatz. Am letzten Gerät, dem Sprung, stand fest, dass es furchtbar knapp würde, um das Finale der besten Acht zu erreichen. Janine Berger, unsere beste Springerin, hatte bei ihrem ersten Sprung, der für die Mannschaftswertung zählte, zu viel Schwung und landete unvermittelt auf ihrem Hosenboden. Das hatte ich bei ihr noch nie gesehen.

„Das war's", sagte ich zu unserem Physio.

„Könnte knapp werden", pflichtete er mir bei. „Aber die Hoffnung stirbt bekanntlich zuletzt."

Wir schauten hoch zu dem pinken Anzeigewürfel. Das war es wirklich gewesen. Drei Zehntelpunkte zu wenig. Schade, ich wäre so gern beim Mannschaftsfinale dabei gewesen, um noch einmal in diese Atmosphäre einzutauchen. Vier Jahre Vorbereitung, dann ein Wimpernschlag, und du bist aus dem Tunnel, in den du dich gekämpft hattest.

Wie ich selbst damals turnte? Bei all der Aufregung, im Bann des Drumherums und Mittendrins, hatte ich so sehr in diesem Tunnel gesteckt, dass ich mich an meine Leistung nicht mehr erinnern kann. Unterm Strich haben wir als Team einfach zu viele Fehler gemacht, dass es eben nicht gereicht hat.

Das waren sie dann für mich gewesen, meine ersten Olympischen Spiele.

Für einen Tag lud ich meine Eltern ins Olympische Dorf ein. Ich wollte ihnen unbedingt diese unfassbar große Mensa zeigen, in der 5500 Menschen gleichzeitig speisen konnten. Vorher hatte ich Essensmarken gekauft, damit sie in dieser Megakantine zuschlagen konnten, denn es gab dort ein unvorstellbares Angebot an Spezialitäten aus allen möglichen Ländern. Selbst einen McDonald's in XXL-Format gab es, der innen genauso aussah wie die Filiale in der Tilsiter Straße in Sindelfingen. Nach den Wettkämpfen hatten wir uns dort mit Cookies eingedeckt, die es gratis gab. Ich bin mir nicht sicher, ob meine Eltern meine Begeisterung für dieses Fressparadies teilten, wahrscheinlich eher nicht. Gut möglich, dass sie insgeheim dachten: Mehr als eine Schüssel Reis kannst auch du am Tag nicht essen.

Ich blieb bis zum Ende der Spiele in London, schaute mir Wettkämpfe im Tischtennis, Fechten und Basketball an, nahm, wenn schon nicht an der Eröffnung, so doch wenigstens an der Schlussfeier im Olympiastadion teil. Die dreistündige Show war der Hammer: ich mit Tausenden von Sportlern im fröhlichen Durcheinander auf dem Rasen, um uns herum eine geile Choreografie. Musikalisch – was für ein Konzert! Emeli Sandé machte den Anfang mit *Read All About It*, dann die Pet Shop Boys, die Spice Girls, die sich für diesen Abend wieder vereinten, Madness, George Michael, Annie Lennox, Ed Sheeran, Nick Mason von Pink Floyd und, und, und. Ich konnte nicht schnell genug Luft holen und von links nach rechts und von unten nach oben schauen, um alles mitzubekommen.

Ein überwältigendes Feuerwerk, als Take That loslederten. Tränen standen mir in den Augen, als zu bewegendem Gesang die Olympische Fahne eingeholt wurde, als das Olympische Feuer erlosch. Als endeten damit nicht nur diese Olympischen Spiele. Aber die aufkommende Wehmut fächerten brasilianische Sambatänzerinnen und -tänzer aus dem Stadion, die als Referenz an den Gastgeber der nächsten Spiele herumwirbelten. Da stand für mich fest: In Rio wirst du wieder dabei sein. Ich war angefixt. Mit diesem Gefühl trat ich die Rückreise an, für die ich mit einem Großteil unserer Athleten ein Schiff betrat, das uns in zwei Tagen nach Hamburg schipperte.

In den Wochen nach London kehrte die Routine des Turnerlebens zurück. Erst denkst du: Wie will ich mich nach diesem Weltraumtrip wieder motivieren? Man spricht tatsächlich vom Olympia-Blues oder von post-olympischer Depression, wenn man nach all der Euphorie und den tollen Erlebnissen in ein schwarzes Loch fällt. Körperlich und psychisch ausgelaugt. Viele Olympiateilnehmer haben davon berichtetet, zum Beispiel US-Schwimmstar Michael Phelps, der nach den Olympischen Spielen in Rio 2016 mit Suizidgedanken kämpfte. Von etwas Ähnlichem berichten auch Schauspieler, wenn sie nach dem Applaus allein in ihrem Hotelzimmer hocken. Da ist der Griff zur Rotweinflasche nicht weit. Doch – schwupps – schon steckst du wieder in der Zwangsjacke des Alltags, und ein Monat reiht sich an den anderen. Das Leben als endlose Wiederholungsschleife. Vierter Platz bei den Europameisterschaften in Sofia, Teilnahme an den Weltmeisterschaften im chinesischen Nanning, zweimal Silber beim Turnier der Meister in Cottbus, Bronze beim DTB-Pokal in Stuttgart, dreimal Gold, zweimal Silber und zweimal Bronze bei den Deutschen Meisterschaften in zwei aufeinanderfolgenden Jahren in Mannheim und Stuttgart.

Auch 2015 hetzte ich weiterhin zweispurig über den Highway, Studium auf der rechten, Sport auf der linken Fahrbahn. Denn Rio wollte ich unbedingt mitnehmen, das hatte ich mir in der letzten Nacht in London geschworen.

Jedes Unglück hat seine Vorgeschichte.

Im Frühjahr 2015 schloss ich mein Bachelorstudium ab und war voller Vorfreude auf die Vorbereitungen für die Olympischen Spiele 2016, für die ich nun genügend Zeit haben würde. Drei Semester blieben mir, um mich für das Masterstudium einzuschreiben. Um erste Berufserfahrungen zu sammeln, absolvierte ich ein zweimonatiges Praktikum bei zwei Firmen im Frankfurter Raum. Unter der Woche trainierte ich ab dem späten Nachmittag bis in die späten Abendstunden im Turnzentrum in der Otto-Fleck-Schneise in Frankfurt, Freitagabend fuhr ich nach Hause, um an gewohnter Stätte bei meinen Heimtrainern ranzuklotzen.

Einer der Trainer, der normalerweise die Männer betreute, hatte mich angespitzt: „Du musst dich bei den Schwierigkeiten noch steigern, da muss noch mehr kommen."

Er zielte mit dieser Forderung auf meine Übung am Sprung. Bisher hatte ich als eines der Kernelemente Anlauf, Überschlag, Strecksalto vorwärts mit halber Schraube im Repertoire.

Jener Trainer hob für mich die Latte höher: „Wenn du die Schraube anderthalbfach springst, wäre das dein Ticket für Rio, dann schaffst du die Qualifikation easy. Das Team braucht eine gute Springerin."

Meine Heimtrainer allerdings waren strikt dagegen, dass ich diese Kombination riskierte, sie gerieten deswegen sogar in Streit mit dem Kollegen. Aber ich in meinem Wahnsinn und dem Gedanken, das könnte ein weiterer Schritt in Richtung Perfektion sein und mein Ticket für Rio …

Nach den acht Stunden bei meiner Praktikumsstelle fuhr ich wie jeden Nachmittag ins Turnzentrum. An diesem Abend war ich gut drauf, alle Bedenken der Heimtrainer waren wie weggepustet, Übermut flatterte wie ein Schmetterling durch meinen Bauch, Euphorie vernebelte mir den Verstand. Now or never: Heute ist der richtige Zeitpunkt, die anderthalbfache Schraube zu probieren – wenn es gut läuft, überraschst du am Wochenende damit die Heimtrainer, wenn es misslingt, hältst du einfach die Klappe. Konnte doch nichts schiefgehen, zumal ich es in der gedeckten Grube versuchte, eine leichte Landematte mit Schaumstoff. Tief durchatmen, den Olymp vor Augen. Anlauf, Absprung, Überschlag, eineinhalbfache Schraube. Aber mir gelang die Drehung nicht präzise, ich landete unvollständig – das rechte Knie durchgedrückt. Ich schrie laut auf. Mir war sofort klar: Da ist etwas futsch!

Ich glaube, ich schrie wirklich um Hilfe. Der Trainer warf seine Videokamera auf die Matte (er hatte den Sprung aufgezeichnet; diesen Film schaute ich mir nie an), eilte zu mir, war mehr oder weniger ratlos. Vielleicht drückte ihn sogar das schlechte Gewissen, dass er mich zu dieser Aktion animiert hatte.

„Gib mir mein Handy!" Ich deutete auf meine Trainingstasche am Rand der Matte.

Im Liegen wählte ich die 112. „Ich brauche einen Krankenwagen, ich habe mich beim Training im Turnzentrum in der Otto-Fleck-Schneise böse verletzt, mit meinem Knie stimmt etwas nicht", rief ich in den Hörer.

„Wie viele Personen sind von dem Unfall betroffen?"

„Wie viele Personen? Mensch, ich selbst!"

„Sie selbst?"

„Habe ich doch gesagt."

„Ist die betroffene Person ansprechbar?"

„Ansprechbar? Verstehen Sie überhaupt, was ich sage? Es geht um mich, ich liege hier auf dem Boden und kann nicht mehr aufstehen."

Noch während ich auf den Krankenwagen wartete, rief ich Doc Wagner in Stuttgart an.

„Daniel, ich liege hier in Frankfurt in der Halle auf dem Boden. Ich habe einen schlechten Sprung gemacht. Ich bin ziemlich sicher, dass das Knie durch ist. Das ist kaputt. Was soll ich machen?" Inzwischen war es halb acht. Daniel antwortete: „Warte erst mal, was die bei der Erstversorgung meinen. Dann melde dich noch mal, egal, wie spät es ist, ich habe Nachtdienst. Erst mal keine Panik. Das muss nicht zwangsläufig etwas Schlimmes bedeuten."

Auf dem Röntgenbild und auf dem Ultraschall war nichts Besorgniserregendes zu erkennen. Jedoch war mein Knie so stark geschwollen, als stünde ein mittelgroßer Vogel kurz vor dem Schlüpfen.

„Könnte sein, dass das Innenband gedehnt ist. Möglicherweise ein wenig angerissen. Mehr kann ich jetzt nicht sagen", urteilte der diensthabende Arzt.

Um mich einigermaßen bewegen zu können, verpassten sie mir eine steife Schiene. Als ich die Klinik verließ, war es nachts halb eins. Freunde, bei denen ich in dieser Zeit wohnte, holten mich mit dem Auto ab. Ich rief abermals unseren Doc in Stuttgart an. Auf ihn war Verlass.

„Röntgenbild und Ultraschall haben nichts ergeben. Die stehen auf dem Schlauch."

„Wie schnell kannst du in Stuttgart sein?"

Ich überlegte nicht lange. „Heute Vormittag."

Meine Freunde zögerten nicht – das dicke Knie, die Dringlichkeit meiner Stimme –, sie brachen in den frühen Morgenstunden mit mir auf der Rückbank liegend auf. Die Schmerzen, die Ungewissheit, ich hatte kein Auge schließen können, hatte stattdessen ständig auf mein Handy geguckt, wie weit die Zeit vorangeschritten war.

An diesem Mittwochvormittag traf ich gegen elf Uhr bei Doc Wagner in der Sportklinik ein; am Samstag wollte ich nach Beendigung meines Praktikums eigentlich in den Urlaub aufbrechen, vor allem aber in gut 14 Monaten in Rio antreten!

Gleich nach dem Eintreffen wurde ich ins MRT geschoben, um mittels der Schnittbilder die Diagnose zu stellen. Daniel zog die Stirn in Falten. „Ich wünschte, ich hätte erfreulichere Nachrichten für dich, Kim." Oh nein, der Text und die Melodie kamen mir so bekannt vor, als wäre das nicht vor fünf Jahren, sondern erst gestern gewesen. „Aber – das Kreuzband ist durch." Der Gerechtigkeit halber war es dieses Mal das rechte Knie. Als sei das noch nicht genug, kam es jetzt knüppeldick: „Und das Innenband auch, aber nur der kleinere Teil."

Ich vergrub das Gesicht in den Händen und heulte los. Nach dem ersten Kreuzbandriss hatte ich mich irgendwie gefeit gefühlt vor einem weiteren, ähnlich drastischen Unglück, weil ich diese Scheiße schon mal durchgemacht hatte.

Nachdem ich mich einigermaßen eingekriegt hatte – die medizinische Assistentin, die aus Mitleid beinahe mitheulte, hatte mir mindestens zehn Papierhandtücher gereicht –, fand ich zurück zu klaren Gedanken. „Daniel, du weißt, dass ich in der Vorbereitung auf Rio bin, du weißt, was mir das bedeutet. Beim ersten Mal hatte ich zwei Jahre Zeit, jetzt nicht mal ein Jahr. Was soll ich machen?"

Ein Nachbeben durchlief meinen Körper.

„Vor allem – beruhig dich erst mal." Er legte eine Hand auf die Schulter dieses Häufleins Elend, das da vor ihm saß, und setzte das für ihn typische Lächeln auf, das all seinen Patienten Hoffnung einflößt.

„Zuerst: Ich operiere dich wieder, wenn du das willst." Was für eine Frage – klar wollte ich das. Ich hätte keinen anderen Arzt mit einem Skalpell in der Hand an mein Knie gelassen!

„Daniel, ich vertraue dir zu 100 Prozent, ich mache alles, wie du es sagst. Nur bitte, bitte, mach mein Knie wieder gesund, damit ich nach Rio komme ..."

Er nickte, meinen Redefluss unterbrechend, bevor es in dieser nüchternen Klinikatmosphäre noch so melodramatisch zugegangen wäre wie in der *Schwarzwaldklinik* oder im *Emergency Room*.

„Dann empfehle ich, nicht zu operieren, solange das Knie derart geschwollen ist. Das Innenband operiert man heutzutage nicht mehr."

„Ist gleich operieren nicht das Beste, damit ich nicht zu viel Zeit verliere?"

Daniel wusste, dass Geduld nicht meine vornehmste Tugend ist.

„Wir sollten mit der Kreuzband-OP warten, bis das Innenband geheilt ist. Wenn wir warten, gewinnst du hinten heraus mehr Zeit. Eine schnelle OP birgt die Gefahr, dass das Innenband bei dem Eingriff in Mitleidenschaft gezogen wird, nicht gut heilt oder vernarbt. Dann müsstest du dich auch noch damit herumschlagen."

Er machte eine Pause, bis diese Informationen bei mir angekommen waren. „Wir sollten sechs Wochen mit der OP warten, bis das Innenband sicher verheilt ist. Für diese Zeit gebe ich dir gezielte Übungen an die Hand."

„Was ist mit meinem Urlaub?" Obwohl das unter diesen Umständen die unbedeutendste Frage war.

„In deiner Lage kannst du nichts Besseres machen. Da kommst du auf andere Gedanken, hoffentlich. Und die Übungen kannst du auch am Strand, Pool oder wo auch immer machen. Nach deiner Rückkehr trainieren wir dich wieder auf, damit der Kraftverlust so gering wie möglich ist."

Schon am nächsten Tag stakste ich auf Krücken zum Olympiastützpunkt, obwohl ich wahnsinnige Schmerzen hatte und nicht auftreten konnte. Der Physio gab bei der Lymphdrainage sein Bestes, um die Schwellung in den Griff zu bekommen. Außerdem zeigte er mir eine Übung mit dem Pezziball: Bein draufgelegt und den Ball vor- und zurückbewegt, damit das Knie nicht versteift. Und es geschehen doch noch Wunder! Als ich nach drei Stunden die Physioräume verließ, konnte ich wieder einigermaßen gehen, den Fuß ohne Schmerzen beinahe wieder abrollen. Damit das Knie nicht zu sehr durchdrückte und zu viel Spiel hatte, bekam ich wieder eine Schiene und kam mir vor wie eine Veteranin nach einem Kampfeinsatz. Und so humpelte ich das zweite Mal malade durch die Weltgeschichte. Der Physio merkte an, ihm sei in seiner Praxis selten bis nie ein Sportler mit zwei Kreuzbandrissen über den Weg gelaufen. Ich traute mich nicht, ihn zu fragen, wie er die Chance einschätze, auch beim zweiten Mal das Comeback zu schaffen …

Meinen Urlaub verbrachte ich wie geplant, eine Woche Sardinien, eine Woche Mallorca. Daniel gab mir mit auf den Weg: „Eine Woche gehst du noch auf Krücken, die zweite ohne, aber die Schiene ziehst du weiterhin schön an."

Im Urlaub kaufte ich mir gleich am ersten Tag einen bunten Wasserball zum Aufpusten, legte mich an den Rand des Swimmingpools auf meine Liege und exerzierte meine Knieübung. Auf die anderen Touristen mag das recht befremdlich gewirkt haben, einige Kinder deuteten auf mich und ahmten mich mit ihren eigenen Wasserbällen nach. Auch an der Wassergymnastik beteiligte ich mich und senkte damit den Altersdurchschnitt der Teilnehmer.

Natürlich bekam ich im Kopf nicht den Durchzug hin, wie Daniel das erhofft hatte. Einerseits stand mir die erneute Plackerei vor Augen, also der zusätzliche Aufwand zum normalen Knochentraining, der in der Rekonvaleszenz zu bewältigen war. So, als habe man gerade den Mount Everest bestiegen und solle am nächsten Tag zum K2 aufbrechen. Begleitet von krassen Zweifeln. Nur einmal noch Olympische Spiele, Rio sehen, in Rio turnen.

„Ja, Kimi, du kannst das schaffen, ganz sicher", hatte Daniel zum Abschied eine Mut-Bazooka abgefeuert.

Diesen Mutmacher führte ich in meinem Kopf immer wieder ins Feld, wenn Zweifel die Oberhand zu gewinnen drohten, wenn mir Gesten oder Bemerkungen der Trainer scheinbar signalisierten, sie hätten mich aufgegeben.

In der Rehaphase erinnerte ich mich oft an die Worte meiner Trainerin Tamara, die sie mir schon bei meiner ersten Kreuzbandverletzung gesagt hatte, um mir Mut zu machen. „Denk positiv, negative Gedanken verzögern die Heilung. Schicke positive Gedanken in dein Knie, dann wird das." Klang irgendwie etwas esoterisch, aber ich wollte nichts unversucht lassen, um wieder schnellstmöglich fit zu werden.

Also saß ich am Pool, strich über das kaputte Knie und redete ihm innerlich gut zu. „Du bist ein gutes Knie, du wirst wieder gesund, du wirst mir helfen, nach Rio zu kommen. Wir schaffen das!" Natürlich in Gedanken, ansonsten wäre ich von den anderen Hotelgästen, die mich schon bei der nicht endenden Rollübung auf dem Wasserball beäugten, endgültig als meschugge abgestempelt worden.

In den nächsten vier Wochen bis zur Operation trainierte ich nur den Muskelaufbau, um den nach der OP unweigerlich eintretenden Muskelschwund so gering wie möglich zu halten.

„Du musst mit Muskelkater in den OP-Saal rollen oder mit Muskelkater aus der Narkose aufwachen", sagten mir die Therapeuten und die Athletiktrainer mit Augenzwinkern.

Ich zog das knallhart durch, bis das Metall im Kraftraum glühte und ich tatsächlich mit Muskelkater zur OP rollte.

Eine Woche nach dem Eingriff begann ich mit der Reha. Ich pochte darauf, dass meine Trainer mit dem Physio Cyrus Salehi, der in München-Unterhaching seine Praxis hat, zusammenarbeiteten und sich mit den Physiotherapeuten und Athletiktrainern vom Olympiastützpunkt zusammensetzten, um gemeinsam einen Fahrplan für meine Rückkehr zu erstellen (eine Kooperation, die alles andere als üblich war).

Gerade Cyrus habe ich viel zu verdanken. Als ehemaliger Turner wusste er genau, was Sache ist, kannte sich mit der Rekonvaleszenz von Kreuzbandrissen bei allen möglichen Sportlern bestens aus. Einer, der nicht nur sein Handwerk verstand, sondern auch einer, der zuhören konnte und die notwendige Empathie aufbrachte.

Schrittchen für Schrittchen trippelte ich durch die Reha. Ich dachte nur noch an den nächsten, maximal an den übernächsten Tag.

Nach gut fünf Monaten schnalzte Cyrus mit der Zunge: „Kimi, du bist wahnsinnig gut, du bist sehr weit. Ich habe schon Hunderte von Kreuzbändern therapiert, darunter viele Fußballspieler. Du gehörst mit Sicherheit zu den Top fünf, was den Erfolg betrifft."

Das tat so gut, das fachte meinen Elan zusätzlich an, weil ich spürte, wie sehr Cyrus an mich glaubte. Ganz im Gegensatz zu einigen Turntrainern, die alles andere als überzeugt waren; da schwang sehr viel Skepsis mit nach dem Motto: „Mal sehen, ob und wie sie das schafft." Vielleicht war das ein psychologischer Kniff, denn ihre Skepsis fachte meinen Willen umso mehr an.

Im Oktober flog ich ins türkische Belek in ein spezielles Trainingslager mit der Vizeweltmeisterin im Beachvolleyball, Karla Borger, die Rückenprobleme kurierte, sowie mit Kim Janas, die ebenfalls in Stuttgart trainierte und als eines der größten deutschen Turntalente galt. Mit gerade mal 15 Jahren hatte auch sie ihren zweiten Kreuzbandriss erlitten. Ein Jahr später beendete sie ihre Karriere – nach einem dritten Kreuzbandriss. „Für meinen Körper ist es einfach besser so", sagte sie damals. „Ich muss meiner Gesundheit jetzt den Vorrang lassen."

Ausgerechnet in dieser Phase drängte Guti mich, ich bräuchte einen Plan B. „Mir ist klar, dass du unbedingt zu den Olympischen Spielen willst, mit aller Macht. Aber was ist, wenn es nicht klappt? Du brauchst einen Plan B, damit du am Ende nicht zu enttäuscht bist."

Ich sagte: „Ja, ja, ja." Aber innerlich grimmte ich: „Nein! Nein! Nein!" Für mich gab es nur Plan A. Die Gedanken an einen Plan B, was immer der auch sein mochte, hätten mir viel zu viel Energie abgesaugt, ein Teil meines Willens wäre flöten gegangen. Kam sie wieder mal auf den Plan B zu sprechen, schalteten meine Ohren sofort auf Durchzug.

2015 bei den Weltmeisterschaften hatte unsere Mannschaft nicht die direkte Qualifikation für die Olympischen Spiele geschafft, das holte sie beim Olympic Test Event im April 2016 in Rio selbst, also ziemlich knapp vor den Spielen, jedoch nach. Vor den eigentlichen Spielen stand nun die interne Quali an. Das heißt: Ich musste so früh wie möglich fit sein, um rechtzeitig in die Vorbereitung einzusteigen, um beim Alles-oder-nichts-Test Ende Mai und Anfang Juni bestehen zu können. Ich gab so was von Gas. Im Gegensatz zum ersten Kreuzbandriss ließ ich dieses Mal weniger Vorsicht walten.

Cyrus sagte: „Du bist so zielstrebig, wie ich das bisher kaum bei einem anderen Sportler erlebt habe. Und dein Knie macht das mit."

Da ich mit Spitzenexperten zusammenarbeitete und selbst alles, was ich hatte, in die Waagschale warf, musste das hinhauen. Ich kämpfte und quälte mich, zog auf dem Wattbike Intervalltraining durch, bis mir kotzübel wurde – der Eimer stand bei jedem Training direkt neben dem Rad. Die wussten: Bei Kim gibt es kein Halten, Kim ist extrem.

Mit dem, was dann geschah, hatte selbst ich nicht gerechnet – ein veritables Comeback: Beim Challenge Cup in São Paulo holte ich Silber am Boden und am Stufenbarren (Erfolge in einer Randsportart, die das deutsche

Publikum überhaupt nicht mitbekam). Bei den Europameisterschaften in der PostFinance Arena in Bern belegte ich am Stufenbarren den vierten Platz und sammelte für die Mannschaftswertung (wir wurden Siebte) die meisten Punkte. Und bei den Deutschen Meisterschaften Ende Mai in Hamburg, die als erster Qualifikationsdurchlauf galten, gewann ich jeweils Bronze am Stufenbarren und am Boden. Auch mit der zweiten Qualifikation in der Ballsporthalle in Frankfurt am Main konnte ich zufrieden sein. Dann gingen die Rechnerei und die Warterei wieder los.

Guti nahm mich nach der zweiten Quali zur Seite: „Egal, wie das ausgeht, ich bin unheimlich stolz auf dich, und ich bin stolz, dich so lange auf deinem Weg begleitet zu haben, schon als du noch ein kleines Kind warst. Und wenn es jetzt nicht klappen sollte" – wusste sie etwa mehr als ich, schob sie für mich schon mal das Sprungpolster für eine möglichst weiche Landung heran? –, „wenn das also nicht klappt, hast du ja noch deinen Plan B."

Plan B?

Als Aktivensprecherin, zu der ich 2009 gewählt worden war, nahm ich an der entscheidenden Sitzung teil. Was schon ein komisches Gefühl war. Aber alle unguten Gefühle verflogen, als die Bundestrainerin Ulla Koch gleich am Anfang ihre Wahl vorstellte. Am liebsten wäre ich spontan auf den Tisch gesprungen, hätte die Faust nach oben gestreckt und geschrien „Hurra! Hurra, ich darf mit zum Zuckerhut!" und dabei den ungelenken Versuch unternommen, einen Samba zu imitieren. Aber das verbot sich natürlich in dieser honorigen Runde und dazu in meiner

Position. Stattdessen nahm ich die Glückwünsche der Teilnehmer mit einem dezenten Lächeln an.

Mit dieser Entscheidung war verbunden, dass ich eine der Mitkandidatinnen auf den sechsten Platz der Ersatzturnerin verdrängt hatte. Ich war in dieser Situation viel zu ichbezogen, um Mitleid zu empfinden, dafür hatte ich nach dem Kreuzbandriss zu viel investiert. Aber ich hatte Mitgefühl, weil ich das 2008 durchgemacht hatte und genau wusste, was in ihr vorging. Anstatt so zu tun, als sei nichts geschehen, als sei diese Entscheidung das Natürlichste der Welt, suchte ich das Gespräch mit ihr.

„Ich kann nachempfinden, was mit dir los ist, du kennst meine Geschichte. Versuche, stark zu sein. Ich finde es toll, dass du dabei bist, das meine ich so, wie ich es sage. Versuche auf alle Fälle, die Zeit in Rio zu genießen."

Ich weiß, das war leichter gesagt als getan. Aber zumindest kam es aus dem Mund von einer, die mitreden konnte. Ich gab mein Bestes, damit sie sich nicht als fünftes Rad am Wagen fühlte. Auch das ist leichter gesagt als getan. Denn die Ersatzturnerin darf nicht mit zur Einkleidung. Schon da beginnt die Ausgrenzung. Ihr und ich. Drinnen und draußen.

Ich hatte mir vorgenommen, die Spiele noch intensiver zu genießen, die Wettkämpfe und das Drumherum London war regelrecht an mir vorbeigeflutscht, war schneller vorbei als zweimal tief Luft geholt. Wer wusste denn schon, dass ich noch einmal die Gelegenheit dazu bekommen würde.

Und dann war ich wirklich dort, in Rio, voller Freude am Zuckerhut. Der Spaßfaktor wurde allerdings beim Einzug in das Olympische Dorf im eher modernen, eher wohlhabenden Stadtteil Barra da Tijuca im Westen der Stadt ein wenig gedämpft. Rund 18 000 Sportler, eingepfercht in 31 neoplattenartige Wohntürme mit jeweils 17 Stockwerken. Es hagelte Proteste, die Australier erklärten die Unterkünfte schlichtweg für „unbewohnbar". Die Zimmer spartanisch, die Toiletten oft verstopft, es gab keine WC-Deckel, es stank nach Gas, die Organisation konnte mit der guten Laune und Lebensfreude der Brasilianer nicht mithalten. Einige Länder sollen mit eigenem Geld selbst dringende Reparaturen übernommen haben. Wenigstens hatten die Gastgeber, so hieß es, in den kleinen Zimmern einen Mückenschutz eingebaut, um uns vor dem Zika-Virus zu schützen, das in Lateinamerika seit 2015 verstärkt auftrat und das im Vorfeld der Spiele als ernsthafte Gefahr angesehen wurde. In meinem Zimmer fand ich allerdings keinen Mückenschutz, ich schlief stattdessen unter meinem mitgebrachten Moskitonetz.

Es war am Ende ein unglaublich toller Wettkampf, gerade weil nicht allzu viel von unserer Mannschaft erwartet wurde. Aber wir – Eli Seitz, Pauline Schäfer, Sophie Scheder, Tabea Alt und ich – waren motiviert bis in die Zehenspitzen und voller Adrenalin und trugen im Mannschaftsfinale die coolsten Turnanzüge der Welt, die wir selbst kreiert hatten: pink-neongelb-weiß mit schwarzen Bordüren, die neonfarbene Variante der Deutschlandflagge. Wir passten wunderbar in den in verschiedenen Grünschattierungen gehaltenen Innenraum der Jeunesse-Arena, einer von außen eher unscheinbaren

Mehrzweckhalle. 12 000 Zuschauer machten in der Halle richtig Rambazamba, die waren emotional so high, als spiele die Seleção, die brasilianische Fußballnationalmannschaft, im Maracanã-Stadion um die Weltmeisterschaft, es waren beinahe hippieske Zustände. Frau Koch schwor uns darauf ein, uns einfach vorzustellen, dass die Besucher für uns schrien und jubeln, und zu versuchen, die Welle, die von den Rängen in den Innenraum herunterbrandete, für uns in Energie umzuwandeln. Bei meiner Bodenübung hörte ich meine Musik manchmal nicht, weil das Publikum eine parallel turnende Brasilianerin derart mit Jubel zudeckte.

Wie auch immer, wir waren so unfassbar gut drauf, dass wir im Mannschaftsfinale den sechsten Platz erreichten, gerade mal sieben Zehntelpünktchen hinter den Viertplatzierten, den Brasilianerinnen – das beste Ergebnis seit der Wiedervereinigung für eine deutsche Mannschaft. Wir kreischten, wir fielen uns in die Arme, wir tanzten wie Derwische, wir badeten wie Dagobert Duck in Tausenden Goldtalern. So fühlte sich Glück an, so fühlt sich Glück bei Olympia an. Sophie Scheder und Eli Seitz krönten das mit der nicht weniger sensationellen Bronzemedaille und dem vierten Platz am Barren, und wir hatten einen weiteren Grund, um am Abend im Deutschen Haus einen draufzu machen. Der Strandclub Blue Barra Beach Pacific, gelegen mitten in einem Naturschutzgebiet, war Treffpunkt für Athleten, Funktionäre, Journalisten und Sponsoren. Ich nahm mir zwei der furchtbar schlecht zubereiteten Caipirinhas, drückte eines der Gläser Frau Koch in die Hand und sagte: „Jetzt stoßen wir mal an, es ist Zeit dafür." Zwar blieb es beim Sie, aber mit mittlerweile 27 Jahren hatte ich keine Scheu mehr, in Gegenwart der Bundestrainerin Alkohol zu trinken.

Es waren die Olympischen Spiele, bei denen Fabian Hambüchen viele Deutsche, die sich sonst nicht die Bohne für Turnen interessieren, für unseren Sport mitriss, weil er Gold am Reck holte und damit seine einzigartige Karriere krönte. Es waren die Spiele, bei denen die Amerikanerin Simone Biles mit vier Gold- und einer Bronzemedaille zum internationalen Superstar auch außerhalb des Turnsports aufstieg. Mein Olympiaheld war jedoch Andreas Toba aus der deutschen Männermannschaft. In der Qualifikation verletzte er sich bei seiner Bodenübung und wusste sofort, dass sein Knie in Mitleidenschaft gezogen war. Die Vernunft verbat es, weiterzuturnen. Er ließ sich aber einen Verband anlegen, um ans Pferd gehen zu können – dadurch hatte die Mannschaft das Teamfinale erreichen können (in dem sie am Ende den siebten Platz belegte). Hinterher stellte sich heraus, dass er mit einem Kreuzbandriss weitergeturnt hatte.

In Rio begann ich zum ersten Mal, mir allein etwas außerhalb der Wettkampfstätten und der Hotels anzuschauen. Die anderen hatten ihr Sightseeing schon beim Olympic Test Event absolviert. Ich dachte mir: Da musst du dich eben trauen, die Stadt auf eigene Faust zu erkunden.

„Allein?" Unser Teammanager äußerte Bedenken. „Das ist nicht ganz ungefährlich."

Pah, wer keinen Plan B als Sicherheitsnetz spannt, lotst sich auch selbst durch eine Stadt wie Rio.

„Gib wenigstens Bescheid, wenn du das Dorf verlässt, und melde dich, wenn du abends zurückkommst."

„Ich ziehe dann mal los", sagte ich den Mädels, als ich nach dem Frühstück aufbrach.

Als ich am Abend in die Unterkunft zurückkam, empfing mich Eli. „Kimi, was hast du denn den ganzen Tag gemacht? Du grinst von einem Ohr zum anderen."

„Och, habe mein eigenes Sightseeing gemacht, in bin durch die Gässchen gestrichen. Und oben auf dem Zuckerhut war ich auch."

Es waren tolle Olympische Spiele und wunderbare Erlebnisse, ob allein oder mit dem Team, die ich als Erinnerungen mit nach Hause nahm.

Die Außenhaut des Flugzeuges, mit dem wir nach Frankfurt zurückflogen, zierte das Logo der Olympiamannschaft versehen mit dem Titel „Sieger-Flieger". Die Maschine hielt auf dem Flugfeld, Bedienstete des Flughafens applaudierten und bereiteten uns einen tollen Empfang. Alles war abgesperrt, wir mussten uns keinen Kontrollen unterziehen und vom Rollfeld fuhren wir in mehreren Bussen – Polizeiwagen vorneweg – direkt zum Römer, es ging hinauf auf den Balkon des Rathauses, wo sich sonst die Fußballer den jubelnden Fans präsentieren. Ich kam mir vor wie ein VIP. Auf dem Römer war mächtig was los, Bundespräsident Joachim Gauck begrüßte uns, der Bürgermeister schüttelte uns die Hand und die Menschen feierten uns. Was wir geleistet hatten, war in der Heimat also doch nicht unbemerkt geblieben.

In diesem Herbst begann ich mein Masterstudium, es plätscherte mehr oder weniger vor sich hin. Turnen weitermachen? Klar, weitermachen. Warum auch nicht. Wie lange noch? Wie kann ich mit dem Turnen aufhören? Wo sehe ich mich in fünf bis sieben Jahren? Ich glaube, ich legte hier den Grundstein für einen möglichen Ausstieg. Die Beantwortung dieser Fragen hatte aber dennoch Zeit, ich setzte sie erst mal ganz unten auf die To-do-Liste. Denn es wartete wieder eine Deutsche Meisterschaft, es lockte wieder irgendwo ein Cup, wo ich neue Glücksgefühle erleben konnte; zumindest sehnte ich mich weiterhin nach Applaus, nach Wertschätzung. Vor allem war es nicht mehr lange hin bis zur erneuten Weltmeisterschaft in meiner Heimat, in Stuttgart. Nach der bitteren Erfahrung von 2007 wollte ich mir das dieses Mal nicht durch die Lappen gehen lassen, ganz sicher nicht. Dann hätten die überhaupt nicht erst anzufangen brauchen. 2019 keine WM in Stuttgart ohne mich!

Das war das nächste Ziel.

Und ein Jahr darauf würden wieder Olympische Spiele sein. Warum nicht ein drittes Mal Olympiafeeling, warum dieses Erlebnis nicht auch noch mitnehmen? Ich würde dann zwar 31 sein, gewissermaßen im turnerischen Greisenalter, vielleicht würden mich die Funktionäre auch höflich bitten, für eine Jüngere Platz zu machen. Was soll's – dann musste ich einfach so gut sein, dass sie um mich nicht würden herumkommen können. Basta!

Die Zeit raste weiter, heute war schon beinahe morgen. 2017 Weltmeisterschaft in Montreal, bei den Europameisterschaften im rumänischen Cluj wieder knapp an einer Medaille vorbeigeschrammt (einmal Vierte, zweimal Fünfte), 2018 die Weltmeisterschaft in Doha, wo ich die Fußverletzung erlitt und wir mit dem Team den achten Platz erreichten. Dieses Turnier habe ich in guter Erinnerung. Allein die Jeep-Tour, die ich für die Mannschaft organisiert hatte, um den Sonnenaufgang zu erleben. Da wuchs etwas zusammen. Ich weiß nicht mehr, wer darauf kam, aber plötzlich war die Rede von der „Bui-Bande" und ich war so eine Art Anführerin geworden, die, mehr unbewusst als willentlich, das Team zusammenhielt. Wahrscheinlich, weil ich die Älteste und Erfahrenste von uns war.

Gerade mal zwei Wochen vor meinem zweiten Kreuzbandriss, 2015, hatte ich mein Scherflein dazu beigetragen, dass die Turnweltmeisterschaft ein weiteres Mal in Stuttgart stattfinden würde. Ich war nämlich neben dem damaligen Präsidenten des Deutschen Turner-Bundes, Rainer Brechtken, ausgewählt worden, mit dem Stuttgarter Oberbürgermeister Fritz Kuhn nach Melbourne zu fliegen, wo der Weltturnverband, die Fédération Internationale de Gymnastique, auf ihrem Kongress den Austragungsort für eben jene Titelkämpfe festlegte. Ich war also so etwas wie die Turnbotschafterin meiner gefühlten Heimatstadt. Einziger Mitkonkurrent war Rotterdam.

Eigentlich war das der helle ökologische Wahnsinn. Da flogen zwei europäische Delegationen ans andere Ende der Welt, um ihre Bewerbungen zu präsentieren – für gerade mal zwei Nächte und weniger als achtundvierzig Stunden. Die holländische Delegation lud alle Teilnehmer des Kongresses auf ein Get-together mit Käsesnack und

Holzschuhmitbringsel ein. Unsere Delegation hatte ein Essen im Munich Brauhaus organisiert, wo mehr oder weniger originale Weißwürste und Maultaschen serviert wurden. Anschließend verteilten wir uns an die Tische, um die Vertreter aus aller Herren Länder mit Argumenten und Charme zu überzeugen, und übergaben kleine Geschenke (keine Bange, weit unter einem Wert, der einen Delegierten in seiner Meinung hätte beeinflussen können, wir waren schließlich nicht bei der FIFA).

Beiden Städten standen im Kongresszentrum jeweils 15 Minuten für die offizielle Bewerbung zur Verfügung. Fritz Kuhn durfte einige Worte an die Delegierten richten, hernach Rainer Brechtken, und schließlich wandte ich mich mit meinen werbenden Sätzen an die Delegierten. Um auf Nummer sicher zu gehen, wurde noch ein Filmchen mit der Bundeskanzlerin auf einer großen Leinwand abgespielt, die es natürlich auch großartig fände, wenn Turner ihre Weltmeisterschaften wieder einmal auf deutschem Boden ausrichten würden. Wir hatten unsere Sache offenbar gut gemacht, denn wir erhielten den Zuschlag für das Ereignis in vier Jahren. Rein ins Taxi, rein ins Flugzeug. Notlandung in Perth wegen eines ärztlichen Notfalls, zwei Stunden Verzögerung, verpasster Weiterflug in Doha, Landung in Frankfurt, vormittags in die Praktikumsstelle, zwei Wochen später Kreuzbandriss, die sportliche Zukunft auf der Kippe.

Aber es war ja alles gut gegangen. Vor der WM in Stuttgart gewann ich bei den Deutschen Meisterschaften in Berlin Silber im Mehrkampf und wurde vor allem die älteste

Deutsche Meisterin aller Zeiten am Boden (was keiner Zeitung eine Zeile wert war). Dafür verkackte ich am Barren, fiel herunter. Danach riefen alle: „Kimi, wir haben dich noch nie verturnen sehen!“ Klar, mein Name wurde nun mal gleichgesetzt mit Zuverlässigkeit. Allerdings hatte der Verturner einen Grund. Ich hatte meinen Trainer Robby gebeten, mir den Barren einzustellen.

Eine enorm wichtige Angelegenheit, die Turnerin muss sich darauf hundertprozentig verlassen können, sie hat keine Zeit, die Einstellung noch mal zu kontrollieren. Nun ja, Kontrolle ist mitunter aber wichtig ...

2017 bei der Weltmeisterschaft in Montreal versicherte unser Trainer Eli und mir, er werde den Barren für uns einstellen (wir beide brauchten dieselbe Härteeinstellung des Barrens). Vor uns war allerdings Tabea Alt an der Reihe, die den Barren wesentlich härter mochte.

„Der Barren ist für uns immer noch zu hart“, beschwerten wir uns. Der Trainer tat das ab, das könne nicht sein.

Dann beobachtete ich, wie er den Bügel zum Verstellen der Härte hochzog, aber bloß so tat, als würde er etwas verändern. Er drehte den Bügel nämlich zweimal in eine Richtung und dann wieder zweimal in die entgegensetzte.

„Hast du das wirklich so eingestellt, wie wir es brauchen?“ Wir ließen nicht locker, bis der Trainer zugab, er habe tatsächlich keine Änderung der Einstellung vorgenommen. Er wollte uns weismachen, dass solche minimalen Unterschiede in der Härte kein Mensch merken würde und sie keinerlei Einfluss auf die Leistung hätten. Mit anderen Worten: Er setzte sich über uns hinweg und nahm uns nicht ernst.

Wenn ich aber vor dem Gerät stehe und sehe, dass der Barren nicht richtig eingestellt ist, rieseln Sandkörner in mein Getriebe.

Was denn los sei, heißt es dann gern aufseiten der Trainer, bei den anderen gehe es doch auch.

„Das mag sein, aber für mich passte der Barren nicht richtig."

Die Blicke der Trainer sagen alles: Die hat einen Webfehler, die ist ballaballa, die sucht bloß eine Ausrede dafür, dass sie ihre Leistung nicht gebracht hat. Sensibelchen. Und das kommt von Leuten, die uns so nah sind wie kaum ein anderer und die wissen müssten, dass wir sensibel sind wie hochgezüchtete Rennpferde. Ich habe schon viele Situationen erlebt, in denen es nicht optimal lief: Du springst an den Barren und das erste Gefühl, der erste Gedanke ist: Das Gerät ist nicht richtig eingestellt, es schwingt anders als gewohnt, das fühlt sich überhaupt nicht gut an. Anderes Szenario: Gerade, wenn Chinesinnen vorher dran waren – die sprühen den Holm mit so viel Wasser ein, dass er tropft, und stellen das Gerät brutal weich ein. Danach bedarf es nicht nur der Härteeinstellung, sondern auch einer gründlichen Präparation des Griffes. Dann kommt man an einen Barren, der anders ist als gewohnt. Selbst der Bodenbelag fühlt sich seltsam an. Dies sind Momente, die dich aus dem Gleichgewicht, aus dem Flow bringen können, und die fangen ja schon beim Aufwärmen an. Man hat 20 Minuten Zeit für jedes Gerät. Im Gegensatz zu den Männern (warum auch immer) muss das bei uns Frauen zeitlich genau geregelt sein, sonst gibt es Beef, Streitereien.

„Die ist schon viel zu lange am Gerät." „Ich habe viel weniger Zeit am Schwebebalken!" „Wann macht die sich endlich vom Acker?"

So viele Momente, so viele Begebenheiten, die Zweifel in dir aufkommen lassen, die dich in innerliche Unruhe versetzen können. Du spürst, dass dein Trainer schlecht drauf ist. Warum ist der Trainer heute so angestrengt, geradezu nervös? Die eine Punktrichterin – hat die nicht die Augenbrauen in die Höhe gezogen, als du den Innenraum betreten hast? Ach, die Nacht hast du ziemlich schlecht geschlafen, nicht wahr? Tausendmal trainiert, und tausendmal ist nichts passiert. Und dann passiert es plötzlich doch. Weil in Taiwan ein Schmetterling zu schnell mit den Flügeln geschlagen hat. Oder dein Barren nicht so eingestellt ist, wie du es brauchst, wie du es gewohnt bist. Bei all diesen Unwägbarkeiten stellt doch wenigstens das kein Problem dar. Eigentlich.

Also hatte ich bei jener Deutschen Meisterschaft vor der WM in Stuttgart Robby gefragt, ob er für mich den Barren einstellt.

„Die Guti geht mit dir hoch und kontrolliert das."

„Was? Ich dachte, du gehst mit mir hoch aufs Podium. Du solltest das doch machen."

„Aber du weißt doch, es darf nur einer mit hoch. Die Guti macht das eben."

Keine Zeit zu diskutieren, dafür Zeit für aufkommende Unsicherheit.

Ich begann die Übung, und eigentlich muss der Trainer das Sprungbrett sofort wegziehen, mit dessen Hilfe ich mich hochkatapultiert hatte. Ich ging in den Handstand und sah, wie sie noch mit dem Brett hantierte. Auf der Stelle ging es kreuz und quer in meinem Kopf … Guti, was soll das … Robby, hättest du nur mal … und mittendrin – verturnte ich.

Von der Stimmung her waren die Weltmeisterschaften in Stuttgart dann riesig, volles Haus, die Fans feierten uns. Das Teamfinale verpassten wir um 0,034 Punkte. Wir wurden unter 24 Ländern Neunte und waren als Team immerhin für die Olympischen Spiele im nächsten Jahr, 2020, qualifiziert. Diese Meisterschaften entpuppten sich als Simone-Biles-Festspiele: Fünf Goldmedaillen – mehr ging nicht.

Und im nächsten Jahr auf ein Neues, die interne Olympiaqualifikation. Gut, bei den Deutschen Meisterschaften 2019 hatte ich mit Gold am Boden und Silber im Mehrkampf respektabel abgeschnitten und war damit in einer guten Ausgangsposition für die Olympiaqualifikation. Bei den anstehenden Spielen legte der Turnweltverband fest, dass nur vier Turnerinnen das Team bilden (im Gegensatz zu den vorherigen Spielen, wo es noch fünf waren). Aber über der endgültigen Besetzung schwebte immer noch ein Fragezeichen, was ich aus eigener Erfahrung nur zu gut wusste. Ich durfte nicht daran denken, dass ich noch einmal nur als Ersatz in den Vororten von Tokio vergammeln oder gar gleich herausgekegelt werden würde.

Im Januar 2020 flogen wir für ein Trainingslager in die Karibik, nach Martinique. Einen Tag verbrachten wir in

Les Salines, am schönsten Strand der Insel. Zufällig standen vier meiner Teamkolleginnen mit den Füßen in dem kristallklaren Wasser. Frau Koch ließ durchblicken, dass ihre vier Favoritinnen eigentlich schon feststünden.

„Halt, bleibt mal so stehen", rief sie, das Handy als Fotoapparat in den Händen haltend. „Super! Das könnte glatt das Olympiateam sein." Sie fotografierte die vier anderen, während ich direkt neben ihr stand. Trick 110 a, Absatz vier aus dem Handbuch der Psychotricks.

Nach der Rückkehr stand für mich fest: Trotz dieses orakelhaften Satzes wollte ich den Kampf noch einmal aufnehmen. Ich hatte noch ein gutes halbes Jahr Zeit bis zu den beiden Qualis, um zu verhindern, dass ein Quartettfoto wo auch immer ohne mich aufgenommen werden würde. Ich hätte es mir nie verziehen, wenn ich vorzeitig das Handtuch geworfen hätte und bis zum Sankt-Nimmerleins-Tag hätte grübeln müssen, ob das nicht ein Fehler gewesen war.

Tja, und dann kam Corona. Anfang März gab es samstags noch einen Bundesligawettkampf und dann lernten wir alle, was ein Lockdown ist. Ich war mir wie meine Kolleginnen und die Trainer sicher, dass die Olympischen Spiele dennoch stattfinden würden, bis August war es noch lange hin. „Da steckt so viel Geld dahinter, die werden die Spiele nie und nimmer absagen", war unsere einhellige Meinung. Außerdem bereiteten wir uns bereits intensiv darauf vor, allein deswegen müssten und würden die Spiele stattfinden.

Pustekuchen! Ich saß gerade im Auto, als sie in den Nachrichten mitteilten, das Internationale Olympische Komitee habe wegen der Covid-19-Pandemie die Spiele um ein Jahr verschoben; zum ersten Mal in ihrer Geschichte würden sie nicht im obligatorischen Vierjahresrhythmus stattfinden. Das war am 24. März 2020.

Jeder Mensch weiß, dass ein Krieg oder ein Vulkan ausbrechen können; dass Menschen bei einem Flugzeugabsturz ums Leben kommen können; dass man Opfer von Entführern werden, dass morgen in seinem Schrebergarten ein Asteroid einschlagen und der Lieblingsverein nach 30 Jahren aus der Fußballbundesliga absteigen kann. Jeder weiß um diese Möglichkeiten. Aber keiner will es wahrhaben, weil das alles einfach nicht passieren *darf* und somit nicht passieren *wird*. So erging es mir mit der Absage der Olympischen Spiele. Sie finden alle vier Jahre so sicher statt, wie es zu Weihnachten Schokonikoläuse gibt und die nicht verkauften drei Monate später zu Osterhasen mutiert in grünem Kunststroh wieder auftauchen.

Erneut ein Loch, das sich auftat. Wieder vier Jahre extremes Training, was kein Außenstehender mitbekommt, vier Jahre der Hoffnung, das noch einmal mitfeiern zu dürfen, vier Jahre alle Bedenken beiseitegeschoben. Und jetzt? Das konnten die doch nicht machen. Konnten sie aber, natürlich. Vielleicht mussten sie das sogar. Erst später wurde mir klar: Das hätte 2020 nie und nimmer funktioniert.

Als ich die Absage in den Nachrichten hörte, war das wie ein K.-o.-Schlag aus dem Nichts. Zwar wurden die Spiele um ein Jahr verschoben, aber wer wusste schon, was mit mir im nächsten Sommer sein würde. Ich fuhr spontan zu einem Freund, in dessen Studio ein Boxsack baumelte. Noch nie in meinem Leben hatte ich auf einen Boxsack eingeschlagen. Jetzt schrie und heulte ich, drosch auf das Leder ein, ließ all meine Wut, meinen Frust raus und legte in die Schläge, was ich hatte, verfluchte mich, dass ich nach wochenlangem inneren Ringen überhaupt noch einmal den Kampf für die Aufnahme in das Olympiateam aufgenommen hatte.

Als ich einigermaßen wieder zu mir gekommen war, sagte ich mir: Okay, du hast diesen Weg nach Tokio aufgenommen, du wirst ihn weitergehen, dann eben bis ins nächste Jahr. Wie alt ich dann wäre? Das spielte keine Rolle, auf das eine Jahr kam es nun wirklich nicht an.

Training in der Halle war erst mal nicht. Wir alle wurden kreativ und versuchten, so gut es ging, uns zu Hause fit zu halten: Rumpfübungen, Übungen mit Kettle Bells und Gummibändern, Üben der Balkenelemente auf dem Boden. Natürlich kam die Motivation in der Einzelhaft ins Trudeln. Mehr denn je drängte sich die Frage auf: Für was mache ich das alles? Wann würde es wieder losgehen? Würde es jemals wieder losgehen? Später sickerten Gerüchte durch, ja, vielleicht, vielleicht beginnt im Herbst die Bundesligasaison wieder.

Wie alle anderen Menschen musste auch ich meine Außenkontakte massiv einschränken. Vorher war ich mit gefühlten 300 Stundenkilometern durchs Leben gejagt, nun die Coronavollbremsung, die mich entschleunigte. Ich begann mehr als sonst, über mich nachzudenken – hatte endlich auch mal die Zeit dazu –, ging nicht mehr zehn

Sachen auf einmal an, sondern hübsch eine nach der anderen. Aber über allem die Frage schwebend: Würde es eine Fortsetzung meines Turnerlebens geben?

Eine Trainerin klagte in diesen Wochen einmal am Telefon: „Ach, wie schlimm ist diese Zeit, man kann überhaupt nicht mehr zusammen essen gehen."

Fand ich nun überhaupt nicht, das fehlte mir nicht unbedingt; ich versuchte viel eher, Zeit für mich zu gewinnen, und eine Zeit lang war ich auch fein damit, mal allein zu sein. Aber – wie bei einem alten Zirkusgaul – irgendwann begann es zu bitzeln, begann ich, unruhig mit den Hufen zu scharren, und es dürstete mich wieder nach dem Geruch der Manege und dem Scheinwerferlicht.

Die Zahl der Infizierten sank, das gewohnte Leben kehrte tröpfchenweise zurück. Training wurde unter strengen Regeln erlaubt, zumindest für die Topleute des Kaders. Also zu fünft in dieser Riesenhalle, wo man, die Hände vor dem Mund zu einem Trichter geformt, schreiend kommunizieren musste. Dennoch: Ich kam mir ungeheuer privilegiert vor, dass ich als eine der wenigen meiner Tätigkeit wieder nachgehen durfte. Im Juni 2020 richtete der Verband eine Onlinebattle mittels Livestream aus. Turnerinnen von drei Stützpunkten maßen sich in unterschiedlichen Disziplinen, um bei den Menschen draußen die Erinnerung wachzuhalten, dass es noch so etwas wie Turnen gab. Wer schafft die meisten Holmwechsel am Barren, wer steht am Trampolin den Salto in den Stand ohne Ausfallschritt und dergleichen Übungen mehr, die jeder am Bildschirm einfach einschätzen konnte. Aber die Übertragung ruckelte zeitweise, es traten Zeitverzögerungen auf, was die ganze Angelegenheit schon nicht mehr so attraktiv machte. Meine Stuttgarter Mädels und ich hatten sogar einen coolen Tanz einstudiert. Der Moderator kündigte an: „Jetzt kommt Stuttgart!“ Pfeifendeckel, die Übertragung brach ab und der Welt wurde unser hipper Tanz vorenthalten.

Ich nutzte die Zeit auch, um mein Athletiktraining umzustellen, gemeinsam mit dem Athletiktrainer vom Olympiastützpunkt neue Dinge auszuprobieren, an Schwächen zu arbeiten, Übungen anzugehen, für die sonst nie richtig Zeit war.

Bei den Turntrainern hatte ich das Gefühl, dass sie am meisten überfordert waren. Sie waren aus dem gewohnten Rhythmus geworfen, die Tagesabläufe hatten sich in nichts aufgelöst und die Anpassung an die neuen Bedingungen fiel ihnen schwer. Wie wenn du plötzlich nicht in der ersten, sondern in der zweiten Woche des Monats für die Kehrwoche zuständig bist und die Ökotonne nicht mehr montags, sondern auf einmal freitags vor das Haus geschoben werden muss.

Am schlimmsten für sie war wohl das Gefühl: Die Turnerinnen gurren nicht mehr unter unseren Fittichen, wir verlieren die Kontrolle über sie. Huch, die Mädels entwickeln sich, wollen auf eigenen Füßen stehen!

Beim ersten Training nach dem Lockdown, nach viereinhalb Wochen, staunten sie Bauklötze: „Mensch, du siehst ja gar nicht mal so schlecht aus.“

„Was hast du denn gedacht? Dass wir als Klöße zurückkommen?“, entgegnete ich.

Sie hatten schlicht an unserer Selbstständigkeit und Professionalität gezweifelt.

Die Guti kam uns mit hochrotem Kopf entgegen. „Das wurde Zeit, endlich trainieren wir wieder einmal." Zu einer Turnerin gewandt: „Du bist gut erzogen, du hast dich in dieser Zeit wenigstens mal bei mir gemeldet." Mich und Eli Seitz sah sie strafend an: „Im Gegensatz zu euch beiden."

„Ist das dein Ernst?", gab ich zurück. Wir standen doch untereinander in Kontakt?

Einen Tag darauf kam Robby in die Halle, klatschte in die Hände. „Jetzt müssen wir richtig ranklotzen, wir müssen in die Pötte kommen. Immerhin haben wir viereinhalb Wochen verloren, die gilt es aufzuholen."

Ich meldete mich zu Wort: „Darf ich auch mal was sagen? Ich bin nicht der Meinung, dass wir viereinhalb Wochen verloren haben. Schließlich stehen überhaupt keine Wettkämpfe an, alles wurde abgesagt. Sogar die Olympischen Spiele, auf die wir uns hammerhart vorbereitet hatten. Warum sollen wir jetzt Gas geben? Verlorene Wochen? Ich konnte mal einige Wehwehchen auskurieren und mal was Neues ausprobieren. Hätte jeder tun können, der es wollte. Ich denke, ich spreche da für uns alle. Jedem von uns tat das mal gut."

„Du brauchst Corona nicht noch schönzureden."

„Ich rede Corona doch nicht schön! Corona hat mir und vielen anderen die Olympischen Spiele vermasselt. Ich versuche bloß, das Positive an der Situation für mich zu finden. Zum Beispiel könnte man mal bestimmte Dinge ändern!"

Ändern? Ach was. Du bist jeweils in der ersten Woche des Monats mit der Kehrwoche an der Reihe und die Biotonne wird weiterhin jeden Montag vors Haus gestellt. War schon immer so, war auch schon immer gut so.

Mein Einwand brachte nichts. Es wurde trainiert, als gäbe es kein Morgen, besser gesagt: als fänden die Olympischen Spiele übermorgen doch noch statt.

Die Bundestrainerin, Frau Koch, rief Eli und mich an, für wann wir unsere Sommerferien planten.

„Sommerferien? Unsere Trainer haben gesagt, dass wir die nicht bräuchten, Urlaub hätten wir gerade erst gehabt. Dafür müssen wir richtig ranklotzen."

„Natürlich braucht ihr Urlaub. Ihr könnt wohl schlecht ein Jahr durchtrainieren bis zu den Olympischen Spielen – wenn sie dann überhaupt stattfinden."

Wir konfrontierten unsere Heimtrainer mit der bundestraineramtlichen Meinung. „Ja, ja, schon, aber wir wissen nicht wann, mal sehen" – eigentlich wie immer. Es war ihnen sauer aufgestoßen, dass wir uns bei der Bundestrainerin beklagt hatten. Bis Frau Koch persönlich vorbeischaute und es wetterleuchtete.

„Warum sollen Kim und Eli jetzt sechs Tage in der Woche trainieren? Die sind so erfahren, dass sie das zum jetzigen Zeitpunkt ganz sicher nicht brauchen. Sie können auch einen Tag in der Woche im Kraftraum des Stützpunktes trainieren."

Hört, hört, welch neue Töne! Das war mal eine Ansage an unsere Trainer.

Eli und ich nahmen sie beim Wort und zogen diesen Stiefel bis zu den Olympischen Spielen durch. Einmal in der Woche in den Kraftraum oder aktive Regeneration. Dafür war vorher nie Zeit gewesen. Nach Meinung unserer Heimtrainer war nie Zeit für irgendetwas anderes als Turnen. Selbst fünf, sechs Stunden am Tag reichten für die nicht aus.

Nun begannen wir auch, selbst Trainingspläne zu schreiben, vorher hatten wir kaum Mitspracherecht gehabt. Das änderte sich jetzt. Bis auf die monatlich stattfindenden Trainingslager der Nationalmannschaft, genannt Lehrgänge, in Frankfurt. Da war klar: Trainingsbeginn ist um neun Uhr. Auch hier begann das Training wie beschrieben mit dem Aufstellen an einer Linie von klein nach groß. „Olympiarekrutin Kim Bui meldet: angetreten und in passabler Form, 51 Kilo beim Morgenwiegen", so etwas in dieser Art fehlte eigentlich nur noch. Wenn man fünf Minuten vor Trainingsbeginn nicht in der Halle war, wurde man scheel angesehen; genauso, wenn während des Lehrganges ein unumgänglicher Termin außerhalb der Halle anstand.

„Musst du deinen Termin ausgerechnet so legen?", bekam man dann zu hören.

Die Trainer gestanden sich selbst in dieser Frage mehr Flexibilität zu, natürlich, klare Sache.

Im Oktober: kurzes Aufatmen – in Karlsruhe wurde die Bundesligasaison wiederaufgenommen. Die weiteren Wettkampftage wurden dann jedoch gleich wieder abgesagt: marsch, marsch, zurück in den Lockdown.

Auch zu Beginn des Jahres 2021 zitterte die Frage vor sich hin: „Finden die Olympischen Spiele statt?“ Im April nahm ich an den Europameisterschaften in Basel teil, holte den sechsten Platz am Boden und den siebten im Mehrkampf. Das waren regelrechte Gespenstermeisterschaften. Leere Halle, null Stimmung. Da merkte ich zum ersten Mal, wie sehr einen das Publikum pushen und tragen kann.

In der Halle herrschte zudem Maskenpflicht. Bei der Übung durften wir sie abnehmen, mussten sie jedoch sofort nach dem Abgang wieder anlegen. Noch außer Puste, alles andere als angenehm.

Die internen Qualis waren für Mai und Juni angesetzt, zunächst bei den Deutschen Meisterschaften in Dortmund ohne Zuschauer, zwei Wochen später in der riesigen Münchner Olympiahalle mit gerade mal 700 Zuschauern. In München patzte ich an meinem Paradegerät, dem Stufenbarren, also gerade dort, wo ich die meisten Punkte holen kann. Ich musste absteigen. Bei mir ging der Rollladen herunter. Fuck, du hast es vergeigt. Tokio noch weiter entfernt also die 9400 Kilometer Flugstrecke. Eli kam sofort zu mir.

„Kimi, jetzt erst recht. Kopf hoch, du hast noch zwei Geräte. Du kannst es. Du weißt, es ist noch nicht Ende.“

Diese Aufmunterung gab mir einen unheimlichen Schub, immerhin war Eli eine Konkurrentin. Die Coronazeit hatte uns näher zusammenrücken lassen, viel näher, als das vorher der Fall gewesen war. Wir merkten, dass wir zu zweit stark waren, gerade wenn es darum ging, unsere

Interessen gegen die Forderungen der Trainer durchzusetzen. In den Jahren davor war das Konkurrenzdenken auch im gesamten deutschen Team viel größer gewesen; es gab Jahre, da gönnte keine der anderen etwas. Das hatte sich nun geändert, wir fieberten unter- und miteinander. Wir waren eben nun die „Bui-Bande". Ging eine von uns ans Gerät, war ihr die Unterstützung der anderen gewiss. So wie Eli mit ihrer Geste nach meinem Sturz in München 2021. Da zeigte sie eine unheimliche Größe. Wenn man so will, waren dieses Zusammenwachsen und Miteinander ein Grundstein für unseren fulminanten Triumph ein Jahr darauf bei den Europameisterschaften in derselben Halle.

Wie auch immer: Die beiden restlichen Übungen bestritt ich bei der Quali gut, doch ich zweifelte, ob ich es geschafft hatte. Zum Ende der Karriere hin womöglich noch eine Blamage, noch mal gelackmeiert. Müsste ich dann bis zu den Olympischen Spielen 2024 in Paris weitermachen, um diese Scharte auszubügeln? Würde das nie enden?

Nach der Quali kam Frau Koch zu mir. „Kimi, wir haben es noch nicht ausgerechnet. Du musst dich noch gedulden."

Natürlich hatte sie mitbekommen, dass ich mein Training eigenbestimmt umgestellt hatte, gegen den Widerstand meiner Heimtrainer mehr auf Athletik setzte, mir verstärkt Rat bei Psychologen und Mentaltrainern holte. Bekam ich jetzt die Quittung für mein eigenmächtiges Handeln serviert?

„Das letzte Jahr war für die Katz", sagte ich zu ihr. „Ich habe alles falsch gemacht."

„Nein“, schüttelte sie den Kopf. „Du hast alles richtig gemacht.“

Wenige Stunden später hatte ich es nach einer unruhigen Nacht im übertragenen Sinn schwarz auf weiß: Ich hatte alles richtig gemacht. Ich wurde für die Olympischen Spiele nominiert. Ich war wieder dabei. Großes Auf- und Durchatmen!

Vor dem Abflug ins Trainingslager in der japanischen Stadt Joetsu schränkte ich alle meine sozialen Kontakte ein. Wie aus dem Orwell-Wörterbuch stand auf meiner Stirn: Kontakte bedeuten Risiko. Alleinsein ist Segen. Zwei weitere Qualifikationen standen vor der Teilnahme, die meinen Puls nicht weniger beschleunigten als die sportliche Probe: zwei PCR-Tests vor dem Abflug und einer bei der Landung. Erleichterung – das Virus hatte mich verschont.

21 Gebäude für 18 000 Sportler bildeten das Olympische Dorf im Stadtteil Harumi, gelegen an der Uferpromenade. Ich war daran gewöhnt, dass die Zimmer im Athletendorf eher spartanisch denn heimelig eingerichtet sind. So erinnerten auch in Tokio die offenen Schränke mit Kleiderbügeln an eine Art von lockerem Strafvollzug; überschäumende Freude wollte in diesen Räumen nicht aufkommen. Die Krönung: Betten, gefaltet aus Pappkartons. Eine Möblierung, die kein Werbegag von Ikea war. Es hieß vielmehr, diese Produktion sei der Nachhaltigkeit geschuldet. Allerdings ging das Gerücht von Mund zu Mund, die Japaner hätten mit dieser unromantischen Liegestatt in den Zeiten von Corona den Paarungswillen zwischen den Sportlern zügeln wollen. Was dafür sprach: Bei den vorherigen Spielen durften

Branchenführer massenweise Kondome auslegen, was als Teil der Anti-HIV-Kampagne galt. Diesmal war Verhütung kein Thema.

Mit dem Einzug wurde uns die Coronahausordnung ausgehändigt. Mindestens zwei Meter Abstand, auch beim Essen, möglichst keine Umarmungen und kein Händeschütteln, möglichst kurzer Aufenthalt in der Mensa, Maskenpflicht außerhalb der Zimmer, jeden Tag ein PCR-Test, 48 Stunden nach Beendigung des Wettkampfes tschüss und auf Wiedersehen. So ging viel vom olympischen Flair, das mich bei den beiden vorangegangenen Spielen so begeistert hatte, flöten. Keine Aktivitäten im Dorf, leere Straßen, kein mitreißender Trubel, nur eine kleine Spielecke, ziemlich freudlos. Natürlich kein Deutsches Haus.

Bei unseren Wettkämpfen waren zunächst Zuschauer verboten, dann durften wenigstens andere Sportler zuschauen. Direkt gruselig, wenn einzelne Aufmunterungsrufe durch die riesige Halle schallten. Mit der Mannschaft erreichten wir nicht das Finale, aber wenigstens turnte ich zweimal einen tollen Mehrkampf (zur Erinnerung: siebzehntbeste der Welt). Nach dem Wettkampf bestürmten mich die deutschen Journalisten in der Mixed Zone, dort, wo die Athleten verschwitzt und abgehetzt und noch voller Adrenalin wie aus der Pistole geschossen kluge Antworten von sich geben sollen, ohne vorher in sich gehen, geschweige denn, das, was sich vor wenigen Minuten im Glücklichen wie im Tragischen abgespielt hat, sacken lassen zu können.

„Kim, wie geht es nach Olympia für dich weiter?“

„Leute", sagte ich leicht genervt, „die Spiele sind nicht mal vorbei und ihr kommt mit solchen Fragen. Also ich weiß es nicht!"

Ich wusste es wirklich nicht, ich hatte seit Rio eigentlich immer nur von Jahr zu Jahr gedacht, ohne Langstreckenplan, wollte mir auch keine Gedanken über meine Zukunft machen. Sicherlich war es eine Verdrängung. Denn die Frage war für mich mindestens so existenziell wie jene, ob ich es zu den Olympischen Spielen schaffen würde. Quatsch: Sie war natürlich wichtiger. Aber da ich keinen blassen Schimmer hatte, wie mein Leben nach dem Turnen weitergehen sollte, verschob ich das Nachdenken über meine Zukunft auf übermorgen und nahm mir vor, nach der Rückkehr von den Spielen erst mal in den Urlaub ins Tessin zu fahren.

Eli qualifizierte sich bei ihren dritten Spielen zum dritten Mal für das Finale am Stufenbarren. Mein Glück – denn dadurch durfte ich noch länger im Olympischen Dorf bleiben.

Da bei so großen Wettbewerben in der Regel keine Zeit bleibt, die Holme des Barrens selbst zu präparieren, vertraut man diese Aufgabe dem Trainer oder einer Kollegin an, ansonsten käme, wenn man in Gedanken voll und ganz bei den nächsten 45 Sekunden sein soll, zu viel Hektik auf. 2018 bei den Weltmeisterschaften in Doha hatte ich für Eli bereits den Barren präpariert und sie gewann die Bronzemedaille. Wir vertrauten uns blind. Eli wählte mich auch in Tokio für diese Aufgabe aus. Der Verband stellte einen Antrag und ich durfte noch bleiben.

Um diesen vertrauensvollen Job so gut wie möglich hinzubekommen, schaue ich mir die Turnerin, die vorher an der Reihe ist, in der Einturnhalle an, besonders, wie sie ihren Barren vorbereitet. Denn wenn es so weit ist, bleibt keine Zeit zum Grübeln und Herumexperimentieren, vielmehr muss das ruckzuck wie bei einer Schnellbesohlung ablaufen, mehr als eine Minute ist meist nicht drin.

Vor Eli war die Chinesin Lu Yufei an der Reihe. Wie die meisten chinesischen Turnerinnen hatte sie die Holme getränkt, der Boden war spiegelglatt. Es galt für mich, schnell das Wasser aufzuwischen und unsere spezielle Mischung auf die Holme aufzutragen: Wasser (das war hier überflüssig), Honig und Magnesium (aber Achtung, wenn zu viel Magnesium auf dem Boden liegt, gibt es gleich einen Punktabzug).

Während der Übung war ich wahnsinnig aufgeregt, aber der Griff sah gut aus, Eli turnte ihre Übung nahezu fehlerfrei durch, ein kleiner Hüpfer bei der Landung. Sie wurde Fünfte (und heimlich umarmten wir uns nicht coronakonform, was auch gut ausging).

Nach den Spielen wurde die Bundestrainerin in Frankfurt in den Ruhestand verabschiedet. Aber ohne ein letztes Mal einen Spruch rauszuhauen, ging das nicht vonstatten.

Vor den großen Wettkämpfen wird für jede Turnerin eine Kollektion von Turnanzügen maßgeschneidert. Frau Koch erinnerte mich nun daran, dass ich jenen Anzug, den ich in Tokio nicht getragen hatte, zurückgeben sollte. Die Fußballer tauschen nach jedem Spiel ihre Trikots mit gegnerischen Spielern oder werfen sie den Fans zu, mein

Turnanzug aber wanderte in den Sammelschrank des Deutschen Turner-Bundes, wahrscheinlich versehen mit dem Etikett „Der Anzug, den Kim Bui 2021 bei den Olympischen Spielen in Tokio nicht trug".

Als ich Frau Koch den ungetragenen Anzug überreichte, meinte sie mir noch mit auf den Weg geben zu müssen, dass ich mich jetzt eben ein wenig anstrengen müsse, um so einen Anzug wieder tragen zu dürfen. War das eine Anspielung darauf, dass wir kurz vor ihrem Abschied das Mannschaftsfinale verpasst hatten? Oder ging das persönlich an mich?

Ach, habe ich übrigens schon erwähnt, dass ich mir bei den nächsten Olympischen Spielen alle Wettbewerbe rund um die Uhr anschauen werde?

Kapitel 7

KASSENSTURZ

Dem *Forbes Magazine* ist zu entnehmen, dass der Fußballer Lionel Messi mit Einnahmen in Höhe von 130 Millionen Dollar der bestbezahlte Sportler des Jahres 2022 war. Es folgten der Basketballspieler LeBron James mit 121 Millionen, die Fußballer Cristiano Ronaldo und Neymar mit 115 beziehungsweise 95 Millionen sowie der Basketballspieler Stephen Curry mit rund 90 Millionen Dollar.

Im selben Jahr erhielt ich während der Olympischen Spiele in Tokio einen Anruf von einem Powerriegelhersteller. Da hatte offenbar ein Mitarbeiter der Marketingabteilung gerade die Spiele im Fernsehen geschaut, und ich war ihm über den Bildschirm gehupft. Ob ich mir vorstellen könne, für sein Produkt Werbung zu machen? Ich sagte: „Ja, hört sich gut an. Wir könnten ins Geschäft kommen. Was stellen Sie sich vor?" Seine Antwort: „Wir können uns über eine Anzahl von Gratisriegeln einigen. Frei Haus."

Wow, die Menge, die er vorschlug, hätte mich die nächsten fünf Jahre mit Energie auf Weizen- und Bananenbasis versorgt, sogar vegan und laktosefrei (falls die Riegel so lange haltbar waren)! Oder rechnete er damit, dass ich sie an meinen Verwandten- und Freundeskreis weiterreichen würde, als eine Art Hausiererin, die von Haustür zu Haustür läuft?

Ich war eine Woche aus Tokio zurück, da rief mich schon wieder jemand an – die Führungskraft eines bundesweit tätigen Unternehmens (das wirklich jeder kennt und das mit Geld gewiss nicht geizen muss). Schmeichelnde Worte, Lob für meine „herausragende Leistung" und meine „ungeheure Präsenz" – kurzum: ob ich nicht Lust hätte, einen Vortrag vor Topkunden der Firma zu halten, irgendetwas über Motivation und den Willen, die Beste zu sein. „Sie wissen schon." Ja, ich wusste schon. Denn wenigstens das hat sich herumgesprochen: dass Spitzensportler in der Regel über Willensstärke und Durchsetzungsvermögen verfügen, was sie zu außergewöhnlichen Leistungen beflügelt. Was sich offenbar noch nicht richtig herumgesprochen hat: Die meisten der Sportler, die es zu den Olympischen Spielen geschafft haben, sind Vollzeitleistungssportler, die nebenher noch studieren oder einen Job annehmen müssen, um über die Runden zu kommen. Ganz anders als die Herren Messi, James und Ronaldo. (Nur mal am Rande erwähnt: Unter den Top 100 der Sportkrösusse fanden sich mit den beiden Tennisspielerinnen Naomi Osaka, die es auf 59 Millionen Dollar brachte, und Serena Williams mit 45 Millionen Dollar gerade mal zwei Frauen.) Mit anderen Worten: Sport ist unser Beruf, wobei ich mit der gesetzlich geregelten Arbeitszeit nie und nimmer hinkäme. Nur muss ich das, was für mich (und den Großteil der Olympioniken) dabei finanziell vom Tisch fällt, mit der Lupe suchen, da es nicht mal krümelgroß ist.

Ich antwortete der Führungskraft: „Kann ich mir gut vorstellen. Was gibt denn Ihr Budget dafür so her?“ Ich schämte mich beinahe ein wenig, ich wollte nicht als geldgierig rüberkommen. Aber bei dem Renommee dieses Unternehmens, von dessen finanziellen Möglichkeiten ganz abgesehen, wüsste der Gesprächspartner auf der anderen Seite meine Frage sicherlich richtig einzuschätzen und meine Leistung angemessen zu würdigen.

Ich hörte durch das Telefon regelrecht, wie mein Gesprächspartner strahlte: „Ein Honorar können wir Ihnen leider nicht zahlen. Aber bedenken Sie mal, welche Plattform wir Ihnen bieten können. Wir können beispielsweise einen Beitrag auf LinkedIn einstellen. Na, ist das was?“

So barock kann wohl keine Eitelkeit sein, um eine derartige Demütigung zu schlucken. Eine Freundin pflichtete mir bei: „Du hättest diese Person bitten sollen, dir nur einen Grund zu nennen, warum du deine kostbare Freizeit opfern solltest, um ihre Leute bei Laune zu halten.“ So ist es.

Um keine Missverständnisse aufkommen zu lassen: Ich neide den Herren McGregor, Ronaldo und Messi und natürlich auch den Tennisspielerinnen Osaka und Williams nicht einen einzigen Dollar, den sie verdienen. Mir ist bewusst, dass mit diesem Füllhorn an Geld ein massiver Verlust an Privatleben verbunden ist und es eine außergewöhnliche Leistung voraussetzt (die allerdings erbringen Tausende von Sportlern ähnlich). Mir ist bewusst, dass es Marktgesetze gibt, die mit der Medienwirksamkeit, mit Übertragungsrechten und Sponsorenhonoraren zu tun haben. Mir ist bewusst, dass Fußball für die Medien attraktiver ist als Turnen. Aber warum ist das eigentlich so? Und muss das so sein? Wie bei vielen Phänomenen stellt sich auch hier die Frage, ob der Fußball an sich der Grund ist oder der mediale Hype; also was war zuerst da, Henne oder Ei? Fest steht: Fußball verdrängt alle „Randsportarten" (allein diese Bezeichnung ist schon eine Diskriminierung), zu denen neben dem Turnen auch die olympischen Urdisziplinen Leichtathletik und Ringen zählen. Einst hatten sie ihren festen Platz in den Sportsendungen von ARD und ZDF. Vor 20, 30 Jahren etwa begann jedoch die Dampfwalze Fußball das Angebot zu plätten. Die Sender zahlen für den Fußball immer gigantischere Summen und räumen ihm selbst bei den läppischsten Wettbewerben wertvolle Sendezeit ein, inklusive ermüdender Interviews und ausführlicher Vor- und Nachberichte. Das geht inzwischen zulasten aller anderen Sportarten, die immer mehr an den Rand gedrängt werden, bis sie ins mediale Nirwana kippen. Die finanzielle Schere öffnet sich immer weiter. Das Publikum wird regelrecht umerzogen und von vielen Sportarten entwöhnt, weil sie einfach nicht mehr auftauchen. Dass aber bei sportbegeisterten

Menschen nach wie vor die Leidenschaft für Sport und Sportler lodert, die in finanzieller Hinsicht auf einem anderen Planeten leben (Randsportler, gegen die jeder Ersatzspieler in der Fußballbundesliga als Spitzenverdiener gilt), bewiesen die European Championships 2022, bei denen in vierzehn Tagen neun Sportarten in München ihre Meister kürten. Die Stimmung war unvergleichlich, man empfand beinahe so etwas wie Aufbruchsstimmung. Ich kann das beurteilen, denn ich war dabei!

Ich bin im Turnen nicht angetreten, um reich zu werden. Mir war von Anfang an klar, dass finanziell in diesem Sport nichts zu holen ist. Ich bin schließlich nicht naiv. Ich bin glücklicherweise auch nicht mit dem Laster des Neides gestraft. Aber in mir pocht schon ein Gerechtigkeitsgefühl, das mir sagt, es ist einfach nicht in Ordnung, wenn eine Sportart alle anderen dominiert und den Rahm abschöpft, sodass der große Rest, der mindestens genauso viel leistet, leer ausgeht. Andererseits: Ist Gerechtigkeit in diesem Zusammenhang überhaupt eine Kategorie? Schließlich turnen wir uns den Herzbändel freiwillig ab. Ich hätte mich ja auch der Forschung widmen oder, wenn ich anders getickt hätte, eine Ausbildung machen können.

Ich verstehe durchaus, dass in Zeiten, in denen viele Menschen nicht wissen, wie sie ihre Strom- und Gasrechnung bezahlen sollen, Schulen und Straßen sanierungsbedürftig sind, die Förderung von Athleten der „Randsportarten" aus öffentlichen Mitteln infrage gestellt wird. „Lohnt sich eine halbe Milliarde Steuergeld für

37 Medaillen?", bezweifelte die *Bild*-Zeitung nach den Olympischen Spielen 2021. Wobei ich gern mal wissen würde, inwieweit dieses Geld sinnvoll, also zielgerichtet eingesetzt wird und wieviel davon tatsächlich an die Athleten geht. Daran knüpft sich die Frage, inwieweit es sinnvoll ist, das Prinzip der Förderung mit dem goldenen, silbernen und bronzenen Medaillennachweis zu verketten. Das geschieht beim Hochleistungsfußball nämlich nicht, der, egal, welche Position ein Verein einnimmt, jede Menge Gelder aus staatlichen und halb öffentlichen Töpfen absaugt.

Es stellt sich die Frage – auf die ich später noch eingehen möchte –, ob wir auf Teufel komm raus an der Spitze mithecheln müssen, in einer Welt, in der Erfolg mitunter nur mit Missbrauch, Doping, Korruption und Manipulation zu erreichen ist. Die Gesellschaft muss dringend klären, was sie überhaupt mit der Förderung von Hochleistungssport erreichen will. Das Schielen nach dem Medaillenspiegel – hier lief in Zeiten des Kalten Krieges eine softe Form des Systemkampfes – kann es heute wirklich nicht mehr sein. Nach meiner Ansicht geht es vielmehr darum, über den Leistungssport dem Breitensport Anreize zu geben, sei es für die Leistungsbereitschaft, für den Umgang mit Rückschlägen, für Fairplay und das Miteinander über alle Grenzen wie Nationalität, Ethnie und Geschlecht hinweg; oder, ganz schlicht, für die Erweckung der Freude an sportlicher Betätigung überhaupt, was ja nicht selten über Vorbilder geschieht, und damit für die Gesundheitsförderung. Es ist doch sinnvoll, Vorbilder zu fördern, wenn immer weniger junge Menschen einen Baum hochklettern können, unter Übergewicht und Fettleibigkeit leiden – mit all den bekannten körperlichen, sozialen und gesellschaftlichen Folgen.

Um dies zu erreichen, müssen Vorbilder nicht unbedingt Medaillenabräumer sein. Ich sag es mal so: Der 2022 verstorbene Uwe Seeler war nie Weltmeister, sondern gerade einmal Deutscher Meister und einmal Pokalsieger. Nichtsdestotrotz war er der populärste Fußballer Deutschlands der Nachkriegszeit. Ihn haben die Menschen geliebt, den wesentlich erfolgreicheren Franz Beckenbauer hingegen eher respektiert. Der französische Radfahrer Raymond Poulidor gewann nie die Tour de France, galt als der „ewige Zweite", aber seine Landsleute verehrten ihn wie einen Heiligen. Die deutsche Frauenfußballmannschaft verlor 2022 das Endspiel der Europameisterschaft gegen England, gewann aber umso mehr Sympathien. Es geht, glaube ich, nicht darum, welche Titel und Trophäen du am Ende in den Händen hältst, sondern um die Art und Weise, wie du deinen Lauf hinter dich gebracht hast.

So, machen wir mal Kassensturz: Seit ich im Bundeskader turne, unterstützt mich die Sporthilfe. Am Anfang erhielt ich 25 Euro im Monat; immerhin wurden mir die Trainingsklamotten gestellt. Je länger ich mich im Kader behauptete, desto mehr wurden die Beträge aufgestockt. 50 Euro im Monat, 75 Euro, 100 Euro. Ich war froh, dass ich überhaupt etwas bekam, keine Frage. Irgendwann kam ich auf 300 Euro, schließlich auf 700 Euro, und da ich studierte, gab es noch ein Stipendium über monatlich 400 Euro von der Deutschen Bank obendrauf. Eine Untersuchung der Sportstiftung ergab, dass der Großteil der Spitzensportler unter dem Existenzminimum lebt. Ich kam unter anderem deshalb über die Runden, weil ich bei meinen Eltern wohnte, inklusive frischer Bettwäsche und Mahlzeiten. Der Turnstar im Kinderzimmer!

Inzwischen bekommen 13-Jährige, wenn sie in den Perspektivkader aufgenommen werden, in den Kreis der talentiertesten Turnerinnen des Landes, gleich 700 Euro monatlich überwiesen. Eine ziemlich krasse Steigerung, wenn ich das mit meiner Anfangszeit vergleiche.

Weiter mit meinem persönlichen Überschlag. Als die Turnbundesliga gegründet wurde, war ich mit meinem Verein, dem MTV Stuttgart, von Beginn an dabei; am Anfang war es noch ein Zusammenschluss mit Ulm, das Turnteam Stuttgart-Ulm, zwischendrin hießen wir KTV Stuttgart. Wir stiegen prompt auf von der Regionalliga in die Zweite und weiter in die Erste Bundesliga, wurden 2006 auf Anhieb Deutscher Vizemeister, und dann hob die Rakete ab: Wir holten den Titel bei den Frauen 2007, 2009, 2010 und von 2012 an durchgehend bis 2022. Wir sind also so etwas wie das Bayern München der Turnerinnen. Freilich, man ahnt es, nicht in finanzieller Hinsicht. Tataa – mein monatliches Salär beträgt weniger als das eines Minijobbers. Allerdings – ich kann die Gründe nur erahnen – haben sie mir den Betrag in jüngster Vergangenheit gekürzt.

Tataa, die Zweite: Die Männer erhalten in der Bundesliga im Jahr im Durchschnitt einen fünfstelligen Betrag. Wen wundert es? Wenn Frauen in Deutschland für den gleichen Job im Durchschnitt 18 Prozent weniger verdienen als Männer (Stand 2021), warum sollte das im Spitzensport anders sein? Fairerweise muss ich erwähnen, dass die Turnmänner ihre Bundesliga besser vermarkten (das heißt, es kommt mehr Geld ins Körbchen). Sie turnen in der Liga an sieben Wettkampftagen nämlich Duelle gegeneinander, was fraglos attraktiver für die Zuschauer ist als bei uns Frauen, wo die Mannschaften in insgesamt vier Wettkampftagen en bloc gegeneinander antreten. Da beißt sich die Katze wieder in den Schwanz: Weil bei uns schon Zwölfjährige dabei sind (ein Alter, das bei den Männern so gut wie nie vorkommt), hat man Skrupel, dass sich so ein junges Ding direkt mit einer alten Häsin wie mir duellieren und bibbern muss, in dem Wissen, das von ihr das Wohl und Weh ihres Vereines abhängt.

Anders verhält es sich in den USA, wo Simone Biles als Superstar mit ihrer Show „Gold over America“ durch das Land tourt und gutes Geld macht. Warum ist so etwas bei uns nicht möglich? „Holiday on Ice“ hat es doch vorgemacht. Ein guter Ansatz ist das „Feuerwerk der Turnkunst“, das seit Jahrzehnten jeweils zu Beginn eines Jahres in verschiedenen deutschen Städten ausgerichtet wird. Wobei das weniger für die Turner eine Einnahmequelle ist als für die Zirkus- und Varietéartisten, die die eigentlichen Zuschauermagneten dieser Show sind.

Um mir nicht die Laune zu verderben, komme ich erst überhaupt nicht auf die törichte Idee, mir meinen Stundensatz als Berufssportlerin auszurechnen. Es bringt mich zum Lachen und macht mich wütend, was ich über Heide Rosendahl gelesen habe. Sie erhielt nach ihrem Olympiaerfolg 1972 in München als Belohnung ein Bügeleisen, einen Eierkocher, einige weitere Elektrogeräte und einen Metzgereigutschein. Jegliche Werbeeinnahmen, die sie mit ihrer Popularität locker hätte erzielen können, waren damals untersagt. Mir wären sie erlaubt, allerdings kamen und kommen die Angebote meist nur von tauben Nüssen wie dem Powerriegelproduzenten.

2009, als ich mit dem Studium begann, hätte ich zur Bundeswehr gehen können. Aber die Programme für Spitzensportler waren noch nicht so ausgefeilt wie heute, wo Kolleginnen von mir unter dem Dach der Bundeswehr studieren, ein Gehalt beziehen und in die Rentenkasse einzahlen. Bei mir hätte das damals eben Dienst bedeutet und kein Studium. Ich hatte aber keinen Bock darauf, im Kasernenhof strammzustehen, wo ich mich täglich schon in der Turnhalle auf eine Linie stellen musste, genauso wenig wie ich erpicht darauf war, mich auch dort von irgendwelchen Vorgesetzten zur Schnecke machen zu lassen. Außerdem: Das hätte ich meinem Vater nicht antun können, Dienst bei der Bundeswehr statt Studium. Er sagte das nie, aber ich wusste es genau: Er war schon enttäuscht, dass weder mein Bruder noch ich seine Apotheke übernehmen wollten. Er hatte sich das so gewünscht, aber wir beide fühlten nicht die geringsten Ambitionen, uns täglich im weißen Kittel hinter die Theke zu stellen, Aspirin zu verkaufen und Salben zu mischen. Wir beide hatten höllischen Respekt vor seiner Lebensleistung, aber es war einfach nicht unsere Welt.

Ich blätterte also den Studienführer durch und war nach dem Durchblättern genauso schlau wie vorher. Keine Ahnung, welcher Studiengang zu mir passen könnte. Ich überlegte: Was hat dich in der Schule am meisten interessiert? Biologie, ja, Biologie fand ich gut, weil das etwas mit meinem Körper zu tun hatte (auch da meldete sich der Sport). Aber um in Biologie etwas zu werden (ich hörte schon die Stimme meines Vaters im Ohr), muss man promovieren. Ich sollte die Marathonstrecke bis zum Doktor zurücklegen? Hörte sich für mich nicht überzeugend an. In dem Studienführer stolperte ich über das Fach Technische Biologie und blieb daran hängen. Das klang modern, zukunftsträchtig. Das Wichtigste für mich aber war, dass ich in Stuttgart würde studieren können. Hätte ich wegen des Studiums in eine andere Stadt ziehen müssen, hätte ich meine Sportlaufbahn vermutlich auch gleich hinschmeißen können. Aber – siehe da: Technische Biologie wurde an der Uni in Stuttgart angeboten. Sie warb damit, „eine führende technisch orientierte Universität in Deutschland mit weltweiter Ausstrahlung" zu sein. Vielleicht redete ich mir aber auch nur ein, dass es genau das richtige Angebot für mich wäre, weil ich es meinem Vater würde gut verkaufen können.

Als ich begann, fand ich das Studium schon gut, aber ehrlich gesagt: Der Burner war es nicht für mich. Jedoch kein Vertun, da musste ich durch. Mit den Kommilitonen kam ich gut zurecht, aber der Bachelor über Proteinabbau dauerte – wen wundert's – länger als gedacht, bis 2015.

Zwischendurch hatte ich damit geliebäugelt, den Masterstudiengang für Betriebswirtschaftslehre an der TU München anzugehen. Damit, überlegte ich, könnte ich mir für später noch mehr Optionen offenhalten, würde über eine größere Bandbreite an Können verfügen. Schnittstellenwissen sei gefragt, hatte mir ein Studienberater erklärt. Aber ich hätte nach München ziehen und das Leistungsturnen vermutlich aufgeben müssen. Das konnte ich noch nicht, das wollte ich noch nicht, und der Tochterehrgeiz meines Vaters war auch noch nicht gezügelt. Folglich: Ran an den Master Technische Biologie in Stuttgart, womit ich nach Rio 2016 begann. Für meine Masterarbeit forschte ich im Labor des Instituts für Zellbiologie im Bereich der Krebsimmuntherapie, entwickelte eine spezielle Aminosäuresequenz, die Krebszellen zum Absterben bringen soll. Als ich 2021 die gebundene, 90 Seiten dicke Masterarbeit in den Händen hielt, an der ich so lange herumgedoktert hatte, war das beinahe ein wenig surreal: Wahnsinn, wie lange das gedauert hatte. Länger als die Vorbereitung zu den Spielen. Mein Professor sagte zu mir: „Ich glaube, du hast einen neuen Rekord aufgestellt."

Aber das beste Gefühl: Ich hatte nicht nur den doppelgestreckten Salto rückwärts drauf, sondern mich auch in der Uni durchgebissen. Dann sollte mir doch vor der Zukunft eigentlich nicht bange sein, oder?

Ach, habe ich übrigens schon erwähnt, dass es schön ist, als eine Person des öffentlichen Lebens wahrgenommen zu werden und gleichzeitig mit Freunden unbehelligt einen Kaffee trinken gehen zu können?

Kapitel 8

EINFACH IRRE

Ich kenne sie alle: prall und verschrumpelt, im Auferstehen begriffen und in voller Aktion, bemitleidenswert und erschöpft oder versehen mit Hilfs- und Stützmitteln. Sie erreichen mich regelmäßig über Instagram oder den Facebook-Messenger: Dickpics. Noch nie gehört, gar noch nie eins erhalten? Das sind Selfies eines Gemächts in unterschiedlicher Gemütsverfassung. Hätte ich diese Aufnahmen, versehen mit Sätzen wie „He, du Schöne, willst du mal mit mir ausgehen?" oder „Kannst du mir beibringen, wie ich einen Spagat wie du hinbekomme?", nicht nach der ersten Schockstarre gelöscht, stattdessen in einen Ordner geschoben, besäße ich mittlerweile eine unüberschaubare Kollektion, die ich der Forschung zur Verfügung stellen könnte. Da wäre ich aber nicht die Einzige; alle meine Kolleginnen wissen von derartigen Zusendungen und unerwünschten „Komplimenten" zu erzählen. Tun sie aber nicht, weil diese Bilder fast schon als „normal" gelten. Man schaltet ohne bösen Gedanken das Handy ein und lässt es vor Schreck beinahe wieder fallen. Oh, fuck, was reckt sich dir da schon wieder entgegen, was müht sich da vor deinen Augen ab? Wie gesagt, dir bleibt kurz die Spucke weg, dann: Profil melden, Löschtaste, das Bild aus deinem Hirn wischen wie eine überflüssige Meldung vom Handy.

Fast schon Normalität. Traurig, oder? Man mag das als Beleg für die zunehmende Enttabuisierung oder Verkommenheit der Gesellschaft ansehen – ich werde mich an dieser Stelle nicht als Moralwächterin aufführen –, aber diese Masse von Bildern, mit denen nicht nur Turnerinnen belästigt werden, sondern auch andere Sportlerinnen und Frauen, die nicht im Rampenlicht stehen, wäre vor 20, 30 Jahren nicht denkbar gewesen. Oder hätten sich Männer untenrum entblößt in eine Fotobox gesetzt oder sich mit der Polaroidkamera abgelichtet, hätten die Aufnahme in einen Briefumschlag gesteckt, diesen beschriftet und frankiert? So ist die Parade all der Objekte, die nebeneinandergestellt vielleicht den Globus einmal umrunden würden, auch ein Ergebnis der digitalen Wunderwelt.

Eine Umfrage des Südwestrundfunks von 2021 unter 719 deutschen Profisportlerinnen ergab, dass 36 Prozent von ihnen Sexismus im Sport erleben, dass 31 Prozent der Überzeugung sind, das Aussehen spiele beim Beurteilen ihrer sportlichen Leistung eine Rolle, und dass 11 Prozent sich „stark sexualisiert“ fühlten. Gut möglich, dass wegen dieser Wahrnehmungen und Empfindungen viele junge Sportlerinnen früher mit dem Sport aufhören, als es bei Männern der Fall ist.

Man braucht nicht lange zu recherchieren, man stolpert wöchentlich über Fälle von Sexualisierung im Frauensport (es gibt dafür den Begriff „Sporno"), und das sind natürlich nur die Fälle, die wegen eines Zufalls oder wegen der Prominenz der Betroffenen an die Öffentlichkeit dringen. Beispiele aus der jüngeren Vergangenheit: die erste Frage, die der Moderator Martin Solveig 2018 in Paris der Norwegerin Ada Hegeberg stellte, die mit dem Ballon d'Or als weltbeste Fußballerin geehrt wurde: „Kannst du mal in die Hocke gehen und mit dem Hintern wackeln?" Die Volleyballmannschaft des VfB Suhl musste in der Frauenbundesliga für den Landkreis Schmalkalden-Meiningen Werbung machen. Auf der kurzen Sporthose über dem Gesäß der Spielerinnen prangte der Schriftzug: „prachtregion.de". Bei der Liveübertragung des Boulderweltcups (ein Kletterwettbewerb ohne die Benutzung von Seilen) in Innsbruck wurde sekundenlang das Hinterteil der Österreicherin Johanna Färber eingeblendet. Bei der Beachhandball-Europameisterschaft im bulgarischen Warna wurden die norwegischen Spielerinnen von der europäischen Handballföderation zu einem Bußgeld über 1500 Euro wegen „unangemessener Kleidung" verdonnert. Ihr Vergehen: Sie trugen Shorts statt der vorgeschriebenen Bikinihöschen. Denn die Vorschriften des Verbandes sind an dieser Stelle eindeutig: „Frauen sollten Bikinis tragen. Das Oberteil sollte ein eng anliegender Sport-BH mit tiefen Ausschnitten an den Armen sein. Das Höschen darf an der Seite nicht mehr als zehn Zentimeter Tiefe haben." Das empörte sogar die Sängerin Pink im fernen Amerika, die

die Geldstrafe für die norwegische Mannschaft übernahm. Zum 1. Januar 2022 wurde die Kleiderordnung, wohl auch infolge der weltweiten Entrüstung, verändert. Nun dürfen die Frauen in dieser Sportart „kurze, eng anliegende Hosen“ tragen. Immerhin. Aber: eng anliegend. Männern sind weite Hosen erlaubt. Warum: weil der Blick auf uns Frauen im Sport nach wie vor ein männlicher ist. Ich kann mich nicht erinnern, dass die Sportbekleidung der Männer je so diskutiert wurde wie jene der Frauen. Vielleicht mal abgesehen von den Jeans-Shorts, die André Agassi auf dem Platz trug, als er sich in der Rolle des „Tennispunk“ gefiel.

Dass sich Boxerinnen und MMA-Kämpferinnen beim zeremoniellen Wiegen im Tanga auf die Waage stellen, um für die Kameras zu posieren, ist so selbstverständlich wie die Nummerngirls, die in den Rundenpausen der Männer mit Dauerlächeln durch den Ring staksen.

Sex sells. Männer gehen ihrem Sport nach, Frauen sollen dazu noch Haut zeigen. Frauen dienten im Sport lange nur als Küsschengeberinnen oder Pokalüberreicherinnen (nach jeder Etappe der Tour de France werden die Gewinner immer noch flankiert von zwei langbeinigen Schönheiten abgebusselt). Seit Längerem sind Frauen nun auch in eines der letzten Refugien des Mannes eingedrungen – in den Hochleistungssport. Dann aber bitte mit den Reizen nicht geizen! So wie es Potsdams Sportdirektor Toni Rieger dem Berliner *Tagesspiegel* sagte: „Volleyballerinnen sind ästhetisch und attraktiv. Das sind Eigenschaften, mit denen man sich für die Öffentlichkeit interessant machen kann. Das gehört einfach dazu.“ Oh, Baby ballaballa. Warum fällt mir gerade jetzt ein, dass es ernsthafte Bestrebungen gibt, Poledance (vormals bekannt ausschließlich aus Clubs des Rotlichtmilieus, und ich möchte nichts gegen das akrobatische Können der Frauen an der Stange gesagt haben) als olympische Sportart anzuerkennen.

Diese Formen der Sexualisierung waren nicht von Beginn an derart ausgeprägt. Aber schon 1972 stellte bei den Olympischen Spielen das deutsche Fernsehen jeden Abend eine Sportlerin in einem Filmchen zu melancholischer Musik in den Mittelpunkt, und die Zuschauer sollten am Ende die Schönste der Spiele wählen. Gut, das war die Zeit, als sich Frauen noch zu Werbezwecken auf bettengroßen Motorhauben fläzten. Jedenfalls wurde in München natürlich nicht der Versuch unternommen, den schönsten Mann der Spiele zu küren.

In den Zehnerjahren dieses Jahrhunderts war plötzlich vom „Kurnikova-Syndrom“ die Rede. Der russischen Tennisspielerin Anna Kurnikova verhalf ihr Aussehen zu mehr Werbeeinnahmen als erfolgreicheren Sportlerinnen. Wozu beitrug, dass das Fernsehen immer hochauflösendere Bilder heranzoomte, was den Weg frei machte für eine zunehmende Instrumentalisierung und Sexualisierung. Was wiederum bedeutete: höhere Sponsoreneinnahmen für jene, die gerade einem bestimmten zeitgeistigen Schnittmuster entsprechen. Hohe Stirn, große runde Augen, kleines Kinn, Körbchen F und ein Taillenumfang von 58 Zentimetern bedeuten unter Umständen eine höhere finanzielle Belohnung als 13,500 Zähler und

Gold am Schwebebalken. Leistung *kann* sich auszahlen. Sex ist *immer* eine sichere Bank.

Wer im Internet nach Bildern von Turnerinnen sucht, findet von uns jede Menge Fotos mit gespreizten Beinen, was in unserem Sport eine Standardbewegung ist. Viele Bilder – und sage mir einer, das geschehe nicht bewusst – werden von unten geschossen und rücken zwangsläufig Körperstellen in den Fokus, die zum Intimbereich zählen. Zumindest fühle ich mich unwohl, wenn ich sehe, wie die mich aus der Froschperspektive fotografieren, auf dass mir die Gaffgeilen bis in alle Ewigkeit in den Schritt gucken können.

Haut zeigen. Jetzt bin ich neugierig geworden und schaue mal nach, wie es um meinen Marktwert steht. Ich muss nicht lange suchen. Auf der Internetseite *tonight.de*, immerhin Partner der *Rheinischen Post*, werde ich prompt fündig: „Die schönsten Turnerinnen“. Ganz vorne Simone Biles, die Brasilianerin Flavia Saraiva, die Italienerinnen Sofia Busato und Vanessa Ferrari, die Engländerin Claudia Fragapane. Ich scrolle und scrolle (Eli, falls du es noch nicht wissen solltest, du bist auf Platz acht!), scrolle weiter bis zum Ende. Da bin ich direkt ein wenig enttäuscht, dass ich nicht zu den schönsten Turnerinnen des Erdenrundes zähle. Übrigens sind die meisten Kolleginnen in dieser Aufstellung im Bikini abgebildet (es findet sich kein einziges Sportfoto), und die Betreiber dieses Portals haben die Fleischbeschau auf Leichtathletinnen, Golfspielerinnen, Handballspielerinnen und jetzt auch noch auf Sportmoderatorinnen ausgeweitet. Muss ich erwähnen, dass Männer ohne vergleichbare Rankings auskommen dürfen? Dabei gibt es unter ihnen schon einige, die … na, lassen wir das, denn ich bin dann doch noch fündig geworden auf dem Netzwerk *reddit*. Dort sieht man mich und meine Teamkameradin Sophie Scheder, aufgenommen an irgendeinem Strand dieser Welt, und dort steht es amtlich: Wir zählen zu den „hottest female artists". Eine Urkunde darüber, die ich in die Vitrine meiner Eltern stellen könnte, habe ich leider noch nicht zugeschickt bekommen.

Was dazu passt: Die frühere Tennisweltranglistenspielerin Sorana Cirstea hat im Podcast *La Fileu* einen Einblick gegeben, wie wichtig das Aussehen einer Spielerin bei vielen Marken ist. Vor ihrer Vertragsunterschrift bei dem Ausrüster Adidas im Jahr 2006 habe man ihr erklärt: „Es ist besser, gut auszusehen und unter den Top 20 zu sein, als nicht so gut auszusehen und die Nummer eins zu sein."

„Im Sport kriegen wir eine zweite katholische Kirche. Die gesellschaftliche Wahrnehmung hat sich völlig verändert. Aus gutem Grund." Das sagte 2018 in einem Strafverfahren wegen Taten gegen die sexuelle Selbstbestimmung der Vorsitzende eines Landgerichtes. Ja, aus gutem Grund. Denn die Sexualisierung im Sport, die oft auf die leichte Schulter genommen wird („Jetzt habt euch mal nicht so"), ist die Vorstufe zum sexuellen Missbrauch – auch bei Männern. Die körperliche Nähe, das manchmal unvermeidbare Berühren des Trainers, dazu das junge Alter (ich sprach darüber) sind Risikofaktoren. Wer hier Grenzen überschreitet, gehört angeprangert, und wenn darüber vormalige Götter stürzen, dann ist das eben so. Aber ich habe die Hoffnung, dass der Blick dafür mittlerweile mehr geschärft ist und die Vergehen nicht mehr als Kavaliersdelikte verziehen werden.

„Die Leute müssen verstehen, dass schönes Turnen nicht bedeutet, dass man das besonders geil findet“, sagte kurz vor den Olympischen Spielen 2021 Eli Seitz. Damit wir uns richtig verstehen: Mir – und ich glaube, ich spreche in diesem Punkt ebenso für meine Teamkolleginnen – geht es nicht darum, dass sich Sportlerinnen nicht die Augenbrauen zupfen, für Smokey Eyes eine Stunde vor den Schminkspiegel stellen oder sich mit welchen Accessoires auch immer schmücken sollen, dass sie nur in Jogginghosen und Sportschuhen herumlaufen, dass sie sich nicht auch im kleinen Schwarzen und in High Heels bewegen und individuell ausdrücken dürfen. Das war nicht mein Ansatz, darum ging es uns, ging es mir nicht, als wir plötzlich und unerwartet wegen eines Kleidungsstücks in der Weltpresse hoch- und runterzitiert wurden. Es geht vielmehr um die Signale, die aus der Turnhalle, vom Center Court und von der Tartanbahn ausgehen, und die gehen leider nicht immer selbstbestimmt von den Sportlerinnen aus.

„Schaut auf meine Leistung, nicht auf meinen Schritt“, forderte Sarah Voss bei den Turneuropameisterschaften im April 2021 in der St. Jakobshalle von Basel, wo wir weniger wegen unserer sportlichen Leistungen (ich wurde Sechste am Boden und Siebte im Mehrkampf), sondern vielmehr wegen unserer sportlichen Bekleidung interviewt wurden:

von der BBC bis zum iranischen Fernsehen, in den USA hob uns das Magazin *People* lobend hervor.

Was wir taten, soll heißen, was wir anzogen, wurde weltweit fast wie eine kleine Revolution gefeiert, die Illustrierte *Elle* sprach von „Weltsensation“. Wir trugen nämlich sogenannte Unitards, also langbeinige Turnanzüge, die kurz vor den Knöcheln enden. Die Wertungsvorschriften erlauben diese Anzüge bereits seit 2009, sie wurden und werden meist aber nur von muslimischen Turnerinnen getragen.

Ursprünglich stammte die Idee, in diesen Anzügen beim Wettkampf zu turnen, von der Bundestrainerin Ulla Koch. Im Frühjahr 2020 wies sie uns bei einem Lehrgang erstmals auf diese Möglichkeit hin. Eine der Turnerinnen habe ihr erzählt, dass sie sich im üblichen Dress so gut wie nackt und ziemlich unwohl fühle.

„Wie wäre es“, schlug sie uns vor, „wenn wir als erste Nation geschlossen im Unitard auftreten würden? Das würde sicherlich für Aufmerksamkeit sorgen.“

Die Idee stand im Raum, alle fanden sie gut. Zumindest wollten wir das Statement abgeben: Jede Turnerin soll das Outfit anziehen, in dem sie sich wohlfühlt, ohne sich dafür erklären zu müssen. Es gab tatsächlich Trainer, die uns dazu drängten, wenigstens auf dem Schwebebalken die üblichen Anzüge mit hohem Beinausschnitt zu tragen, weil man dann unsere Beine besser sehen könne; wer das im Training vergaß, musste früher mal 50 Cent in die Mannschaftskasse zahlen.

In Basel wollten wir mit unserer „Demonstration“ ins öffentliche Bewusstsein heben, dass es für das Tragen dieser

Anzüge keinen Punktabzug gab, und unterstreichen, dass es uns um das Wohlfühlen während des Wettbewerbs ging. Gerade wenn man seine Tage hat, fühlt sich eine lange Hose sicherer an als der dünne Steg des Turnanzugs. Außerdem kann es vorkommen, dass der Turnanzug in der Aktion verrutscht, was ganz schön Panik verursachen kann. Korrigiert man den Sitz des Anzuges während der Übung – Punktabzug vom Kampfgericht. Allein der Gedanke, dass der Anzug verrutschen könnte, kann irritieren. Deshalb benutzten wir den von uns so getauften „Arschbebb". Wir verwendeten dafür einen medizinischen Klebestift, der eigentlich für den Halt von Kompressionsstrümpfen gedacht ist. Das verleiht Sicherheit, weil der Anzug nicht mehr verrutschen kann. Er sitzt jedoch so bombenfest, dass während des Wettkampfes jeder Gang zur Toilette zu einem Abenteuer wird. Ganz zu schweigen davon, wie mühsam es ist, den Kleber nachher wieder abzubekommen.

Im Team tüftelten wir das Design für unseren ersten Unitard aus – ziemlich schick, wie wir fanden –, den unsere Schneiderin Steffi Kusemann dann maßanfertigte: Jede von uns erhielt einen individuell für sie geschneiderten Anzug. Damit reisten wir nach Basel, ohne dies vorher anzukündigen. Während des Einturnens trugen wir Trainingsjacken, sodass es für viele den Anschein hatte, als seien die langen Beine des Anzuges eine Trainingshose. Doch dann große Überraschung. Vielen anderen Sportlerinnen war nicht klar, dass die Anzüge wettkampfkonform sind, so sehr waren sie auf den Anblick der hohen

Beinausschnitte geeicht. Kurz nach dem Wettbewerb veröffentlichte der Verband eine Pressemeldung: „Der Deutsche Turner-Bund sieht diesen Schritt als ersten wichtigen Baustein, um das Wohlbefinden der Athletinnen in den Turnsportarten zu stärken und eine offene Kultur im Hinblick auf das Tragen von Wettkampfbekleidung zu schaffen." Daraus goss ein Teil der Presse die Schlagzeile: „Turnerinnen gegen Sexismus". Dass wir gegen Sexismus sind, das hätte man auch schon vorher bei uns abfragen können. Viel eher traf es in der Presseerklärung der Begriff „offene Kultur". Denn ebenso wie das Auftragen von Make-up und die Kleidung im Privatleben geht es mir und uns um die Selbstbestimmtheit, um Female Empowerment. Nicht die Medien, nicht die Sponsoren, nicht das Publikum und bestimmt nicht der Verband wie bei den Beachhandballerinnen sollen darüber entscheiden, ob kurz oder lang, eng oder weit – sondern die Sportlerinnen ganz allein. Das sollten auch die Beachvolleyballerinnen tun dürfen, die Leichtathletinnen und die Boxerinnen bei ihrer offiziellen Wiegeshow.

Als wir wenige Wochen nach Basel bei den Olympischen Spielen in Tokio in weiß-roten Anzügen antraten, flammten noch einmal die Schlagzeilen auf – „Deutsche Turnerinnen setzen Zeichen gegen Sexismus" –, jedoch war es schon nicht mehr der Aufreger in den Medien. Dafür erregte unsere Entscheidung in anderen Kreisen Aufmerksamkeit. Beispielsweise teilte Hollywoodstar Orlando Bloom einen Beitrag über uns mit seinen fünf Millionen Followern auf Instagram.

Wir haben zumindest ein Bewusstsein dafür geweckt, dass jede Turnerin sich im Wettkampf so kleiden dürfen sollte, wie sie sich wohlfühlt. Jede nach ihrer Façon!

Das ist ein weiteres Mosaiksteinchen auf dem Weg, Respekt für Sportler und deren Leistungen zu generieren. Ein Thema, das nicht nur den Leistungssport, sondern nach meiner festen Überzeugung die gesamte Gesellschaft betrifft. Ich muss an dieser Stelle sicherlich nicht über die Ursachen von Burnout und anderen psychischen Erkrankungen referieren.

Ich stelle mir etwas Radikales vor: Warum im Sport und im Wettkampf nicht viel stärker die persönliche Motivation herausstellen (zum Beispiel herausfinden, wo die eigenen Grenzen liegen), warum nicht eigene Ziele in den Vordergrund stellen statt immer nur Gold, Silber, Bronze (warum nicht einfach versuchen, es besser als gestern und vorgestern hinzubekommen); wegkommen also von der Idee, um jeden Preis der Beste sein zu wollen, den anderen besiegen zu müssen. George Orwell schrieb: „Ernsthafter Sport hat nichts mit Fairplay zu tun. Er ist verbunden mit Hass, Eifersucht, Überheblichkeit, Missachtung aller Regeln und sadistischer Freude an der Gewalt. Mit anderen Worten: Es ist Krieg ohne Schießen." Übertrieben? Mag sein. Oder doch nicht so ganz?

Natürlich ist meine Vorstellung nicht realistisch. Ohne Platzierungen wäre der Anreiz, der Nervenkitzel weg, der nun einmal zum Wettkampf dazugehört. Andererseits: Wenn der Leistungssport weiter auf den Gleisen fährt wie bislang, wird er an gesellschaftlicher Akzeptanz einbüßen (der Profifußball scheint mir auf dem besten Weg dorthin). Wenn ausschließlich Erfolg zählt, „Randsportarten" noch mehr an die Wand gedrängt werden, noch weniger Geld für die „Randsportler" abtröpfelt, Betrug und Missbrauch um sich greifen, wird die Achtung vor wahrer Leistung noch mehr verloren gehen, dann werden wir in der Halle stehen wie einst die Gladiatoren im Kolosseum, rein zum Ergötzen, zur Gaudi des Publikums. Bis alles zusammenbricht.

Bei einer Umfrage unter deutschen Topsportlern gaben 56 Prozent an, sich von der Gesellschaft nicht wertgeschätzt zu fühlen, 37 Prozent von den Medien (Fußballer können unter den Befragten nicht gewesen sein) und 31 Prozent von der Politik. Der allgemeine Unmut resultiert zum einen aus der mangelhaften Bezahlung. Wenn Sportler Spitzenleistungen bringen sollen, ist es nicht gerade leistungsfördernd, wenn sie sich darüber den Kopf zerbrechen müssen, wie sie ihren Lebensunterhalt bestreiten können (es geht dabei, das darf ich versichern, nicht darum, auch nur annähernd in den Dunstkreis der zitierten Sportmillionäre zu kommen). Über den Tellerrand hinweg geschaut: Leistungsfördernd wäre es auch, wenn man Sportlern frühzeitig eine Perspektive für das „Danach" aufzeigte; die Bundeswehr oder Bundespolizei könnte eine Alternative sein – aber sonst?

Vor allem aber muss die Gesellschaft endlich lernen, Leistung zu würdigen, sie angemessen zu wertschätzen. Allzu oft gilt, wer keinen Titel holt, ist ein Versager. Ebenso wie jene – nun sind wir auf der beruflichen Ebene –, die im Unternehmen nicht jeden Tag die durchbrechende Idee auf den Tisch pfeffern, sondern sich auf andere, unspektakuläre Weise verdient machen. Zum Respektzeigen zählt auch – sicherlich ein Defizit in unserer schnelllebigen Facebook-Instagram-Wisch-und-weg-Gesellschaft –, sich näher mit dem Wert einer Leistung zu beschäftigen, sich nicht dauernd von Pushnachrichten ablenken, sich nicht vom Glamour der Auftritte der Medaillensternchen blenden zu lassen. Wie hat sich eine oder einer persönlich entwickelt? Hat sie oder er die Leistung im Vergleich zum Vorjahr gesteigert? Wie ist sie oder er mit einer schweren Verletzung umgegangen oder mit persönlichen Rückschlägen? Gelang danach ein famoses Comeback? Was lässt sich daraus für die eigene Motivation und das eigene Verhalten ableiten? Und wie ist die Leistung überhaupt im Vergleich mit anderen Nationen zu bewerten, in denen weit mehr Geld ins System gepumpt wird, in denen die Sportler Staatsdiener sind oder wo aus geschichtlichen und kulturellen Gründen eine bestimmte Sportart von vornherein eine wichtigere Rolle spielt? In denen womöglich Kinder noch viel früher ins System gepresst werden, vom Doping ganz zu schweigen.

Die Gesellschaft muss sich fragen: Wie hoch soll der Preis sein, wie hoch wollen wir ihn treiben, was wollen wir dem Nachwuchs zumuten? Könnte es nicht sinnvoll sein, neben den Medaillen auch unsere Werte in den Mittelpunkt zu stellen? Würde das die Freude der Zuschauer am Wettstreit etwa mindern? Könnten die Medien es den Zuschauern nicht mal vorleben? Wenn es nicht mehr heißen würde, die oder der habe Gold verloren, sondern Silber gewonnen, und eine andere sei gerade die siebzehntbeste Turnerin der Welt geworden – denn darauf können wir doch stolz sein! Es muss doch jenseits von Gold, Silber und Bronze Möglichkeiten geben, jungen Menschen aufzuzeigen, dass es sich lohnt, sich für bestimmte Ziele zu quälen, und seien es ihre ganz persönlichen. Respekt – das ist für mich das Zauberwort. Wertschätzung. Erkenne und respektiere die Leistung von anderen Menschen und löse deinen starren Blick von der Rangliste, vom Zählbaren. Schaue mehr auf das Wie. Denn jemand, der dieses Mal nicht in die Wertung kommt, hat womöglich dennoch eine stärkere Leistung erbracht als der, der oben auf dem Treppchen steht. Für alle, die Leistungssport betreiben, gilt, was die Weltklassetennisspielerin Naomi Osaka gesagt hat: „Keiner kann sich die Opfer vorstellen, die man erbringt, um nur gut zu sein." Wenn sich diese Art Respekt einmal durchsetzen, wenn Leistung an sich beurteilt und nicht nur der Champion beklatscht, bejubelt und gewürdigt würde, wie viel mehr Spaß würde es dann bereiten, den Besten des Tages den roten Teppich auszurollen.

Einen Schritt in die richtige Richtung hat der Deutsche Turner Bund mit seinem 2021 aufgelegten Programm „Leistung mit Respekt" getan, das ich voll und ganz unterstütze. „Wir sind alle gefordert, unseren Beitrag zu einem gewaltfreien, respektvollen Leistungssport zu hinterfragen." Dazu zählt – endlich – eine weitere Anhebung des Startalters bei Wettbewerben, die Anpassung des Konzepts der Stützpunkte

„insbesondere unter Berücksichtigung der Bedürfnisse von Kindern und Jugendlichen“, also nicht nur die Nähe zum Heimatort und die Einbindung der Eltern, sondern, bitte, auch das Versprechen, in jungen Jahren rein spielerische Elemente zuzulassen, der Freude viel mehr Raum zu geben. Außerdem auf der To-do-Liste: Weiterentwicklung der Gesprächskultur, die Begrenzung der Anzahl von Wettkämpfen für junge Turnerinnen, die bis zu einem bestimmten Alter beim Wettbewerb auch noch nicht für Höchstschwierigkeiten belohnt werden sollten, die Suche nach Ansprechpartnern außerhalb des Turnsystems – raus aus der Exklusivität des Systems. Außerdem: umfangreichere Schulungen der Trainer und Kaderathletinnen sowie Unterstützung bei der Beendigung der Karriere. Die Forderungen nach einem Zentrum für Safe Sport ist inzwischen erfüllt worden.

„Der gesamte Trainingsprozess und die Rahmenbedingungen sind ausgerichtet auf das Ziel, international konkurrenzfähig und erfolgreich zu sein, unter Berücksichtigung, dass vom Beginn bis zum Ende der aktiven Karriere das Kindeswohl, die Persönlichkeitsrechte und eine gesunde Persönlichkeitsentwicklung der Athleten jederzeit gewährleistet sind. Der Fokus liegt auf dem leistungsorientierten Sport und auf dem Schutz vor interpersoneller Gewalt“, heißt es in dem Papier zu „Leistung mit Respekt“. Was mir außerdem wichtig ist: das Umfeld sensibilisieren. Wenn also Kinder, Jugendliche und Eltern beobachten, wie andere unter Missständen leiden, sollen sie diese ermutigen, darüber zu sprechen, sich anderen anzuvertrauen.

Und, ist das zu viel verlangt, mehr Empathie für die Sorgen und Nöte der Turnerinnen aufzubringen? Damit es eben nicht mehr vorkommt, dass eine von mir sehr geschätzte, außerordentlich talentierte Sportlerin einen Brief an die Funktionäre schreiben muss, in dem sie schildert, was sie alles belastet, wie ihre Verletzungen einfach beiseitegewischt wurden. Konsequenzen: null. Folge: Ausstieg aus dem Turnsport und eine schriftliche Vereinbarung, dass sich beide Seiten bedeckt halten über die Vorfälle, die zu ihrem Rücktritt führten.

Klar ist aber auch: Wir können nicht im luftleeren Raum turnen. Aber wir können Vorbild sein. Denn Sport, auch Leistungssport, ist eine viel zu tolle Sache, um ihn vor die Hunde gehen zu lassen. Das Ruder herumreißen, dazu sind alle aufgefordert: Verbände, Sportler, Medien, Zuschauer.

Ach, habe ich übrigens schon erwähnt, dass ich seit vier Monaten keine Dickpics mehr bekomme?

Kapitel 9

ZWEIFEL

Ich war perplex. „Genau richtig, Kim", lobte mich die Guti. „Ein erster Schritt. Du musst auch mal an eine eigene Familie denken, so etwas ist ganz normal." Bislang hatte ich den Eindruck, dass sich in dem abgeschotteten System alles um sich selbst drehte; was draußen vor sich ging, wurde nicht wahrgenommen, war nicht der Rede wert. Die Turnhalle war der Tempel, außerhalb des Tempels erstreckte sich die öde Ebene der Banalitäten, der Nebensächlichkeiten.

Endlich hatte ich mich getraut. Wurde aber auch Zeit, immerhin war ich jetzt 32. Ich informierte die Trainer und all jene, die in diesem Tempel eine wichtige Rolle für mich spielten, dass ich von zu Hause ausgezogen war, raus aus dem Haus meiner Eltern in Ehningen, die Tür meines Kinderzimmers hinter mir zugeschlagen hatte. Wohlgemerkt, ich erzählte das erst ein Jahr, nachdem ich meine erste eigene Wohnung in Stuttgart bezogen, mich zum ersten Mal in meinem Leben bei einer Stadtverwaltung und bei den Stadtwerken angemeldet hatte. Von wegen immer unter Kontrolle des täglichen Turndiktats: Ich hatte das alles hinbekommen und war sehr stolz. Der Strom floss, die Post erreichte meine neue Adresse, das Internet funktionierte und ich verhungerte nicht. Ich war nun auch eine Heldin des Alltags.

Nach dem blöden Spruch der Trainerin von damals wegen meines ersten Freundes hatte ich mir geschworen: Das Privatleben der Kim bleibt außerhalb des Tempels, von nun an geht das keinen mehr etwas an, der zu diesem Tempel gehört. Ganz gleich, ob es sich um Liebe und Trennung, um Angelegenheiten in meiner Familie drehte, darum, was ich in meiner kargen Freizeit unternahm und wo ich meine Zelte aufschlug.

Die Guti also lobte mich für meinen Schritt. Während die anderen es mit einem gelassenen Achselzucken zur Kenntnis nahmen. Was hatte ich mir alles vorgestellt! Ich wurde nicht mal gefragt, ob ich eine Party zum Einstand geben wolle (der Termin dafür wäre ja auch längst verstrichen gewesen; es wäre eher eine Fete gewesen unter dem Motto „Ich beginne über meinen eigenen Schatten zu springen"). Aus den Nichtreaktionen musste ich schließen: Mein Auszug hatte für mich eine viel größere Bedeutung als für jeden anderen.

Warum gerade zu diesem Zeitpunkt dieser Schritt? Rückblickend erkläre ich es mir damit, dass es, unbewusst, der Anlauf für den ganz großen Sprung war. Etwas, das ich über die Jahre hinweg immer verdrängt, besser gesagt, vor mir hergeschoben hatte: das Karriereende, der Abschied vom Leistungssport. Ans Aufhören auch nur zu denken, war unheimlich schwer, ich verdrängte es, fühlte mich noch nicht reif dafür – so wie wir zwar wissen, dass wir sterblich sind, uns aber unsterblich wähnen. Noch mal in den Rückspiegel geschaut: Warum war das eine Art Tabuthema für mich? Weil ich zu heimisch in dem Turntunnel geworden war? Weil ich Angst hatte vor dem Draußen? In meiner Turnwelt war jeder Tag geregelt. Okay, zwar beinhaltete diese geregelte Welt viele unschöne, hässliche Dinge und qualvolle Eintönigkeit, aber immerhin war sie mir vertraut, ich hatte eine Aufgabe und mich in ihr eingerichtet, mich mit ihr arrangiert. Ich hatte mich eingeigelt, weil ich nicht sicher war, ob ich draußen überleben konnte. Rente, Aktienfonds, ETF-Sparpläne, all diese praktischen Dinge – damit würde ich mich auseinandersetzen müssen. Böhmische Dörfer. Aber ich hatte den Schaposchnikowa mit halber Drehung drauf.

Aber wenn ich mich beim Studium erfolgreich mit den Immun-Checkpoint-Inhibitoren abgemüht hatte, sollte ich diesen Papierkram dann nicht auch hinkriegen?

Die Frage des Rücktritts schwebte in den Trainings- und Wettkampfstätten zunehmend über mir wie ein Damoklesschwert. Bereits nach den Olympischen Spielen 2012, intensiver nach den Spielen 2016. Das wären gute Anlässe gewesen, sich hernach zu verbeugen und der Welt zuzuwinken: „Servus, das war's. Es war mir eine Ehre."

Irgendwann, viel später, kam mir zu Ohren, dass nach diesen Anlässen viele aus der Turncommunity hinter vorgehaltener Hand getuschelt hätten, nun sei es doch eigentlich genug, wolle die Kim denn nie aufhören, müsse man die am Ende mit Gewalt vom Barrenholm wegreißen? Allerdings, gesagt hat keiner was. Ich lieferte ja immer noch ab. Mich selbst drängte es einfach nicht – siehe oben –, über einen Abschied nachzudenken. Ich war in Form, fühlte mich gut, blamierte mich nicht, war besser als die meisten jungen Hüpfer, die ins Team drängten, und ich fühlte, dass sie mich im Team mochten. Mich sogar brauchten. Noch.

Außerdem, he, das war doch ein Argument: Konnte ich nicht als Vorbild dienen? In einem für Turnerinnen so hohen Alter? Gab ich damit nicht ein positives Beispiel ab, von dem man sich eine Scheibe abschneiden konnte, sei es im Sport oder im Berufsleben? Schaut mal, was ich noch draufhabe, Hut ab!

Mein Beispiel musste nicht unbedingt der Stoff für die Zeitschrift *60 plus* („Wir suchen Testhörer für Minihörsysteme") sein, denn das Abrutschen in die Bedeutungslosigkeit setzt bei uns Sportlern nicht selten viel früher ein. War mein Beispiel nicht gut, um die Diskussion anzustoßen, starre Grenzen, starres Denken infrage zu stellen? Wer weitermachen will, wer einen Beitrag liefern kann – der darf doch nicht an einer willkürlichen Altersgrenze aufgehalten werden. Niemand soll über diese Grenze hinaus weitermachen *müssen* (wenn er oder sie es für sich selbst als genug erachtet und doch lieber Testhörer für Minihörsysteme werden möchte).

Dafür stehe ich gern als Vorbild zur Verfügung. Vorbild, gutes Stichwort. Oft werden Sportler auf dieses Podest gehoben, ob sie das nun wollen oder nicht. Ja, mit einer Vorbildfunktion gerade für Jüngere konnte ich mich durchaus identifizieren, zumal in der Rolle der Aktivensprecherin; zumal ich diesen Posten freiwillig angenommen hatte. Aber entspricht dieses Vorbild immer auch der Realität, oder gaukeln wir uns mitunter nicht etwas vor, was die Gesellschaft vorgegaukelt haben möchte? In der Athletenvereinbarung steht beispielsweise, dass wir keine Fotos auf Instagram und vergleichbaren Medien posten sollen, die uns mit einer Zigarette oder einem Drink in der Hand zeigen. Was doch aber der Realität entspräche (zumindest der Realität derjenigen, die Gefallen an diesen Genüssen zeigen). Blenden wir diese Realität in einer Art Wunschpotpourri aus, bilden wir dann noch die Realität ab? Sind wir dann noch glaubwürdig?

Noch einmal zu meinem Zaudern bei diesem bedrohlichen Wort Karriereende. Ich hielt mich auch an dem Gedanken fest, ich müsste an den Veränderungen, an den Verbesserungen im Turnen mithelfen, weil ich mit Haut und Haaren ein Teil davon war. Die schönste Sportart der Welt und ich spielte immer noch in der ersten Reihe mit! Gut, manchmal voller Hass darauf. Eine Hassliebe, sagt man doch so, nicht wahr?

Irgendwie war es aber auch ein Weglaufen vor mir selbst, dieses Ausklammern der Frage, wann denn nun mal Schluss sein würde.

Ende des aktiven Turnlebens. Wenn ich mir das manchmal versuchte vorzustellen, hatte ich immer das Bild vor Augen, mir würde bei einer Operation ohne Narkose ein

Organ aus dem Leib gerissen, ohne das ich zwar würde weiterleben können, jedoch auf eine Art und Weise, die mich als Versehrte mit einer tiefen Narbe zurückließe. Dann wieder so blöde Gedanken wie: Eine schwere Verletzung würde mir die Entscheidung aus den Händen nehmen! Zwei Abstürze bei einer Meisterschaft und das kollektive Mitleid würden mich aus der Halle komplimentieren („Sie wollte es ja nicht anders"). Nein, so bitte nicht. Das Schicksal war doch nicht immer der beste Ratgeber. Nein, dumme Gedanken, husch, husch in die Abstellkammer des Gehirns!

Ein Turnkollege riet mir: „Hör doch langsam auf, peu à peu. Du lässt deine Karriere gemächlich ausklingen, turnst noch ein wenig Bundesliga."

Verglühen wie ein Stern am Ende der Milchstraße? Was keiner mit bloßem Auge sieht, ist nicht passiert, das kam für mich ganz bestimmt nicht infrage. Bei zig Weltmeisterschaften dabei, die Olympischen Spiele dreimal geturnt, so lange in schwindelerregender Höhe balanciert, da wollte ich meine Laufbahn auch in dieser Höhenluft beenden. Und mich nicht nach einem misslungenen Wettkampf in der Bundesliga mit Fernsehbildern aus grandiosen Zeiten konfrontiert sehen, kommentiert von hämischen Reportern: „Na, die war auch schon mal besser, hat ihre besten Zeiten hinter sich." Die Europameisterschaften 2022 in München fingen an, in meinem Kopf als vage Deadline herumzuschwirren. Heim-EM, das wäre sicherlich nicht der schlechteste Zeitpunkt, um das Turntrikot gebügelt zusammenzufalten.

Ein Freund, der mich gut kannte, sagte mir auf den Kopf zu: „Wenn du nicht rechtzeitig vorher den Verband informierst und es in der Öffentlichkeit bekannt gibst, hörst du nie auf, dann wirst du immer ein Schlupfloch finden, eine Ausrede, um weiterzumachen." Da hatte er wohl recht.

Nun also … Seit geraumer Zeit war ich intensiv mit einem Coach im Gespräch, um herauszufinden, wie es denn mit meinem Leben nach dem Turnen weitergehen könnte. Die Frau fuchste sich nach meinem ersten Besuch erst mal richtig rein ins Turnen, um einigermaßen mitreden zu können. „Krass, was du da machst", war ihr erster Kommentar. Sie sensibilisierte mich noch mehr dafür, wie verbesserungswürdig das System ist. „Das ist alles nicht normal, auch wie die Trainer mit euch umgehen." Sie und ein Sportpsychologe des Verbandes (so etwas gab es inzwischen tatsächlich), dessen Arbeit in einem vertrauenswürdigen Umfeld stattfand, brachten mich davon ab, mir einzureden, ich selbst sei für die Unzulänglichkeiten des Systems verantwortlich, so, wie mir das immer von Trainern suggeriert worden war. Ich hatte mir so lange weisgemacht, die Dinge, wie sie nun einmal waren, müssten so sein, weil der Erfolg dafürsprach. Nun die Erkenntnis: Den Willen von Jugendlichen zu brechen, muss nicht sein, ständiges Wiegen und Mahlzeiten ohne Soße – alles Quark und Bullshit, Fetisch und Götzendienst.

Beide, mein Coach und der Sportpsychologe, halfen mir, meine intrinsische Motivation freizulegen und als Stärke zu entdecken. Ich hoffe, dass in Zukunft viel mehr darauf vertraut und gebaut wird. Es geht darum, die Motivation aus sich selbst, aus dem eigenen inneren Antrieb zu gewinnen – unabhängig von äußeren Einflüssen und Anreizen, jenseits von Vergütung oder Lob. Das geht Hand in Hand mit der Selbstbestimmungstheorie, die – kurz zusammengefasst – besagt, der Mensch handle selbstbestimmt, wenn er seine Bedürfnisse nach Kompetenz, Bindung und Autonomie erfüllt. Ade Androhungen und Bestrafungen, nichts mehr mit Zuckerbrot und Peitsche.

Der Schritt, sich auf diesen Weg einzulassen, erfordert Mut. Denn er bedeutet, dass man mündig wird, dass man Menschen loslässt, die einen bisher festhielten, die einen auf dem Kurs hielten, den sie als – für dich – gut empfanden. Es ist anfangs ganz sicher nicht einfach, sich auf diesem Neuland zu orientieren und sich selbst zu erkunden – huch, wer bin ich denn? –, sich über sich selbst zu erschrecken – bin ich das wirklich? – und über sich zu staunen – gar nicht mal so schlecht, die Kimi! –, sich zu überwinden: Ja, ich kann, sogar ohne Marschbefehl!

Ich möchte dazu ermutigen, möchte die Kugel ins Rollen bringen und hoffe, dass sie, wie beim Billard, andere Kugeln anstößt und so eine Kettenreaktion auslöst. Zumindest mal darüber nachdenken. Es lohnt. Ganz sicher. Um dem System, Trainern und Athleten – wer immer sich davon angesprochen fühlt – die Angst zu nehmen, dass Veränderungen, dass das Abschneiden von alten Zöpfen, dass durch Teilen etwas verloren gehen würde. Nein, das Gegenteil ist der Fall! Man sagt dazu auch: eine Win-win-Situation.

Ein erstes Loslassen von mir: Ich wurde nach 14 Jahren nicht mehr zur Aktivensprecherin gewählt. Zunächst war ich enttäuscht, vielleicht sogar ein wenig beleidigt. Als ich eine Nacht darüber geschlafen hatte, gewann jedoch die Erkenntnis Oberhand: Du musst das nicht mehr, was willst du dir beweisen, soll doch mal jemand anderes ran, eine aus der jungen Generation. Dann setzte die Erleichterung ein: Endlich bist du die Verantwortung los, die mit diesem Amt verbunden ist, endlich musst du nicht mehr im Sinne aller handeln, musst nicht mehr versuchen, es deinen Kolleginnen recht zu machen und gleichzeitig die Trainer und Funktionäre bei Laune zu halten. Ein Spagat, der mir, als Harmoniemensch, so manche schlaflose Nacht beschert hatte.

Ich weiß, dass ich durch das Turnen der Mensch geworden bin, der ich nun mal bin. Mit allen Macken und Vorzügen, Stärken und Schwächen, Ecken und Kanten. Was das für ein Leben werden würde, hatte ich anfangs nicht mal geahnt. Wie denn auch? Angesichts des nahenden Abschieds von diesem Leben trat mir deutlich vor Augen, was ich alles versäumt hatte, das nicht mehr nachholbar war. Das war eine schmerzhafte Einsicht, und ich brauchte lange, um es ohne Gram, ohne Verbitterung akzeptieren zu können.

Inzwischen habe ich es verarbeitet, dieses Kapitel ist abgeschlossen, und ich kann mich auf meine Zukunft konzentrieren.

Tamara, meine russische Trainerin von damals, für die es in ihrem Leben nur das Turnen gab, die alles darauf ausrichtete, auch ihr Privatleben, ging altersbedingt in Rente. Bald nach ihrer „Pensionierung“ erlitt ihr Mann einen Schlaganfall. Sie pflegt ihn vorbildlich, mit aller Liebe, die man sich nur vorstellen kann. Ich traf sie eines Tages in der Halle, wieder einmal voller düsterer Gedanken, wie es mit mir weitergehen solle. Als könne sie meine Gedanken lesen, nahm sie mich beiseite und sagte mir nur einen Satz: „Weißt du, Kimi, Turnen ist nicht alles im Leben.“

Ein Schauder durchlief mich. So ein einfacher Satz aus dem Mund dieser alten Dame, die früher für das Turnen womöglich ihr Leben gegeben hätte. Diese so einfache, aber so schwer zu erringende Einsicht war ihr gekommen, als ihren Mann dieses Schicksal ereilte und sie plötzlich damit konfrontiert wurde, dass er sie brauchte.

Ich empfand es als lieb gemeinten und wertvollen Rat. Tamara hat mich ermutigt, den nächsten Schritt, den Schritt ins Unbekannte zu gehen. Ich ging ihn dann auch. Allerdings unter Vorzeichen, die ich mir so nicht gewünscht hätte.

Übrigens, habe ich schon gesagt, dass ich mich auf alles freue, was nach dem Turnen auf mich zukommt?

Kapitel 10

DOCH PERFEKT!

Es kam mir vor, als hielte das Leben den Atem an. Nach einer verpatzten Übung, nach all den Verletzungen hatte ich immer einen Weg gefunden, hatte gelernt, dass man Lösungen nur suchen musste. Schlagartig aber sah ich diesen Weg nicht mehr, eine Lösung war ausgeschlossen. Ich stand im Frühjahr 2022 vor einem schwindelerregenden Abgrund. Meine Beziehung mit Julian war zu Ende. Von heute auf morgen. Zumindest empfand ich das so. Gewiss, es hatte immer wieder Unstimmigkeiten und Reibereien gegeben – das soll in den besten Beziehungen vorkommen –, besonders aber hatten wir uns in die Haare gekriegt wegen des Zeitpunktes meines Rücktritts. Julian wäre es lieber gewesen, ich hätte gestern oder gar vorgestern die Reißleine gezogen. Er war es leid, dass wir so oft meine Probleme wälzten, die natürlich immer mit dem Turnen zusammenhingen. „Mit wem soll ich denn sonst darüber sprechen, wenn nicht mit meinem Freund?“, hatte ich dann erwidert. Na ja, aber ich verstand schon, dass es ihm auf den Zeiger ging, diese dauernden Gespräche, die immer um das Gleiche kreisten: meine Unsicherheit, meine Nöte und Ängste. Alltagsthemen, die auch ein Bindemittel in einer Beziehung sind, hatten das Nachsehen. Zu viel erdrückend schweres Blei im Raum statt Fragen, wie wir die aktuelle Netflixserie finden oder ob sich ein Besuch des neu eröffneten kambodschanischen Restaurants lohne oder ob der neue Court-Royale-2-Sportschuh von Nike wirklich cool sei (nein, da wären wir ja schon wieder beim Thema Sport gelandet – konnte ich diese Thematik überhaupt mal ausblenden?). Und seit ein, zwei Jahren stand der weiße Elefant im Raum: Wann hörst du (endlich) auf mit dem Turnen? Vielleicht, ich ertappe mich bei diesem Gedanken, war Julian für mich eher ein Therapeut denn ein Freund gewesen. Zumindest manchmal mochte das tatsächlich so gewesen sein.

Ich ließ in meiner Wohnung die Rollläden herunter, stellte mein Handy stumm, verkroch mich ins Bett und zog mir die Decke über den Kopf. Für 24 Stunden. Ich lachte unter der Decke bitter auf: Es war in dieser Situation durchaus von Vorteil, dass, bis auf ganz wenige Menschen, niemand Bescheid wusste, dass ich einen Freund hatte. So musste ich zumindest keine Erklärungen abgeben. Etwaige Beileidsbekundungen hätten mich noch mehr heruntergezogen. Nach weiteren 24 Stunden raffte ich mich wieder auf. „Der wahre Mann fürchtet nicht den hohen Berg, den dunklen Wald, den tiefen Fluss“, heißt es im Vietnamesischen. Das sollte für eine Frau doch erst recht gelten. In dieser Situation half mir, was ich innerlich verfluchte: die Routine, der

Trainingsplan. Daran konnte ich mich nun halten, darauf konnte ich mich jetzt stützen. Ich konnte auf das vertrauen, was mir in Fleisch und Blut übergegangen war. Ich konnte mich auf mich selbst verlassen.

Nach 48 Stunden stand es für mich fest: Ich höre mit dem Turnen auf.

Das war keine Laune, ausgelöst durch mein privates Debakel, es war der Tropfen, der das Fass des langen Entscheidungsprozesses zum Überlaufen brachte. Wenn der Leistungssport schon wieder eine meiner Beziehungen zerbrochen hatte, dann war es höchste, aber auch allerhöchste Zeit, endlich den Schlussstrich zu ziehen, um Raum zu schaffen für neue Entwicklungen. Ich würde mein Leben allein in den Griff bekommen. Müssen! Ansonsten würde ich untergehen.

In den nächsten Tagen hielt mich wirklich allein das Training über Wasser. Zwischen der Routine immer wieder düstere Gedanken, Schwärze um mich herum. Dennoch fielen Lichtstrahlen ins Dunkle: Reiß dich zusammen! Überleg mal, was du schon alles im Leben erreicht und bewältigt hast. Ein Fünkchen Freude glomm auf: Könnte doch auch spannend werden, die Zeit danach, oder nicht? Leinen los für das Erkunden eines unbekannten Kontinents.

Meine Mutter war eine der Ersten, der ich mich anvertraute. Es fiel mir leichter, als ich es befürchtet hatte. Sie schnäuzte sich, ihr kamen die Tränen. „Papa und ich hatten 2012 so sehr gehofft, dass du nach den Olympischen Spielen in London aufhörst. Dann haben wir uns gesagt: Noch Rio 2016, dann aber wird wohl Schluss sein. Aber du hast weitergemacht, hast immer weitergemacht. Wir haben so sehr gehofft und es uns gewünscht, dass du deinen Einstieg in ein normales Leben findest und glücklich deinen Weg gehst."

Das sind meine Eltern. Sie behielten ihre Wünsche und Hoffnungen für sich, versuchten nie, mir das Turnen madig zu machen, unternahmen keinen Versuch, mich in ihrem Sinne zu beeinflussen.

Nach und nach berichtete ich meinen engsten Freunden von meinem Entschluss. Keiner versuchte mich davon abzubringen, alle fanden es gut und richtig. Einer las mir aus einem Gedicht von Hermann Hesse vor: „Denn jedem Anfang wohnt ein Zauber inne, der uns schützt und der uns hilft zu leben." Nun, ich würde am eigenen Leib erfahren, ob diese Weisheit auch auf mich zuträfe.

Ich schrieb Julian eine Nachricht. „Ich habe mich entschieden. Ich höre auf. Endgültig." Warum ich das tat? Trieb mich die Hoffnung, ich könnte die Zeit zurückdrehen? Er antwortete: „Es ist nicht vorbei, bis es vorbei ist."

In dieser Zeit stellte sich bei einem Lehrgang in Frankfurt der neue Bundestrainer vor: Der 44-jährige Holländer Gerben Wiersma. Mit ihm wehte ein neuer Wind in die Halle, er vertritt den Stil, den ich mir immer gewünscht hatte. Er steht für Transparenz, begründet alle Entscheidungen und betont gebetsmühlenartig, jede könne mit ihren Problemen jederzeit zu ihm kommen. Wenn uns etwas gegen den Strich laufe, sollten wir das sagen. Hier meint es einer wirklich ernst mit der Augenhöhe, ohne dabei etwas von seiner Autorität einzubüßen. Tropfte früher einmal ein Lob ab, traute man dem nie so recht. Da lauerte immer das Gefühl: Da kommt noch etwas hinterher, gleich folgt das Aber, gleich wird der Ellenbogen ausgefahren; wenn du schon nicht mehr damit rechnest, wirst du angepflaumt werden. Noch viel schlimmer ist, dass man direkt oder hinten rum mitbekommt, wie einen Leute schlecht machen und über einen lästern (zumindest ist das unter Frauen häufig so). Gerbens Wertschätzung hingegen ist ehrlich und echt, genauso seine Kritik.

Zwar wurde zum Trainingsbeginn immer noch das bescheuerte Antreten – nach Größe sortiert – auf einer Linie beibehalten, aber für Besprechungen mit Trainer und Turnerinnen setzten wir uns im Kreis zusammen. Im Kreis ließen alle ihren Gedanken freien Lauf, sprachen darüber, was ihnen unter den Fingernägeln brannte. Wo früher viele aus Selbstschutz, wie ich, nicht über Befürchtungen, Verletzungen, aber ebenso nicht über neue Ideen sprachen, gab jetzt jeder etwas von sich preis. Da kristallisierte sich ein anderer, ein neuer Geist heraus.

Bundestrainer Gerben verteilte bei einem Lehrgang an alle, auch an die jeweiligen Heimtrainer, einen Fragebogen. Da staunten wir aber Bauklötze: Wir sollten unsere Erwartungen zu Papier bringen, an uns selbst und an ihn. Und nach einem Jahr beurteilen, was davon eingetreten war und was nicht und was passieren müsste, um unsere Erwartungen zu erfüllen. „Old gymnastic style, new gymnastic style“ – alte Turnwelt, neue Turnwelt.

Bei einem Lehrgang kam mir folgender Gedanke in den Sinn: Jahrelang hast du auf Veränderungen, auf eine

Wende gehofft, und jetzt, wo es so weit ist, trittst du ab. So ein Mist … Aber nach kurzem Innehalten dachte ich auch: „Schon, aber es ist auf jeden Fall wichtig, dass etwas passiert. Diese neue, frische Luft will ich einsaugen, solange ich noch dabei bin."

Ende Juni ging es zu den Deutschen Meisterschaften nach Berlin in die Max-Schmeling-Halle. Sie waren unter dem Slogan „Die Finals" eingebettet in die Titelkämpfe anderer Sportarten. Eine gute Idee, ein ähnliches Konzept wie wenig später bei den Europameisterschaften in München.

Für mich lief es verdammt gut. Am Stufenbarren holte ich erneut Gold, obwohl ich einen Tag davor gestürzt war. Gold schürfte ich auch am Boden, Silber im Mehrkampf. Ich wunderte mich selbst, zu was ich noch in der Lage war. Eine Kampfrichterin sagte zu mir: „Es hat Spaß gemacht, dir zuzusehen." Ein Trainer – just jener, der mich damals während der Bulimieerkrankung wegen meines Gewichtsverlustes gelobt hatte – rief mich an: „Ich habe das nur im Fernsehen verfolgt, aber ich habe gesehen, dass du echt Spaß an der Sache hattest."

Vielleicht war ich so gut, weil ich den Rücktritt vor Augen und unnötigen Ballast abgeworfen hatte.

Als könne er Gedanken lesen, gratulierte mir Gerben noch in der Halle. „Es war eine richtig tolle Leistung von dir! Höre auf keinen Fall auf." Seine Augen blitzten.

Ich war ziemlich verdutzt, anlügen wollte ich ihn nun aber auch nicht, also schlängelte ich mich mit meiner

Antwort so einigermaßen durch: „Ich werde so lange dabeibleiben, wie es mir Spaß macht."

Ein Fernsehkommentator orakelte während der Liveübertragung: „Kim Bui, mit Sicherheit eine Option für die Olympischen Spiele 2024." Sollte ich darüber ins Schwanken geraten? Nein. Wenigstens ein bisschen? Ach nein, ich glaube wirklich nicht.

Noch vor den Deutschen Meisterschaften belegte ich einen Workshop der Deutschen Sporthilfe: „Hinter der Ziellinie". Ein Coach sprach mit uns Sportlern über die Ressourcen, die wir im Laufe unserer Karriere entwickelt hatten, wie wir diese außerhalb, aber auch nach unserer Sportkarriere bestmöglich einsetzen könnten. Er warnte vor dem schwarzen Loch, in das man nach der Karriere leicht stürzen konnte. Denn das Karriereende ist für Leistungssportler weitaus mehr als die Pensionierung, die für den Großteil der Menschen roundabout und vorhersehbar mit 65 Jahren ansteht. Eine in Holland erstellte Studie aus dem Jahr 2019 besagt, dass 21 Prozent der Sportler nach ihrer Karriere über Schlafprobleme klagen, 21 Prozent dem Alkohol verfallen. Einige wagen ein Comeback – nicht selten mit fatalen, erniedrigenden Folgen.

Wie der Coach mit uns arbeitete, das gefiel mir. Mit bestimmten Fragetechniken Menschen dazu zu bringen, für ihre Probleme selbst eine Lösung zu finden, sich zu entwickeln, neue Wege in ihrem Leben einzuschlagen, weckte mein Interesse. Nicht anmaßend, nicht belehrend, sondern möglichst gleichberechtigt. „Die Menschen mitnehmen", so wie das Politiker gern ausdrücken.

In diesen Tagen bewarb ich mich bei einem Pharmaunternehmen, ich wusste ja nun, dass ich nach dem letzten Wettkampf würde Geld verdienen müssen. Bei dem Bewerbungsgespräch schlug ich mich, so mein Empfinden, recht wacker, erhielt aber drei Wochen darauf eine Absage. Nach kurzem Hadern war da der Gedanke: Das ist ein Wink mit dem Zaunpfahl. Angestellte in einer Firma. Morgens um 9 Uhr Stechuhr, abends um 17 Uhr Stechuhr. Bei all den Einschränkungen und Einengungen, unter denen ich beim Turnen zunehmend gelitten hatte, war das sicherlich ungeeignet für mich. Ich sehnte mich danach, freie Luft zu atmen. Als Selbstständige mit allen Risiken. Wer den doppelten Salto gestreckt springt, der kann das Wort Risiko buchstabieren. Kontrolliertes Risiko. Vielleicht ist das Schicksal, in dem Fall die Absage, bisweilen doch der beste Ratgeber. Ich freundete mich mehr und mehr mit dem Gedanken an, mich zum Coach ausbilden zu lassen, um mein Wissen und meine Erfahrungen aus dem Sport an andere Menschen weiterzugeben. Menschen, die vor Herausforderungen stehen oder den Wunsch nach Veränderungen in ihrem Leben verspüren. Mache dir um die Zukunft nicht so viele Sorgen – sie kommt so oder so …

Davor aber stand noch das große Abenteuer – so empfand ich das –, die Abschiedsvorstellung vom Turnen. Meine Cousine, die Loan, der treuste Fan aus der Familie, sagte zu mir: „Dein letzter Wettkampf – mach den nur für dich. Für keinen anderen sonst." Genau, sie hat recht, dachte ich: Einmal im Leben werde ich nur für mich turnen, für keinen anderen. Einmal noch, und dieses Mal würde Kimi das nur für sich tun. Baby one more time. Wenn ich nur daran dachte, klopfte mir das Herz bis zum Hals. Wie würden die anderen reagieren, Trainer, Teamkolleginnen, Medien, Zuschauer? Würde die das überhaupt jucken? Würde ich sie gar seufzen hören: „Wurde aber auch Zeit"?

Ich wollte alles richtig machen, das hatte ich mir fest vorgenommen. Die Frage tat sich mir auf, wann ich mein Karriereende der Öffentlichkeit mitteilen würde, vor oder nach den Europameisterschaften. Die Frage war: klamm und heimlich von der Bühne abzutreten oder alle an diesen letzten Schritten meiner Karriere teilhaben zu lassen – mit welchen Folgen auch immer. „An deiner Stelle würde ich die Entscheidung über deinen Rücktritt der Öffentlichkeit vor der Europameisterschaft bekannt geben. Dann nimmst du viel Druck aus dem Kessel", sagte mir ein guter Freund. „Hol dir das ab, was dir zusteht."

Während eines kurzen Urlaubs auf Sardinien besprach ich mich über FaceTime mit einem Sportpsychologen, wie ich es am geschicktesten angehen könnte. „Mach eine Art Rangliste, wem du deinen Rücktritt in welcher Reihenfolge mitteilst. Dann trittst du keinem auf den Schlips", empfahl er mir.

Ich schrieb bei 34 Grad im Schatten – am Ufer des Tyrrhenischen Meeres, die Isola Tavolara mit ihren abfallenden Klippen im Blick – Listen, verwarf sie, zerknüllte das Papier, begann wieder von Neuem, bis ich mit meiner Reihenfolge zufrieden war. Die mich selbst ein wenig überraschte.

Denn anderthalb Wochen vor der Europameisterschaft rief ich als Erstes Eli an und bat sie, am Abend bei mir in der Wohnung vorbeizuschauen. Sie stutzte, denn darum hatte ich sie noch nie gebeten. Da hockten wir nun auf meinem grauen Sofa im Wohnzimmer, tranken Tee. Ich schluckte zweimal heftig, dann ließ ich es heraus. Ich sah, wie betroffen sie war. Es ist aber wie bei Schauspielern, Politikern, Sängern oder Sportlern und auch den eigenen Eltern: Sie haben einen ein Leben lang begleitet, waren immer da, man kann sich nicht vorstellen, dass sie einmal von der Bildfläche verschwinden. Und dann ist es doch so weit, aber bald denkt man, es wäre nie anders gewesen.

Eli nahm schnell einen weiteren Schluck, und als ich sagte, sie sei die Erste aus dem Kreise des Turnsports, der ich mich anvertraut habe, brachen alle Dämme und wir lagen uns in den Armen. Früher waren wir eher Konkurrentinnen gewesen, wenn auch immer mit Respekt voreinander. Aber seit der Coronazeit waren wir uns nähergekommen, und über die Jahre hinweg teilten wir so viele Erlebnisse, die keinen Menschen außer uns beiden etwas angingen. Das schweißte zusammen. Dann sagte sie etwas, was mir wiederum die Tränen in die Augen trieb.

„Du bist immer für mich da gewesen, hattest immer ein offenes Ohr für mich, wenn mich der Schuh drückte. Du hast mich nie irgendwie bewertet. Sondern du bist einfach da, wenn ich dich brauche." Außer ihrem Freund und ihrer Familie, sagte sie, kenne sie keiner so gut wie ich. „Du akzeptierst mich als Menschen. Das ist so wertvoll."

Den Abend musste ich erst mal verdauen, das war schon so emotional gewesen, was würde da noch folgen? Herzchen und Häkchen hinter den ersten Namen auf meiner sardinischen Liste gesetzt.

Nun waren die Trainer an der Reihe. Bundestrainer Gerben Wiersma hörte mir aufmerksam zu, ohne eine Regung zu zeigen. „Kimi, auch wenn ich über diese Nachricht nicht jubeln kann – das hört sich gut an, wie du mir deinen Schritt erklärst. Es hat für mich den Anschein, als würde sich für dich ein Kreis schließen." Gerben hielt inne, dann nickte er mehrmals. „Aber denk bitte daran: Wir haben gemeinsam noch eine Aufgabe zu erledigen. Es ist erst vorbei, wenn unsere letzte Turnerin sich beim Kampfgericht bei der Europameisterschaft abmeldet."

Meine Heimtrainer hatte ich zum Griechen beim Polizeisportverein in der Nähe des Kunst-Turn-Forums gebeten, dorthin, wo mich die Guti damals auf meine Bulimieerkrankung angesprochen hatte und wo ich mich nach meiner Nichtnominierung für die Weltmeisterschaften 2007 für einige Stunden zurückgezogen hatte. Die Guti fing gleich an zu heulen, sagte dann mal wieder so einen kryptischen Satz: „Für uns Trainer ist dieses Leben auch nicht immer einfach. Wir können auch nur wenig Urlaub machen. Jetzt hast du endlich Zeit dafür." Robby, völlig pragmatisch: „Du hast doch sicher einen Plan, was du danach machen wirst?" Nein, den hatte ich nicht. Am emphatischsten reagierte Lena. Sie umarmte mich herzlich und rief: „Bravo! Du machst das so selbstbestimmt, wie ich es dir wünsche. Nicht rausgedrängt, nicht rausgeschmissen."

Schließlich informierte ich den Präsidenten und die Funktionäre. Sie waren nicht minder überrascht und hatten tatsächlich erwartet, ich würde es bis Paris 2024 durchziehen.

Es folgte der Lehrgang direkt vor der Europameisterschaft in Frankfurt. Am Abend berief Gerben in Absprache mit mir in unserer Unterbringung, dem Lindner Hotel & Sport Academy, ein außerordentliches Teammeeting ein. Einige murrten, was das jetzt solle, am freien Abend. Ich hatte darauf bestanden, dass alle kamen, auch die Trainer und die Physios, insgesamt 16 Personen. Wir setzten uns im Kreis hin, Eli sollte sich neben mich setzen, der Mensch, der mir in diesem Raum am nächsten war.

Gerben eröffnete die Sitzung und sagte sogleich: „Kim, du hast das Wort." Alle Blicke waren auf mich gerichtet.

Ich machte nicht viel Federlesen. „Nach der Europameisterschaft werde ich meine Karriere beenden. Ihr solltet diese Entscheidung nicht aus der Presse erfahren, das war mir wichtig."

Ungläubige Blicke, Tränen, Kopfschütteln, Seufzer.

Dann ergriff Gerben wieder das Wort. Er hatte einen Brief vorbereitet, den er mir nach dem Verlesen geben wollte.

„Obwohl wir uns noch nicht so lange persönlich kennen – natürlich sind wir uns immer wieder bei den Wettkämpfen begegnet –, habe ich das Gefühl, dass wir uns sehr wohl sehr gut kennen. Nun schließt du das letzte Kapitel des Buches ‚Die fantastische Turnkarriere der Kim Bui' und beginnst, ein neues Buch zu schreiben. Als Trainer blicke ich auf deinen Rücktritt aus zwei Blickwinkeln. Einerseits bin ich traurig, weil es erstaunlich ist, dass du ohne Zweifel immer noch eine der besten Turnerinnen in Deutschland bist. Ich bewundere deine Leistung, besonders die Art und Weise, wie du dem Sport nachgehst. Du bist ein Vorbild für uns alle! Auf der anderen Seite kann einem Turner nichts Besseres passieren, als wenn er seine Laufbahn dann beendet, wenn er selbst der Meinung ist, es sei der richtige Zeitpunkt. Die Gründe, die du genannt hast, nötigen Respekt ab. Ich fühle mich geehrt, dass ich eine der ersten Personen war, die du über deinen Rücktritt informiert hast. Als symbolisches Geschenk gebe ich dir mit diesem Brief diese Blumensamen. Wenn du es geschickt anstellst, werden daraus schöne Blumen wachsen, die Schmetterlinge anziehen. Schick uns ein Foto von den Blumen. Die Samen sollen symbolisch sein für deine weitere Reise, sei gut zu dir selbst und du wirst Erfolg haben in all dem, was du jetzt vorhast. Der Schmetterling ist für mich ein besonderes Tier, er steht für Freiheit, Neubeginn, Wiedergeburt, Glück und Liebe – und all das wünsche ich dir. Alles Gute, Kim, du kannst mich anrufen, wann immer dir danach ist."

Wie hätte ich nach dem Vorlesen dieses Briefes noch an mich halten können? Zumal ich für alle in dieser Runde ein ähnliches Abschiedsgeschenk vorbereitet hatte: Gläschen mit Blumensamen.

Ich sprach mit meiner Managerin Sina Beranek und mit dem Pressesprecher des Verbandes, Torsten Hartmann, die Pressemeldung zum bevorstehenden Rücktritt ab. „Kim

Bui geht bei der Turn-EM in München zum letzten Mal ans Gerät.“ Ich hatte ihn gebeten, über die Headline den Satz zu setzen „Es ist nicht vorbei, bis es vorbei ist“.

Ich stand neben Torsten vor dem Laptop, las mir den Text noch einmal durch und noch ein weiteres Mal. Es gab nichts daran zu mäkeln. Da stand es nun also auch schwarz auf weiß, und einmal in der Welt könnte ich es nicht mehr zurücknehmen. Ich zögerte den Augenblick hinaus, wollte diesen Moment festhalten; so ein Kribbeln im Körper, wenn etwas entschieden ist, aber noch nicht jetzt, sondern erst gleich. Ich war Herrin meines Schicksals, ich hatte es selbst in der Hand.

„Soll ich für dich auf die Sendetaste drücken?“, fragte Torsten.

Ich schaute ihn an, schüttelte den Kopf. Das musste ich schon selbst tun, alles andere wäre feige gewesen. Mein Zeigefinger schwebte über der Sendetaste, kam ihr nahe, berührte sie leicht. Es war gar nicht so schwer, wie ich es mir vorher ausgemalt hatte.

Und dann war sie da, die letzte Woche meiner Turnkarriere bei der Championship in München vom 11. bis 21. August 2022. Es war beinahe so ein Gefühl wie vor der ersten Weltmeisterschaft, wie vor den ersten Olympischen Spielen. Neben uns kämpften die Beachvolleyballer, die Leichtathleten, die Rennkanuten, die Radfahrer, die Triathleten, die Kletterer und die Ruderer um ihre Europameistertitel. Eine famose Idee, das hatte einen Hauch von Olympischen Spielen, die Stimmung war vom ersten Tag an beinahe euphorisch, die Zuschauer gingen fröhlich mit, die Medien berichteten ausführlich.

Die Turnerinnen waren gleich am Anfang an der Reihe. Für den Dienstag war das Podiumstraining angesetzt, das ist eine Art Generalprobe, um ein Gefühl für die Halle, für die Geräte zu bekommen. Das Ganze ohne Publikum, nur die Kampfrichter schauen zu. Die ersten drei Geräte verliefen wie vorgesehen. Aber am letzten Gerät, dem Barren, fand ich nicht den nötigen Rhythmus. Und dann passierte es, beim Paksalto mit ganzer Drehung. Man löst sich vom oberen Holm, macht in der Luft einen Salto, gleichzeitig eine ganze Drehung und greift den unteren Holm. Aber ich erwischte den unteren Holm nicht richtig und stürzte. Mein Hinterkopf knallte mit Wumms auf die dünne Matte, die unter dem Holm auf dem Boden lag. Meine Finger waren noch dran und offenbar auch noch funktionstüchtig. Aber in meinem Schädel brummte es wie in einem Bienenschwarm, als würde dort ein feindliches Volk einfallen. War meine Rücktrittswoche schneller beendet, als sie begonnen hatte? Der Mannschaftsarzt war sofort neben mir, bewegte meinen Kopf behutsam hin und her. Ich konnte nicht mehr richtig nicken. „Wahrscheinlich ein Schleudertrauma", sagte er.

Wie benebelt saß ich auf dem Boden. Die Kampfrichter reckten ihre Hälse. Ich schnaufte kurz durch und berappelte mich. Nichts da, das wäre ja noch schöner! Ich ging ein zweites Mal ans Gerät: kurz schütteln, Krone zurechtrücken und weitermachen. Ich absolvierte meine Übung in einem etwas benommenen Zustand. Stark bleiben! Bloß nichts anmerken lassen … Ich spürte, wie langsam mein Hals versteifte, da sich die Muskeln verspannten. Zum Glück waren wir durch mit unserem Podiumsdurchgang.

Auf die Schnelle gab mir der Physio eine Massage und verpasste mir ein Kinesiotape, ein hochelastisches Pflaster, das der Stabilisierung dient, ohne die Beweglichkeit einzuschränken. Im Hotel, dem Sheraton im Arabellapark, nahm er eine eingehende Behandlung vor. Dennoch: Mein Nacken schmerzte, ich konnte meinen Kopf kaum bewegen. Schließlich gab mir der Arzt Schmerztabletten. Nach der Einnahme erinnerte sich mein Kopf ein wenig daran, zu welchen Bewegungen er fähig ist, aber wirklich nur ein wenig. Noch zwei Tage bis zum ersten Wettkampf.

Mittwochmorgen zehn Uhr, 24 Stunden vor dem Mannschaftswettbewerb, mussten die Turnerinnen verbindlich gemeldet werden, die antreten würden.

Um acht Uhr fragte mich unser Doc: „Kimi, wie sieht es aus? Turnst du morgen?"

Da musste ich nicht lange überlegen. „Ich gehe auf meine letzte Reise, die letzten Wettkampfübungen meines Lebens stehen an. Da kannst du aber darauf wetten, dass ich da rausgehe, wenn ich mich nur einigermaßen auf zwei Beinen bewegen kann." Dass mein Kopf, mein Nacken da noch anderer Meinung waren, verschwieg ich. Reden ist Silber, Schweigen ist Gold. Ach, ich ignorierte einfach die Schmerzen, machte mich stattdessen auf zu einem leichten Training. Durch die Körperwärme, die das Training hervorrief, wurde es etwas besser. Nun hatte ich nicht den geringsten Zweifel, dass ich antreten würde. Was dabei herauskommen würde, stand freilich auf einem anderen Blatt.

Donnerstag, der Tag der Qualifikation für das Mannschaftsfinale. Um halb sechs raus aus den Betten. Ich schminkte mich vor dem Spiegel im Badezimmer, machte mir die Haare zurecht, Eli, meine Zimmerpartnerin, nutzte den Spiegel im Flur. Keiner sprach ein Wort. Echoschweigen auch am Frühstückstisch mit den anderen Kolleginnen. Es war für keine von uns der erste internationale Wettkampf, aber seltsamerweise erfasste alle eine merkwürdige Nervosität. Mir ging durch den Kopf, so müssen das wohl Soldaten vor einem Sturmangriff empfinden, die ahnen, dass ihre Chancen nicht allzu gut stehen, und die froh sind, wenn sie mit heiler Haut davonkommen. Einige am Tisch waren derart nervös, dass sie keinen Bissen herunterbekamen. Jemand sagte in die Stille hinein: „Wie wäre das, wenn wir jetzt zur Tür hinausrennen, alles stehen und liegen lassen, einfach abhauen und uns draußen einen schönen Tag machen?"

Ja, wie wäre das? Raus zu den Fluffy Clouds in Schwabing mit anderen Volleyball spielen, in Haidhausen durch die Hinterhofflohmärkte stromern oder unter der strahlenden Sonne einfach an der Isar liegen mit einem Limoncello Spritz und Olivia Rodrigo oder Tiesto und Ava Max in den Ohren. Und später auf die Zuschauertribüne der Olympiahalle und den Turnerinnen zuschauen … Ach, immer dieser Erwartungsdruck! Aber natürlich hätte keine von uns für kein Geld der Welt auf den Wettkampf verzichten wollen.

Gerbens Worte kamen mir in den Sinn:

„Fokussiert euch auf die Aufgabe, die ihr vor euch habt."

„Du stehst oben zwar allein auf dem Podest, aber du bist überhaupt nicht allein – das Team steht neben und hinter dir."

„Spürt den Teamgeist bewusst."

Und vor allem: „Genießt den Auftritt – und habt Spaß daran."

Ich pochte mit den Knöcheln meiner Hand auf den Tisch und riss uns aus allen Tagträumen: „Auf Mädels, packen wir es an!"

Ab zum Einturnen in die Katakomben der riesigen Olympiahalle, beschirmt von dem transparenten Zeltdach. Unweit des Olympiaturms gelegen, ist diese Halle ein klasse Beispiel für die Nachhaltigkeit von olympischen Anlagen. Es war just die Halle, in der vor fast genau 50 Jahren Karin Janz aus der DDR mit zwei olympischen Gold- und zwei Silbermedaillen die erfolgreichste deutsche Turnerin aller Zeiten wurde und wo sich die 17-jährige Weißrussin Olga Korbut als „Spatz von Grodno" in die Herzen der Zuschauer schwang, als sie drei Gold- und eine Silbermedaille errang. Was ihr mindestens genauso viele Sympathien einbrachte: Gleich zu Beginn patzte sie an ihrem Paradegerät, dem Stufenbarren, und wurde nur Siebte im Mehrkampf. Tränen flossen, viele Zuschauer weinten mit. Aber Olga kam zurück und es wurden doch noch „ihre“ Spiele. Was vielen in Erinnerung geblieben ist: der Korbut-Flip, ein Rückwärtssalto am oberen Holm. Das halsbrecherische Element wurde später verboten.

So viele Zuschauer wie damals waren bei unserer Qualifikation um zehn Uhr morgens noch nicht in dem riesigen Oval, aber alle waren guter Laune, die sie hörbar herüberbrachten. Wir turnten im Wechsel mit den Turnerinnen aus Lettland. In der Qualifikation treten vier Turnerinnen aus jedem Team an jedem Gerät an, die jeweils schlechteste Note fällt bei der Wertung unter den Tisch. Der Schwebebalken stand zuerst auf dem Programm. Unsere Jüngste, Emma Malewski, eröffnete mit einer kühnen Darbietung, ich folgte und war erleichtert, bei all meiner Anspannung gut durchgekommen zu sein. Dann ein Schock: Sarah Voss rutschte beim Abgang ab. Pauline Schäfer-Betz turnte aber souverän, fast schon abgebrüht. Nach den Strapazen in der Vorbereitung für die Olympischen Spiele in Tokio und weil sie sich deswegen eine Auszeit gönnen wollte, turnte Eli dieses Mal nur zwei Geräte; würde eine von uns ausfallen, hätte die Mannschaft ein großes Problem, weil wir nicht mehr vollständig wären. Es durfte also keine ausfallen, so einfach war das.

Am Boden meldete sich plötzlich mein linkes Knie mit heftigen Schmerzen, das wurde schlimmer und schlimmer, es bäumte sich regelrecht gegen jede Bewegung auf. Obwohl ich die erste Drehung verturnte, brachte ich es dennoch auf eine solide Übung. Ich war unterzuckert, schnappte mir nach der Übung eine der bei Kindern so beliebten Quetschtüten, und der Physio versorgte mich zusätzlich mit Traubenzucker. Das Knie schmerzte wie Hölle, aber ich riss mich zusammen. Meinen Sprung absolvierte ich mit einer soliden Leistung und erreichte am Stufenbarren hervorragende 14,200 Punkte. Damit hatte ich mich, genau wie Eli, für das Barrenfinale am Sonntag qualifiziert. War doch schon mal was! Das blöde Knie konnte mich mal. Denn meine letzte Reise würde tatsächlich erst am letzten Wettkampftag dieser Europameisterschaft enden.

Lange Zeit lag ich im Einzelmehrkampf, der parallel mit der Mannschaft gewertet wurde, auf dem dritten Platz. Zwischendurch meldeten einige Medien, die live berichteten, ich läge auf Medaillenkurs. Was ausgemachter Quatsch war. Denn die starken Nationen – Frankreich, Großbritannien und Italien – waren erst am späten Nachmittag an der Reihe, und die würden mich überholen, da gab es kein Vertun. Am Ende wurde ich als beste Deutsche im Mehrkampf immerhin Achte mit 52,999 Punkten. Das Wichtigste aber: Mit der Mannschaft lagen wir nach der Qualifikation auf dem vierten Platz, überhaupt nicht so weit entfernt von der Bronzemedaille. Die hatte eine deutsche Frauenmannschaft noch nie errungen.

Am Samstag, dem Tag des Teamfinales, ließ ich die Schmerztabletten weg, weil sie mich unglaublich müde machten und ich an Spritzigkeit verlor. Aber die Schmerzen im Knie wollten einfach nicht nachlassen.

Für diesen Wettkampf erhielt ich übrigens jenen Turnanzug ausgehändigt, den ich im vergangenen Jahr nach den Olympischen Spielen in Tokio an Frau Koch hatte wieder zurückgeben müssen. Er war also doch nicht in der Altkleidersammlung des Roten Kreuzes gelandet, sondern kam jetzt zum Einsatz. Das nennt man dann wohl nachhaltig.

Beim Mannschaftsfinale dürfen an jedem Gerät jeweils drei Turnerinnen ran – und jede Wertung zählt, auch die schlechteste. Beim Teammeeting am Tag zuvor legten wir fest, dass ich am Boden, am Barren und beim Sprung antreten sollte. Das hatten wir im Team besprochen, nachdem Gerben Vorschläge unterbreitet hatte.

Finale! Emma eröffnete am Stufenbarren, wackelte lediglich beim Abgang. Ein guter Auftakt fürs Team. Ich vergriff mich am Stufenbarren, ließ den Gienger-Salto aus, ging stattdessen gleich zum nächsten Element über, drehte drei statt der erlaubten zwei Riesenfelgen vor dem Abgang. Durchgekämpft und durchgekommen. 13,800 Punkte. Damit konnten wir leben. Eine bärenstarke Vorstellung legte nach mir Eli hin. Hohe Schwierigkeit, sauberer Abgang. Gegenüber den Französinnen, die wie wir an diesem Gerät begannen, lagen wir sogar ein wenig in Führung.

Weiter zum Balken, zum Zitterbalken. Auch hier begann Emma mit einer tadellosen Leistung. Sarah, der man die Nervosität wegen ihres Sturzes am Donnerstag ansah, kam super durch. Pauline zeigte ihre Weltmeisterübung, perfekt und voller Grazie. Sie zeigte alles, was sie draufhat, den von ihr kreierten Schäfer-Salto mit Seitwärtslandung, Doppeldrehung, Flickflack-Spreizsalto den Balken entlang … Da hatten die Kampfrichter nicht viele Argumente, Punkte abzuziehen. Pauline heizte die Zehntausend in der

Halle nach ihrem Abgang durch Gesten noch mal richtig an. Das dröhnte nun fast so wie in einem vollgepackten Fußballstadion. Nun wusste ich, wie euphorisiert die Brasilianerinnen bei den Olympischen Spielen 2016 in Rio gewesen sein mussten, als die Zuschauer wegen ihnen ausflippten.

Zur Halbzeit lagen wir hinter den Topfavoritinnen aus Italien und Großbritannien auf dem dritten Platz, dicht gefolgt von den Ungarinnen. Wir bildeten unseren Kreis. „Fokussiert euch auf eure Aufgabe, auf nichts anderes", schwor uns Gerben erneut ein. „Alles ist heute möglich." Er hatte recht. Wir spürten es, ohne dass es eine wiederholen musste: Heute war wirklich alles möglich, heute konnten wir über uns selbst hinauswachsen, jede Einzelne, jede Einzelne für unser Team.

Die Stimme von Gerben im Ohr, der unseren Auftritt geschickt orchestrierte: „Denkt nicht an das Ergebnis am Ende, ich erwarte erst mal nichts von euch. Nur die Aufgabe zählt, sonst nichts."

„Eins, zwei, drei, Team!", feuerten wir uns mit unserem Schlachtruf gegenseitig an.

„Genießt es", rief Gerben uns hinterher, wobei man seine Stimme bei dem Getöse, das die Zuschauer in der Halle entfachten, kaum verstehen konnte.

Weiter am Boden. Beim Einturnen gab mir Robby mehr Hilfestellung als sonst, weil mein Knie immer noch höllisch schmerzte. Wenn er später am Rand der Matte stehen würde und mir ermunternd zunickte, gäbe mir das Halt. Bevor es aber so weit war, sah ich Pauli zu, die für uns den Anfang machte. Bis in die letzte Faser konzentriert, vermied sie größere Fehler. Weniger gut lief es für die gehandicapte Sarah – sie stürzte nach dem Doppelsalto und es blieb bei nur 11,266 Punkten. Aber das war die Stärke unseres Teams: Alle für eine, eine für alle, das Team hielt jede Einzelne, jede Einzelne hob das Team. Lief es bei einer nicht rund, bügelten es die anderen glatt. Das war nun, als Letzte am Boden, meine Aufgabe. Mit einem maladen Knie. Ich schob alle Eitelkeit beiseite und ließ mir am Knie ein Kinesiotape verpassen. Ich stand bereit, noch ein letzter Blick meiner Teamkolleginnen, der mir sagte: „Kimi, du schaffst das!" Ich musste aber noch einige Sekunden ausharren, weil das Weltbild des Fernsehens auf die Britin Alice Kinsella am Balken gerichtet war. Just in diesem Moment kündigte Jens, der Hallensprecher, an, dass dies die letzte Bodenübung meiner Karriere sein würde. Ich stand zwar im Tunnel, nahm kaum noch etwas um mich herum wahr, aber diese Worte echoten in meinem Kopf.

Endlich hob ich den Arm zur Anmeldung beim Kampfgericht. Der letzte Gedanke, bevor ich im Tunnel verschwand, war der an Gerben. Es gibt keine Schmerzen, es zählt das Team und für das Team gibst du jetzt alles. Du stehst hier zwar allein, bist aber nicht allein. Die anderen zittern keine zehn Meter entfernt von hier mit dir mit, sie sind dir so nah wie sonst kaum ein anderer Mensch. Der erste Ton des Liedes, das mein DJ-Kumpel Lukas – der 2011 bei den Europameisterschaften vor meiner Bronzekür die *Amèlie* eingespielt hatte – für mich ausgesucht und das mich in den vergangenen Jahren als Musik bei meinen Bodenübungen begleitet hatte, als vielverheißende Ouvertüre: *Bad Liar* der amerikanischen Pop-Rock-Band Imagine Dragons. Beinahe wie Glockenspiel der Beginn, die Melodie sich langsam steigernd, beinahe sphärisch, sanft wie auf Schwingen, schwebend, mich vorantreibend. Ich entschärfte meine Übung am Anfang mit nur einer Drehung einen Ticken, aber dann ballerte ich alles hinein, was ich hatte. Die Schreie des Publikums, Applaus, Applaus, Bravorufe und wieder Schreie. Der Doppelstreck … ich stand, kein Wackler. „Sie turnt wie ein junges Reh", hörte ich später in der Aufzeichnung Fabian Hambüchen für die ARD ausrufen. Letzte Pose am Boden, ich schaute zu den Kampfrichtern herüber. „Danke", rief ich. „Thank you." Warum, keine Ahnung. Das kam mir spontan über die Lippen.

Die Zuschauer tobten. In den Lärm hinein die Stimme von Jens, er wiederholte, was er durch die Lautsprecher bereits vor anderthalb Minuten angekündigt hatte: dass es die letzte Bodenübung meiner Laufbahn gewesen sei. Wie auf ein Kommando standen die Zuschauer auf, tobten minutenlang. Wegen mir! Ja, das war deine letzte Bodenübung. Vor allem aber war es eine super Darbietung gewesen. Und all diese Begeisterung würde ich nun hinter mir lassen, unwiederbringlich. Ich würde mir das auf YouTube reinziehen können, so oft ich wollte. Was natürlich nicht dasselbe wäre wie diese Momente des echten Erlebens, wie dieser Killermoment des Alles-oder-nichts, des Nichtkalkulierbaren. Ja, ich würde es hinter mir lassen!

Eli, Pauli, Sarah und Emma in ihren blau glitzernden Turnanzügen nahmen mich unten am Podium in Empfang, wir fielen uns in die Arme. Wir waren immer noch auf Bronzekurs, ja, gab es denn so etwas!

Was für eine Mordstruppe. Emma Malewski aus Hamburg, unser Küken, unsere verrückte Nudel. Als ich 2005 meine erste Weltmeisterschaft turnte, war sie gerade mal ein Jahr jung. Sie tanzt und singt auf TikTok ausgelassen wie ein Girlie ihrer Generation und macht frech und vogelwild ihr Ding.

Sarah Voss aus Köln, eine intelligente Grüblerin, die sich über Gott und die Welt Gedanken macht – ich liebe ihren schwarzen Humor (kannst du mir vielleicht ab und zu mal etwas Grottenschwarzes als Sprachnachricht schicken?). Bei dieser EM stellte sie aufgrund ihrer Wadenverletzung ihre eigenen Interessen zugunsten des Teams zurück. Sie verzichtete nämlich im Einzelwettbewerb auf den zweiten, für ein Sprungfinale notwendigen Sprung, nur um vollen Einsatz für die Mannschaft geben zu können. Pauline Schäfer-Betz aus Chemnitz – ich weiß, wie sie tickt, sie weiß, wie ich ticke, wir können uns mit den Augen verständigen. Im Laufe der Jahre haben wir vor gemeinsamen Wettkämpfen ein Ritual entwickelt. Ich muss mir gewissermaßen eine Aufgabe für sie ausdenken, sollte sie bei einer Übung patzen, darf ihr aber die Aufgabe nicht verraten. Einmal kam ich nicht darum herum, es preiszugeben, da musste sie ein Seil in der Halle hochhangeln. Über Eli Seitz, die mich den größten Teil meines Karriereweges, nämlich seit 2009, begleitet hat, habe ich schon alles gesagt, was mir auf dem Herzen liegt.

Fünf Individualistinnen – ein Team. Die „Bui-Bande“ war auf Kurs, die Fernsehquote an diesem Nachmittag top. Einen der vielen schönen Sätze, die ich in diesen Münchner Tagen zu hören bekam, sagte Pauli: „Die Bui-Bande lebt weiter“ – auch wenn ich nach dieser EM nicht mehr dabei sein würde.

Letzte Übung für unsere Bande, auf zum Sprung. Der Sprung nach oben, diese Übung musste doch jetzt eine Symbolkraft haben. Ich machte meine Sache gut, sprang einen Yurchenko gestreckt mit ganzer Schraube, Eli machte ihre Sache auch gut, zeigte den gleichen Sprung wie ich. Nun kam alles auf Sarah an, die Last lag auf ihren Schultern. Gerben hatte sie einen Tag vorher auf das vorbereitet, was kommen könnte: „Du musst damit rechnen, dass du die Doppelschraube springen musst.“ Trotz ihrer Wadenverletzung. Nun aber saßen uns die Ungarinnen und Holländerinnen im Nacken. Auf Sicherheit turnen war jetzt nicht mehr, dafür stand zu viel auf dem Spiel.

„All in“, rief Gerben nun in diesem Hexenkessel – die Zuschauer spürten, dass da etwas ging. „All in“, wie beim Pokerspiel. Alles auf eine Karte. „Are you ready for the double, Sarah?“

Sarah war bereit, eiskalt bis in die kleinen Zehenspitzen. Sie lief an, wir unten am Podium wagten kaum zu atmen, ich biss mir vor Aufregung in die Fingerknöchel, schrie mir die Seele aus dem Leib, ich weiß überhaupt nicht mehr, was ich schrie. Sarah lief und lief, als würde sie um ihr Leben laufen und zimmerte den Sprung ihres Lebens hin: Radwende aufs Brett, Flickflack auf den Tisch, Salto gestreckt mit zwei Längsachsendrehungen auf die Matte. Und sie stand wie gegossen, die verletzte Wade gab es in diesem Moment nicht.

Dann galt es zu warten und zu zittern, denn amtlich hatten wir es noch nicht. Warten, bis die letzten Turnerinnen der anderen Mannschaften ihre Übungen beendet hatten. Dann endlich durften wir jubeln – das war Bronze für uns, eine Medaille, mit der vor den Meisterschaften kein Mensch gerechnet hatte. Bronze bei meinen letzten Titelkämpfen, ja, war das denn wirklich wahr? Wir lagen uns in den Armen, die Tränen flossen vor Freude, es war ein einziges Glück. Sarah rief: „Jetzt wird Kimi in die Luft geworfen!" Für mich war es das schönste Geschenk. „Wisst ihr noch", sagte ich atemlos, „vorgestern beim Frühstück? Da haben wir herumgesponnen, uns durch den Hintereingang davonzumachen." Erneut mischten sich Lachen und Tränen, und das setzte sich bis in die Mixed-Zone fort, wo die Journalisten auf uns warteten, die wohl, selten genug, zunächst sprachlos waren von unserem Gefühlsausbruch. Vielleicht auch ein wenig berührt, weil sie spürten, dass das echt war und keine eingeübte Jubelarie für die Galerie. Immer noch ungläubig, fast ein wenig scheu, schauten wir auf die dreieckigen Medaillen. „Ich hatte vom ersten Schritt bis zur Landung das Gefühl, dass mein Team mich da durchschreit, mich über den Tisch schweben lässt. Es war so ein spezieller Moment, es waren einfach alle Gefühle, die man haben kann", sagte Sarah in die Mikrofone.

Die Halle bebte, als wir nach der Siegerehrung, die deutschen Fahnen über den Schultern, auf der Anlaufbahn zum Sprung standen und 10 000 euphorisierte Fans zu einer La-Ola-Welle animierten.

Es fiel mir nicht leicht, am Abend herunterzukommen. Das Adrenalin pumpte immer noch im Körper, die Schreie, der Jubel hallten weiter im Kopf. Nach diesem grandiosen Erfolg hätte ich mich eigentlich gehen lassen, alle fünfe gerade sein lassen können. Aber, erneut Gerbens Worte im Ohr: Wir haben noch eine Aufgabe zu erfüllen. Besonders ich hatte eine Aufgabe – die letzte Übung meiner Wettkampfkarriere. Ich duschte im Hotel, sprang noch mal kurz in den Swimmingpool, legte meine Sachen für den nächsten Tag bereit. Lange unterhielt ich mich mit Eli darüber, wie krass das war, was wir heute erlebt, was wir heute gemeinsam geleistet hatten, bis mich die Müdigkeit übermannte.

Wie immer vor Wettkämpfen ging ich auch an diesem Sonntagmorgen im Hotelzimmer mit geschlossenen Augen meine Übung am Stufenbarren durch, mir diese Halle, mir diesen Barren vorstellend.

Da stand ich nun vor dem Barren, sprühte die Holme ein, Robby an meiner Seite. Für einen Sekundenbruchteil klimperte mir der Gedanke an eine weitere Medaille durch den Kopf, so wie vor elf Jahren in Berlin, noch einmal Bronze am Barren. Es war aber wirklich bloß ein kurzer Moment, ich schüttele den Gedanken schnell ab, denn es ging darum, beim letzten Mal bloß nicht zu verturnen oder gar zu stürzen; ich wollte die Bühne in Würde verlassen.

Robby legte die blaue Matte zurecht, richtete das Sprungbrett, prüfte noch einmal die Streben der Abspannung.

Ich stelle die Flasche mit der Flüssigkeit an den Rand der Matte, ziehe an meiner Bandage, reibe die Finger ein weiteres Mal mit Magnesium ein. Ich nicke Robby zu, strecke den Arm zur Anmeldung für die Kampfrichter in die Höhe und höre als Letztes die Zuschauer kreischen. Dann tauche ich ab, spüre nichts mehr, höre nichts mehr, sehe nichts mehr. Ich lasse meinen Körper einfach nur machen. So, als sei er aufgezogen, und spule nun das einprogrammierte Programm ab. Ich bin im Fluss, ich kann mich auf meinen Körper verlassen, diesen Freund, auf den ich mich, wenn es drauf ankommt, immer verlassen kann. Es ist so, als schaue ich mir selbst beim Turnen zu. Jäger-Salto, Kombi mit Paksalto nach unten, Schapo nach oben, Pak mit ganzer Drehung, Schapo mit halber Drehung, Aufbücken mit ganzer Drehung, Gienger-Salto, Tsukahara, wackelfrei.

Ich tauchte wieder auf. Ich stand. Ich war gelandet. Ich war nach 45 Sekunden angekommen. Nach einem Vierteljahrhundert auf der Suche nach mir selbst, auf der Suche nach Wertschätzung, auf der Jagd nach Anerkennung. Eben noch in dieser Stille, brandete nun der Lärm um mich herum. Ich riss die Arme in die Höhe, schrie kurz auf, klatschte mich mit Robby ab, umarmte ihn; die Zuschauer kreischten, als hätte ich Gold gewonnen, und sprangen von ihren Sitzen auf. Ich konnte mich nicht mehr beherrschen und ließ den Tränen freien Lauf. Ich verbeugte mich. Ich verbeugte mich vor diesen Zuschauern, die mir so viel gegeben hatten. Ich verbeugte mich vor meinem Team. Ich verbeugte mich vor den Konkurrentinnen. Ich verbeugte mich vielleicht auch vor mir selbst. Die Italienerin Giorgia Villa, die nach mir an der Reihe war, unterbrach ihre Vorbereitung, applaudierte mir, gratulierte mir. Auf dem Rückweg zur Sitzgruppe der deutschen Mannschaft sah ich Plakate, die in die Höhe gehalten wurden: „Danke, Kimi." Jens animierte das Publikum, meinen Namen wie aus einer Kehle herauszuschreien, und es röhrte, als sei es ein kollektiver Schrei für die Ewigkeit.

Das war sie also gewesen, dachte ich mir. Nach 45 Sekunden am Stufenbarren war sie das nun gewesen, deine Karriere. Die bisher längste internationale Karriere im deutschen Frauenturnen.

An diesem fantastischen Nachmittag dieses fantastischen Münchner Sommers sollten sich die Ereignisse überschlagen. Eli holte am Stufenbarren Gold, es war so unfassbar, sie konnte es selbst kaum fassen, und ich durfte ihr als Erste gratulieren. Gold für Eli! Ich belegte hinter ihr, der Italienerin Alice d'Amato, der Französin Lorette Charpy und Giorgia Villa den fünften Platz. Und als wäre das noch nicht genug: Emma, unser „Küken", bewies Nerven wie Drahtseile, war so etwas von abgebrüht und gewann am Schwebebalken die Goldmedaille. Das war unfassbar. Drei Medaillen für unser Team bei diesen Europameisterschaften!

Was mir zwar nicht die Freude trübte, aber einmal mehr ein Beleg war für die schnöde Respektlosigkeit vor Leistungen, war das, was ich am nächsten Tag in einer bundesweit erscheinenden Tageszeitung las. Ein Journalist setzte Emma völlig zu Recht den Lorbeerkranz auf. Aber: „Elisabeth Seitz musste 28 Jahre alt werden, ehe sie endlich das ersehnte EM-Gold am Stufenbarren holte. Kim Bui beendete mit 33 Jahren ebenfalls am Sonntag ihre Karriere – ohne einen internationalen Titel. Und nun kommt da eine 18-Jährige." Dabei waren wir alle Gewinner gewesen an diesem denkwürdigen Sonntag. Aber dem Journalisten gefiel es eben, Salz in nicht vorhandene Wunden zu streuen. Oder hoffte er, dass wir uns untereinander die Augen aushackten? Pustekuchen.

Für mich war viel wichtiger, was an diesem Sonntag noch geschah. Ich traute meinen Ohren nicht, als Jens die Zuschauer bat, nach der letzten Siegerehrung noch auf den Plätzen zu bleiben – für die Verabschiedung von Kim Bui. Was hatte er gerade gesagt? Das war überhaupt nicht abgesprochen gewesen. Wie in Panik rannte ich auf die Toilette und rief Loan an, die oben auf der Tribüne neben meinen Eltern und Freunden saß. „Hast du das eben gehört? Ich weiß nicht, was die vorhaben. Was soll ich tun?"

„Geh raus und genieße es", sagte sie nüchtern.

Ich atmete tief durch, war aufgeregter als vor einer Wettkampfübung, ging wieder nach oben in die Halle. Unsere Teammanagerin Christina Zacharias drückte mir eine Deutschlandfahne in die Hände.

„Was soll ich damit tun?"

„Na, du wirst schon sehen", antwortete sie lachend.

Schon zog mich Jens an seine Seite. Die Zehntausend in der Halle begannen, rhythmisch zu klatschen. Es gab den Versuch eines Interviews, aber ich war viel zu baff, viel zu überrascht, um gescheite Antworten zu geben, konnte lediglich meinen Dank äußern und meine Demut vorbringen vor dem, was mir an diesem Tag geschenkt wurde. Sie zeigten auf dem großen Videowürfel, der unter der Decke der Olympiahalle hängt, Szenen meiner Laufbahn, Grüße von meinen Teamkolleginnen und von Gerben. „Goodbye Kim", stand auf einer Anzeigetafel. Digitale Buchstaben, wie in Stein gemeißelt.

„Geh auf deine Ehrenrunde und genieße es", schob mich Jens an, und sie spielten noch einmal mein Lied von den Imagine Dragons. Das ich nie mehr zu einer Bodenübung für mich hören würde. Ich, die Tochter vietnamesisch-laotischer Eltern, lief nun, die deutsche Fahne über den Schultern, die erste und letzte Ehrenrunde meines Lebens. Die Menschen jubelten mir zu, ich winkte zurück. Alle applaudierten: die Kampfrichter, Trainer, die Funktionäre, die Turnerinnen. Es war überwältigend. Das galt mir, mir allein. Bulimie, Schmerzen, Verletzungen, Verzicht waren nichts dagegen. Hatte es das überhaupt je gegeben? Zum ersten Mal in diesen Jahren war ich, die ich immer zuverlässig funktioniert hatte, ganz bei mir. Jede Zelle meines Körpers, jede Zelle meines Kopfes sagte ja zu mir, uneingeschränkt, ohne Vorbehalte, ohne Wenn und Aber. Früher war ich oft nicht ich selbst gewesen. Ich hatte das alles nicht für mich gewollt und getan, sondern immer, um Anerkennung zu bekommen, vielleicht auch um mich selbst zu bestätigen. Die letzten Tage, die letzten Stunden gönnte ich ausschließlich mir. Was sich in diesen Minuten in der Olympiahalle abspielte, hatte für mich mehr Wert, als hätten sie mir eine Goldmedaille um den Hals gehängt. Das gesamte Team bildete am Ende eine Traube um mich, ich bekam kaum noch Luft, weil ich so heulen musste. Glücklicherweise warfen sie mich einige Male in die Luft, sodass ich wieder frei atmen konnte.

Fast schien es mir, als sei meine gesamte Turnkarriere auf diese Tage in München hinausgelaufen, als seien diese der logische Abschluss. Perfektion im Turnen gibt es nicht, ich hatte lange gebraucht, das zu begreifen. Aber der perfekte Abgang, der zumindest war mir gelungen.

Es war für mich wie ein Rausch. Die Jubelrufe, das Klatschen im Stakkato. Die Nachrichten, die im Minutentakt mein Handy erreichten. Wildfremde Menschen schrieben mir, sie hätten Tränen in den Augen gehabt. „Hatte oft Pipi in den Augen", „Unvergessliche Momente", „Superb. Come to India and train our girls", „Einfach geilo", „Der letzte Auftritt war sehr berührend", „Queen Bui", „Gänsehautmomente! Wir werden dich vermissen", „War live da und musste anfangen zu heulen", „Wir sind so stolz auf dich", „Wahnsinn", „Du verlässt die Bühne als Legende", „Du bleibst im Herzen", „Unfassbar spannend und emotional", „Das sind Momente, die prägen und bleiben, das war die beste Motivation für Breitensport und Ehrenamt!"

Mir liefen in der Halle Leute über den Weg, die ich vom Sehen her kannte, mit denen ich aber noch nie ein Wort gewechselt hatte. Sie nickten mir zu, sie deuteten eine Verbeugung an, sie klopften mir auf die Schultern. „Du bist die Grande Dame des Turnens", „Du bist eine Legende".

Was hatten die gesagt: Legende? Es war schwer, all das an diesem Tag unter einen Hut zu bekommen.

Die Guti heulte, schüttelte mich an den Schultern, sagte mit erstickter Stimme, sie habe noch ein Geschenk für mich. Die Guti, bei der ich als Kind übernachtet, die meine Zöpfe geflochten, der ich so viel zu verdanken hatte, der ich, wenn Gras über alles gewachsen wäre, unter vier Augen sagen würde, was ich nicht gut gefunden hatte, zu der ich, wie viele andere Turnerinnen zu ihren Trainern, ein seltsames, oft schmerzhaftes, problematisches Verhältnis gehabt hatte, das eine Art Abhängigkeit war. Es gibt noch viel aufzuarbeiten, aber, wie gesagt, ohne schmutzige Wäsche zu waschen, im stillen Kämmerlein zu zweit. Nun hatte ich das Gefühl, dass mein Rücktritt für sie schwerer war als für mich. Mit dem letzten gestandenen Tsukahara hatte ich mich aus der Abhängigkeit gelöst.

Wir feierten heftig beim Abschlussbankett, besorgten uns Alkohol im Supermarkt, um auf Betriebstemperatur zu kommen, und glühten beim Bankett nach eigenem Gusto nach.

Für den nächsten Morgen acht Uhr, hicks, hatte Gerben – so viel Disziplin musste wohl noch sein – unsere Abschlussbesprechung für diese Europameisterschaften angesetzt. Wir torkelten verkatert und verstrahlt und mit ganz kleinen Augen in den Besprechungsraum des Hotels.

Es war an mir, das Wort an Gerben zu richten: „Was du geschafft hast, hat noch keiner vor dir geschafft. Jede von uns hat wie so viele Male in den Jahren davor das Bestmögliche gegeben. Aber du hast aus uns ein Team geformt, du hast uns so weit gebracht, du hast uns zu diesen Leistungen beflügelt. Danke", sagte ich mit Reibeisenstimme.

Gerben: „Ihr werdet euren Weg gehen."

In den nächsten Tagen schaute ich mir im Fernsehen alle Wettkämpfe von früh bis spät an, was mir in unserer Wettkampfwoche nicht möglich gewesen war. Spontan kehrte ich sonntags zum Abschluss der European Championships nach München zurück und wurde neben der Beachvolleyballerin Karla Borger zur Abschlusspressekonferenz gebeten. Dabei hob ich die tolle Atmosphäre bei dieser Form von Europameisterschaften hervor, die ich vorher so noch nie erlebt hatte. Ich sagte, dazu habe beigetragen, dass – ähnlich wie bei Olympischen Spielen – nicht nur Fachleute in der Halle gewesen waren, sondern auch Menschen, die sich von unseren Leistungen mitreißen lassen und uns jenseits von chauvinistischen und überpatriotischen Gefühlen gefeiert hatten. Das beste Argument dafür, dass Randsportarten nicht am Rand stehen müssten. Stellvertretend für die deutsche Gesamtmannschaft als erfolgreichstes Team durfte ich die Championstrophäe in Empfang nehmen und zog mir dabei die zweite Verletzung in München zu: einen Schnitt am Daumen. Champions müssen eben leiden … (Die oben erwähnte Knieverletzung entpuppte sich übrigens als muskuläres Problem, das vom Hüftbeuger herrührte.)

Montags besuchte ich zum ersten Mal nach den Wettkämpfen meine Eltern in Ehningen. Ich traf im Wohnzimmer auf meinen Vater. Er hatte gerade den Telefonhörer aufgelegt. „Es haben so viele Menschen in der letzten Woche hier angerufen, um Glückwünsche auszusprechen." Er begann, die Namen aufzuzählen. Dann jedoch hielt er inne. „Das hast du super gemacht, Kim. Besser wäre das nicht möglich gewesen." Nein, ich täuschte mich nicht: Er hatte Tränen in den Augen.

„Papa, wenn du jetzt weinst, muss ich auch weinen." Ich hatte in den vergangenen Tagen wahrlich genug Tränen vergossen.

Da ging er schnell nach oben. Ich hörte seine Schritte, hörte, wie er die Tür zu seinem Zimmer öffnete und sie schloss. Ein Indianer kennt keinen Schmerz, und ein Vietnamese vergießt keine Tränen vor anderen.

Ach, habe ich übrigens schon erwähnt, dass ich keinen Moment dieser Sportlerjahre bereue?

EINIGE GEDANKEN ZUM SCHLUSS

Das war meine Geschichte bis hierhin. Einige Gedanken, die mir am Herzen liegen, möchte ich zusätzlich zu Papier bringen.

Wie kann ich mit dem Turnen aufhören? Diese Frage stand lange Zeit im Raum. Was käme danach? Könnte ich überhaupt klarkommen in einer Welt, in der Turnen nicht die Hauptrolle spielt? Der Mensch ist ein Gewohnheitstier. Es braucht Mut und manchmal auch einen Anstoß von außen, um aus der lieb gewonnenen Gewohnheit auszubrechen. Nun habe ich den Schritt gewagt, neue Dinge zu erleben und mich selbst neu zu entdecken. Persönliches Wachstum und Entwicklung kann nur außerhalb der Komfortzone stattfinden. Es ruckelt ein wenig, wenn das Leben in den nächsten Gang schaltet. Das ist in Ordnung. Das Leben verläuft nun mal wellenförmig, mal gibt es Hochs und mal Tiefs, auf Regen folgt Sonnenschein, auch nach der dunkelsten Nacht beginnt ein neuer Tag.

Rückblickend sehe ich, dass nach einem Tief in meinem Leben auch immer ein Hoch folgte. Je extremer das Tief, desto gewaltiger das Hoch, zumindest in der Regel. In den

Momenten, in denen ich mich in einem Tief befand, wollte ich das nicht wahrhaben, mochte vielleicht auch gar nicht sehen, dass es einen Ausweg, eine Lösung gab. Ich konnte mich aber immer auf mein Umfeld und dessen Unterstützung verlassen. Ohne meine Familie und tollen Freunde hätte ich bestimmte Schwierigkeiten nie und nimmer bewältigen können.

Raus aus der Turnblase, rein ins neue Leben. Das ist, wie einmal die Schneekugel kräftig zu schütteln, und langsam fallen die Schneeflocken zu Boden, der Blick wird klarer. Mir nun selbst zu vertrauen, das ist wohl das, was mir am schwersten fällt. Was mich abhält, Dinge anzugehen, ist ganz klar durch meinen Drang nach Perfektion geprägt, nämlich irgendwas falsch zu machen. Aber es ist erlaubt, Fehler zu machen, denn nur aus Fehlern kann man lernen und daran wachsen. Übrigens: Stellt man die Buchstaben im Wort F-E-H-L-E-R um, kommt das Wort H-E-L-F-E-R heraus. Fehler helfen dir, wenn du sie erkennst und deine Lehren daraus ziehst!

Verharre nicht ewig in Trauer, wenn etwas nicht geklappt hat, wenn Wünsche sich nicht erfüllt haben. Akzeptiere, lass los und weiter geht‘s. Um loslassen zu können, um zu verstehen, was passiert ist, dafür braucht es den Blick in die Vergangenheit wie in die Zukunft, um sich nämlich klarzumachen, dass es so nicht mehr eintreten wird. Meine Erfahrung: du musst im Hier und Jetzt den Grundstein für eine glückliche Zukunft legen! Wage es, gehe es an! Glaube an dich und deine Potenziale!

Um diese ausschöpfen zu können, ist es wichtig, dass Körper, Geist und Seele im Einklang sind. Bleib dir selbst treu! Ich habe lange dafür gebraucht, um das zu verstehen. Verstehen ist vielleicht der falsche Begriff. Vielmehr spürt man es irgendwann an diesem Punkt.

Ich bin mir dessen bewusst, dass manche Situationen, die ich in diesem Buch schildere, Extremsituationen sind, zum Beispiel die Essstörung. Aber dafür gibt es professionelle Hilfe. Sich selbst einzugestehen, dass man Hilfe braucht und sie auch annehmen darf, ist sehr wertvoll.

Was nach dem Turnen alles passiert ist? Das ist vielleicht Stoff für eine weitere Geschichte. Vielleicht lesen wir uns an dieser Stelle irgendwann wieder …

AUS DER ERFOLGSLISTE VON KIM BUI

Olympische Spiele

2008	Peking	Ersatzturnerin
2012	London	9. Platz Mannschaft
2016	Rio de Janeiro	6. Platz Mannschaft
2021	Tokio	17. Platz Mehrkampf

Weltmeisterschaften

2005	Melbourne	28. Platz Mehrkampf
2006	Aarhus	16. Platz mit der Mannschaft
2007	Stuttgart	Ersatzturnerin
2009	London	23. Platz Mehrkampf
2011	Tokio	6. Platz Mannschaft
2014	Nanning	9. Platz Mannschaft
2017	Montreal	14. Platz Stufenbarren
2018	Doha	8. Platz Mannschaft
2019	Stuttgart	9. Platz mit der Mannschaft

Europameisterschaften

2004	Amsterdam	10. Platz Mannschaft Junioren
2006	Volos	11. Platz Mannschaft
2007	Amsterdam	10. Platz Stufenbarren
2009	Mailand	5. Platz Sprung und 16. Platz Mehrkampf
2011	Berlin	Bronze Stufenbarren

2012	Brüssel	4. Platz Stufenbarren
2014	Sofia	4. Platz Mannschaft
2016	Bern	4. Platz Stufenbarren
2017	Cluj	4. Platz Boden
		5. Platz Stufenbarren
		5. Platz Mehrkampf
2018	Glasgow	4. Platz Stufenbarren
2021	Basel	6. Platz Boden
		7. Platz Mehrkampf
2022	München	Bronze Mannschaft
		5. Platz Stufenbarren

Universade

2013	Kazan	Bronze Barren und Mannschaft
2017	Taipeh	Silber Stufenbarren
		4. Platz Mannschaft

Andere internationale Wettbewerbe

2008	Weltcup Glasgow	Bronze Stufenbarren
2008	Weltcup Glasgow	Silber Sprung
2008	EnBW DTB-Pokal Stuttgart	Bronze Boden
2009	Turnier der Meister Cottbus	Silber Boden
2009	EnBW DTB-Pokal Stuttgart	Bronze Sprung
2009	EnBW DTB-Pokal Stuttgart	Silber Boden
2009	EnBW DTB-Pokal Stuttgart	Gold Stufenbarren
2011	Turnier der Meister Cottbus	Bronze Stufenbarren
2011	EnBW DTB-Pokal Stuttgart	Silber Mehrkampf
2011	Weltcup Tokio	Bronze Mehrkampf
2012	Turnier der Meister Cottbus	Bronze Boden
2012	Weltcup Glasgow	Bronze Mehrkampf
2014	Turnier der Meister Cottbus	Silber Boden
2014	Turnier der Meister Cottbus	Silber Sprung
2014	EnBW DTB-Pokal Stuttgart	Bronze Mehrkampf

2016	Challenge Cup São Paulo	Silber Stufenbarren
2016	Challenge Cup São Paulo	Silber Boden
2019	Turnier der Meister Cottbus	Silber Boden

Deutsche Meisterschaften

2006	Stuttgart	Gold Boden Silber Mehrkampf, Schwebebalken, Sprung
2008	Chemnitz	Gold Sprung und Boden Silber Stufenbarren
2009	Frankfurt am Main	Gold Mehrkampf, Boden, Sprung Silber Stufenbarren Bronze Schwebebalken
2012	Düsseldorf	Silber Boden Bronze Mehrkampf, Stufenbarren, Schwebebalken
2013	Mannheim	Gold Sprung Silber Boden Bronze Mehrkampf
2014	Stuttgart	Gold Mehrkampf und Boden Silber Stufenbarren
2016	Hamburg	Bronze Boden und Stufenbarren
2017	Berlin	Silber Boden und Stufenbarren Bronze Mehrkampf
2018	Leipzig	Silber Mehrkampf und Stufenbarren Bronze Boden
2019	Berlin	Gold Boden Silber Mehrkampf
2021	Dortmund	Gold Stufenbarren
2022	Berlin	Gold Stufenbarren und Boden Silber Mehrkampf

Bundesliga
2007, 2009, 2010 und von 2012 bis 2022 Deutsche Mannschaftsmeisterin mit dem MTV Stuttgart

2017 verlieh ihr der Deutsche Turner-Bund seine höchste Auszeichnung, die „Flatow-Medaille", die an Sportler vergeben wird, die sich durch ihre Erfolge und ihre Persönlichkeit besondere Verdienste erworben haben. Dies in Erinnerung an den am 29. Januar 1945 im KZ Theresienstadt ermordeten jüdischen Olympiasieger von 1896 Gustav Felix Flatow (Berliner Turner-Verein 1850). Zuvor hatte am 28. Dezember 1942 sein Cousin Alfred Flatow (Berliner Turnerschaft) im KZ Theresienstadt das gleiche Schicksal erlitten.

Edel Sports
Ein Verlag der Edel Verlagsgruppe

Neumühlen 17, 22763 Hamburg
www.edelsports.com
2. Auflage 2023

Projektkoordination und Lektorat: Dr. Marten Brandt
Layout und Satz: Datagrafix GSP GmbH, Berlin | www.datagrafix.com
Gestaltung Umschlag und Bildstrecke: Groothuis. Gesellschaft der Ideen und Passionen mbH | www.groothuis.de
Lithografie: Frische Grafik, Hamburg

Druck und Bindung: GGP Media GmbH, Pößneck

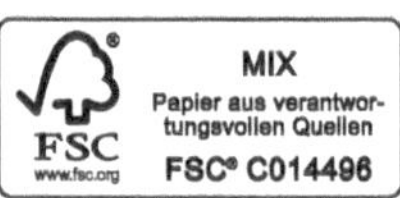

Printed in Germany

ISBN 978-3-98588-024-9